大数据与人工智能系列

商务数据分析

ESSENTIALS OF BUSINESS ANALYTICS

李倩 许伟 张文平 编

中国人民大学出版社
· 北京 ·

前　言

从 20 世纪 90 年代起步起，我国电子商务已经经历了近 30 年的发展，并且随着互联网各类技术应用的快速发展和普及，电子商务的商品交易额、行业规模、用户群体、社会影响力在近几年迅猛增加。商务部电子商务司和信息化司发布的《中国电子商务报告（2020）》显示，2020 年，全国电子商务交易额达 37.21 万亿元，其中网上零售额 11.76 万亿元，电子商务从业人员达 6 015.33 万人。

对比传统商务，电子商务中相关数据在可得性、规范性、丰富性等方面具有明显的优势。伴随着电子商务交易规模的增加，电子商务平台积累了大量的平台各角色在各阶段的数据。这些数据涉及商家的采购、库存、营销管理，还包括用户的登录、浏览、交易和评论活动记录，数据的形式包含数字、文本、图片、音频、视频等各种模态。数据本身并不能产生价值，相反，大量的多模态数据反而为决策带来了更大的挑战。如何借助各类方法工具，从这些数据中总结既有的特点模式，发现隐含的规律，对以往的经营决策效果进行评价，对未来的经营提出决策支持，进而能够提高运营效率，扩大销量，增强顾客满意度和黏性，直至实现产品和服务模式的创新，是所有电子商务平台参与者的共同目标。可以说，没有数据分析支撑，便无法保障电子商务的高效进行。

电子商务平台的快速发展以及对数据分析的日益依赖，表明行业对于商务数据分析人才的需求日益凸显。与此相适应，国内高校纷纷开设商业分析相关专业或者商务数据分析相关课程。在课程的教学过程中，我们发现现有教材大致可以分为三类：第一类主要讲解数据挖掘、深度学习的相关算法技术；第二类主要围绕某个软件工具的数据分析功能进行讲解；第三类主要聚焦于各类电商领域的具体问题进行相关方法的介绍。这三类教材各有特色，但也有不足之处。只强调技术算法、只掌握某个软件工具或者只围绕具体问题进行数据分析，并不能实现对数据分析重要概念理论的基础认知，建立对数据分析的完整认识，进而具备数据分析思维。在此背景下，我们组织力量编写了这本教材。

本教材共包含三个部分，在介绍商务数据分析基本理论框架的基础上，重点介绍了商务数据分析常见方法，并分析了商务数据分析的典型实例。具体而言，前两章属于第一部分，介绍了商务数据分析的基本概念、常用的理论依据，提出了商务数据分析框架，也是本教材内容的组织框架。第二部分包括第三章到第十章，依据所提出的分析框架，第三章和第四章分别介绍了数据获取和理解，以及数据预处理这几个重要的数据分析阶段需要做的工作。第五章到第八章详细介绍了各种商务数据分析常见的方法模型，包括计量模型、分类预测模型、聚类与关联规则模型、社会网络分析模型等。第九章围绕文本和图像类数据，介绍了复杂的商务数据分析方法，第十章描述了数据可视化的方法和工具。第三部分包括最后三章，即第十一章到第十三章。这三章分别围绕预测模型、分类模型和推荐模型三类常见的商务数据分析应用，遵循教材提出的分析框架介绍了若干案例。

本教材编写组成员均来自中国人民大学信息学院，在编写过程中，得到了王越、唐元媛、王佳悦、安英姿、王兆伟、王玉、王婷等的大力支持和配合，在此对参与编写的每一位成员表示衷心的感谢！本书得到国家自然科学基金（71771212，71801217，71901208）和中国人民大学科学研究基金项目预研委托（团队基金）项目（21XNLG23）的支持。

由于编者在本领域的深度和广度都存在局限，书中难免有不足之处，恳请各位领域专家和广大读者批评指正。

目　录

第二部分　商务数据分析常用方法

第一部分

商务数据分析基本概念与框架

第一章　商务数据分析基本概念

第一节　商务数据分析概述

随着电子商务的快速发展，商务活动中产生了海量的交易数据和用户行为数据。如何充分利用现有数据，对数据进行高效、准确、有针对性的分析，从而能够评价以往的经营决策，预测出未来可能的市场需求、用户痛点，是商务活动各类参与者所面临的重要问题。

商务数据分析指的是为解决商务决策问题，选择恰当方法和工具对收集的数据进行分析，得到隐含的、未知的、有潜在价值的关系、模式和趋势。由定义可知，数据和分析是其中的核心组成部分。下面将对商务领域中常见的数据类型和分析类型进行介绍。

1. 数据类型

我们处在数据快速膨胀的时代，商务活动中聚集了大量数据，这些数据类型各异，有描述交易信息的数值数据，有刻画用户评论的文本数据，有介绍商品的视频和音频数据，等等。以下对常见的数据类型进行分类介绍。

(1) 结构化、半结构化、非结构化数据

按照数据格式分类，数据可以分成结构化数据、半结构化数据和非结构化数据。

①结构化数据

结构化数据是指可以用二维形式展现和存储的，用统一整齐格式表示的数据，常见的有数字、符号等。结构化数据用二维表结构表示时，一般用一行数据刻画一个实体，而每一列表示实体的某一个属性特征。结构化数据的存储、排列有规律，易于处理。在商务活动中，典型的结构化数据包括商品的价格、销量等数值型数据，如表 1－1 所示。

表 1－1　结构化数据示例

商品编号	商品价格	商品销量
2020×××	36.15	145

②半结构化数据

半结构化数据是指并非二维表形式能够存储的，但是有基本固定结构模式的数据。在表 1－1 所列示的结构化数据中，同一类实体（商品）的属性特征（商品价格、商品销量）

是相同的，而且排列顺序是不变的。与结构化数据不同，对于半结构化数据，属于同一类的实体可以有不同的属性，且属性的顺序也可以不同。常见的半结构化数据有 XML、HTML、JSON 等。例如，在电商平台中，商品信息被整理列示在网页中，一般都是以半结构化形式存储的，如表 1-2 所示，左右两个实体的属性并不相同。在进一步处理时，需要从中提取出文字或数值。

表 1-2　半结构化数据示例

<product> <name>A</name> <category>M</category> <size>100</size> </product>	<product> <name>B</name> <category>M</category> </product>

③非结构化数据

非结构化数据是指没有固定结构的数据，例如 Word 文档、图片、视频、音频等数据。对于非结构化数据，我们一般存储其二进制的数据格式，例如商品的评论文本、介绍图片等。这类数据在处理上往往比较复杂，后面我们会用专门的章节介绍。

（2）离散型、连续型数据

按照数据是否连续，数据也可以分为离散型数据和连续型数据。

①离散型数据

离散型数据是指数值只能用自然数或整数单位计算的数据，例如消费者人数、商品个数、评论数量、消费者评论（一般为 1～5 分）等。这类数据一般由计数方法获取。

②连续型数据

连续型数据能够在相应范围内任意取值，例如消费者购买金额、评论时间等。

对于不同类型的数据，要采取不同的处理办法。

2. 数据分析类型

围绕不同的商务决策目的，同一个数据可以展开不同层面和深度的分析。通常可以将商务领域的数据分析分为三类，分别是描述型分析、验证型分析和预测型分析。

（1）描述型分析

在商务数据分析中，描述型分析是将历史数据进行定性或定量的描述，得出诸如单日平均销量、月度销量总和、销售密度分布、用户购买排名、用户满意程度等汇总数据。基于描述型分析，可以比较不同时间、不同地区的表现，寻找开展业务时的不足与薄弱之处，有针对性地加以改进，同时对于表现突出的地方，进一步扩大优势。

（2）验证型分析

在商务数据分析中，验证型分析通常用来验证决策的后果，例如技术改进、策略变化、产品升级等行为的发生是否达到预期目标。通过验证型分析，可以定量地判断技术升级所带来的收益是否达到预期，检验广告等推广活动是否达到目标，检验新产品的研发能否更好地满足用户的需求等问题。

（3）预测型分析

在商务数据分析中，预测型分析则是通过分析过去历史数据和当前相关的数据，对未来可能出现的市场环境变化、用户痛点等关键问题进行预测。对于具有发展趋势的时间序列数据，例如原材料价格，可以通过计算过去的趋势线对未来可能的发展方向和变化速度进行预测。而对于容易受到热点事件、经济形势、科技发展等外部因素影响的商务事件，例如直播产品销量，则可以通过分析近期发生的相关事件对未来进行预测。

预测型分析是商务数据分析领域中最重要同时也是难度最大的一种分析方式，在瞬息万变的当代商务环境下，尤其是电子商务蓬勃发展的今天，先一步预知市场动向和客户需求，就能够更好地抓住市场机遇，获得收益。当然也必须意识到，历史上存在因果关系的现象在未来未必重现，而目前看来毫无关联的两件事情又可能突然紧密相关，这对预测型分析提出了新的挑战。

3. 数据分析方法

为发现数据中隐含的、未知的、有潜在价值的关系、模式和趋势，需要借助各类数据分析方法。在商务领域，常见的数据分析方法包括以下几类。

（1）描述统计

描述统计是通过图、表等方式，对数据进行整理、分析，揭示数据的分布情况、数字特征、变量关系，目的是寻找数据中蕴含的规律。描述统计是最基础的分析方法，它能够让我们对数据集有一个直观的认识，方便进行后续的分析，比如，对于一个客户群，我们可以用描述统计的方法，初步了解这群客户的平均年龄、收入区间、职业分布等，然后在此基础上，可以根据不同客户群在描述统计上的表现，进行下一步的深入分析。比如，根据客户收入区间不同，制定个性化推荐策略，推荐更加符合目标客户价值观的产品。

（2）时间序列分析

时间序列分析侧重研究销量、价格等时间序列数据的互相依赖关系，是一种定量分析方法，它的基本原理是：事物发展有一定的延续性，未来的状态会受到前面状态的影响，同时也有随机性，利用过去的数据可以推测未来发展趋势，但是也可能受到偶然因素的影响。时间序列分析在预测价格和销量方面有举足轻重的地位。

（3）回归分析

回归分析是一种预测性的建模技术，它研究的是决策问题和影响因素之间的关系，多用于预测分析。相比于机器学习进行预测的方法，回归分析的优势在于可以定量地揭示某个影响因素对结果有多大的影响，通过比较回归系数，可以对比多个因素的重要性。例如研究产品的受欢迎程度 Y（在此我们假设有一种度量受欢迎程度的指标，比如销量增长率），其价格因素记为 P，质量记为 Q，宣传程度记为 H，通过回归分析我们得到 $Y = aP + bQ + cH + d$ 。一方面，我们可以知道价格变化 1 个单位的时候，受欢迎程度会变化 a 个单位；另一方面，如果 $a>b$，那么说明价格对受欢迎程度的影响力大于质量对受欢迎程度的影响力，在制定策略的时候应该更倾向于调整价格因素。

（4）机器学习

机器学习是一门交叉学科，涉及概率论、统计学、算法等理论。它的核心是使用算法解析数据，模拟人类的学习行为，对某件事情做出决定或预测，使计算机“智能化”，有学习能力。在商务数据分析中，可以借助机器学习对用户进行细分、对用户行为和产品销量进行预测等。

（5）社会网络分析

社会网络是社会个体之间通过社会关系形成的网络体系。社会网络分析是基于信息学、图论、数学等多学科的融合理论和方法。从分析对象来看，社会网络分析既可分析网络中单独节点的特性（如重要性），也可以分析整个网络的特性（如连通性）等。在商务数据分析中，可以用社会网络描述用户之间、产品之间、用户和产品之间等各类网络，并展开相应的分析。

（6）复杂数据分析

前面介绍了数据包括结构化数据、半结构化数据、非结构化数据三类，回归分析、机器学习算法等能够有效地利用和挖掘结构化数据。但随着互联网的飞速发展，很多文本数据，例如消费者评论数据、图片数据（如商家上传的图片）、视频数据等非结构化数据十分丰富。复杂数据分析方法可以将这部分数据转为计算机可以理解和计算的数据，并参与到建模中。

第二节　商务分析理论

为了更好地围绕商务活动中常见的决策问题进行数据分析，在进行商务数据分析时，需要了解相关的分析理论。以下对部分用于解释商务活动的理论进行介绍。

1. 4P 理论

4P 理论（Product/Price/Place/Promotion）产生于 20 世纪 60 年代的美国，随着营销组合理论的提出而出现。该分析方法从产品、价格、渠道和促销四个维度入手，指导企业进行要素的有效组合，进而满足市场要求，抢占市场先机。进行商务数据分析时，永远不能脱离实际问题去盲目地堆砌数据，4P 理论为我们在进行商务数据分析时如何确定分析对象和营销因素提供了重要的理论参考。虽然不同领域的问题在分析的时候会具备各自独特的特点，但产品、价格、渠道和促销始终是比较重要的四个方面。这四个方面在 4P 理论中的具体描述如下。

产品（Product）：4P 理论要求产品有区别于其他相似品的独特之处，强调产品的生命力在于特异性满足用户需求，千篇一律的产品永远只能随波逐流，只有抓住用户眼球，才能决胜于市场。

因此，对产品进行数据分析时，需要围绕理论中对于产品特异性的要求，抓住产品的独特之处进行着重分析，同时淡化分析目标与其他产品的相似之处，因为只有这些独特之处才是决定一个产品成败的关键因素，才是分析的核心。

价格（Price）：4P 理论认为，对于不同种类的产品，要根据产品特点、市场定位制定价格，同时要关注竞争者的价格策略。在制定产品价格时，着重考虑产品功能与目标群体需求的匹配程度，价格的制定只有符合顾客感受到的价值，才是合理有效的。而且同一种产品，对于不同受众来说价值不同，其中差异可能非常巨大。比如通过差异化定价，对于同样的座位，航空公司可以针对不同顾客设置不同的价格。再比如，进行推广时，有针对性地制定不同顾客的推广手段，对于具有不同消费特点的客户，合理运用免费试用、打折促销、赠品附加等策略。

相对应地，对顾客进行数据分析时，需要围绕各个属性和行为特征，对顾客进行类别划分，从而为个性化定价和推广提供依据。

渠道（Place）：一般而言，企业并不直接面对消费者，而是通过经销平台的培育和销售网络的建立，建立与消费者的联系。4P 理论注意到，建立恰当的分销渠道，能够最大限度地增加企业利润。在实体经营中，渠道是一个个经营网点、一家家商场超市，在电子商务中，渠道是一个个网站、一家家平台。在建立网络时要注意网点之间的重复覆盖情况，权衡地区市场预期和网点建立成本。

于是，渠道所产生的数据是数据分析的重要依据，经营平台的广告投放、销售记录、订单的密集程度等都是进行商务数据分析时需要考量的因素。

促销（Promotion）：企业注重通过销售行为的改变来刺激消费者，以短期的行为（如让利、买一送一、网络直播等方式）促成消费的增长，吸引其他品牌的消费者或导致提前消费来促进销售的增长。这些为促进销售而采取的手段方式被称为促销。促销并不是越多越好，应衡量促销产生的效果和投入的成本。

商业数据分析的一个任务就是通过一系列数据，定量地解决“是否要促销”“在什么时候、什么地方促销”“促销哪些产品”“用什么手段促销”等问题，为决策者提供相应的支持。

表 1－3 总结了围绕 4P 理论的四个组成部分的常见商务数据分析问题。

表 1－3　4P 理论框架下常见的商务数据分析问题

4P	常见的商务数据分析问题
产品	产品特征分析、产品类别分析
价格	产品定价、顾客属性分析、顾客行为分析、顾客类别分析
渠道	渠道销售分析
促销	促销时间、平台、方式设计；促销活动效果评价

2. 用户画像

用户画像是一种根据用户的个人属性、产品喜好、消费特征等信息抽象出来的标签化模型。通过用户画像，可以有效地将用户抽象成一个标签集合，集合中的标签代表了用户的各方面属性。

例如，我们了解到样本集的人口统计信息、社会属性、生活习惯和消费行为等信息，其中一个样本为女性，居住在北京，常去上海，住的酒店为中高档酒店，有住房1套，关注时尚、常看电影、常用海淘、喜欢瑜伽和慢跑。对这些信息进行抽取，我们可以得到该样本“注重产品品质”“中高消费水平”“生活习惯健康”等标签，即为该用户构建了用户画像。借助用户画像，可以分析产品的潜在用户和目标用户的潜在需求，针对具有不同标签的用户，可以提供定制化产品和差异化服务，从而更好地满足用户需求。

构建用户画像时首先需要收集数据，形成某些基础数据标签，例如“浏览时长”“性别”“地域”等；同时可以针对某一主题，建模分析用户大概率可能采取的行为（例如用户是否会点击某一个品牌的广告），进而根据行为特征为用户构建画像，例如“购买能力强”“偏爱运动品牌”等；还可以围绕某一个决策，综合多个模型分析的结果，构建画像，例如“品牌待发展客户”等。

因此，为了更加立体地反映用户特征，在构建用户画像的时候，可以分层次地建立多级指标，如图1-3所示，电商平台可以从三个方面来组织用户基础数据，即人口特征、行为特征、消费习惯，形成这三个方面的属性标签，在属性抽取后也可以建立针对不同问题的模型，提取模型标签，之后基于模型标签的结果，制定相应的策略，形成策略标签。

需要注意的是，在用户画像的标签的选择上，由于现实很难获得非常全面的数据，因此标签的设置不要求完备齐全，要针对商业需求或研究目的进行设置。而且，标签也不是固定不变的，必要的话，应随着产品服务发展的不同阶段，根据所掌握的数据进行更新。

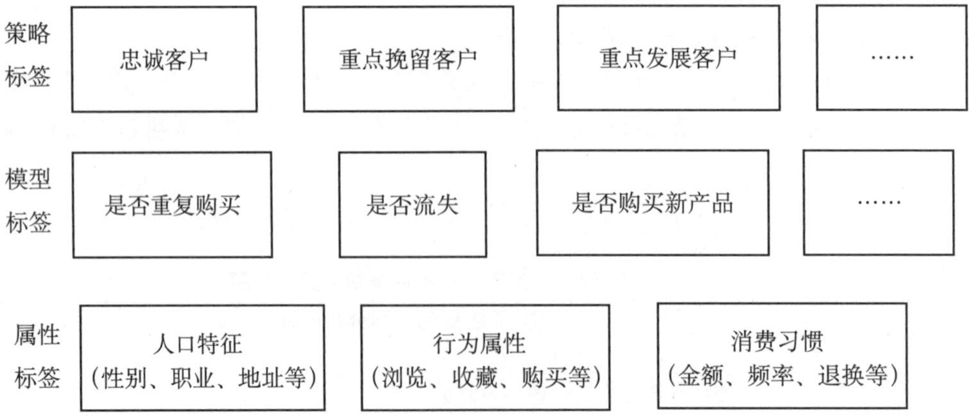

图1-1　用户画像框架示例

3. 用户点击流分析

用户点击流（click stream）分析是指在获得电商平台用户基本操作数据的情况下，对用户的点击、浏览、加入购物车、购买等行为进行统计、分析，从中发现用户行为规律。这些规律首先可以对用户的下一步行为进行预测，然后，将这些规律与营销策略等相结合，可以对用户的行为进行干预，比如加入新的产品推荐，引导某些用户进行购买。另外，用户行为分析也可以帮助评价目前的网络营销策略，指导未来营销活动的制定。总而言之，通过对用户行为监测获得的数据进行分析，可以让企业归纳分析用户的行为习惯，掌握用户的痛点，从而更有针对性地进行产品研发和推广。

4. 顾客价值

虽然提供个性化服务会增加收入，但对企业而言，实现所有顾客的个性化产品或服务，其成本是无法承受的。也就是说，企业不可能对所有顾客一视同仁，提供同样水平的服务产品。因此，企业需要对顾客群体进行区分，发掘有价值的顾客。对顾客区分的主要依据是顾客能够为企业提供的价值。例如，可以只考虑顾客当前为企业贡献的价值，根据销量高低对顾客进行排序，重点分析排名靠前的顾客特点，提供相应的服务产品。通常这类顾客会服从 80—20 分布，即数量占比较小（不足 20%），但贡献的销量占比较大（超过 80%）。也可以考虑顾客当前价值和潜在价值两个维度，在一个二维坐标里可以将客户分为四类：Ⅰ类、Ⅱ类、Ⅲ类和Ⅳ类（如图 1－2 所示）。

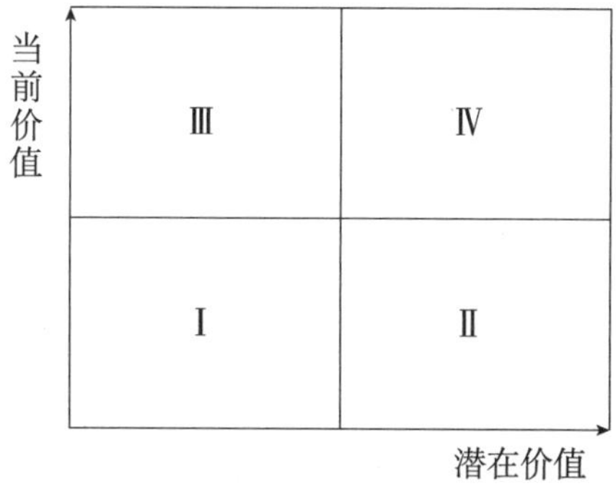

图 1－2　客户价值分类

Ⅰ类客户的当前价值和潜在价值都很低，被看作“最没有吸引力的一类客户”，给企业带来的利润贡献很小。Ⅱ类客户虽然当前价值不高，但具有很大的潜在价值，企业目前还没有完全发掘这类客户的价值。Ⅲ类客户具有很高的当前价值和低的潜在价值。这类客户很可能是处于稳定期的企业固定客户，他们已经拥有了很多本企业产品和服务，并没有更多的潜在需求可供进一步提升价值。Ⅳ类客户既有很高的当前价值也有很大的潜在价值，是对企业最有价值的一类客户。

除了考虑购物金额外，顾客购物的频率和近期购物行为也是衡量顾客价值的重要指标，这三个指标相结合，形成了对客户价值判断的RFM理论。其中，R（recency）代表最近一次购物距离当前的时间长短，F（frequency）代表一段时间内的购物频率，M（monetary）代表购物金额。根据顾客在这三个指标上的综合表现，可以依据表1-4对顾客进行细分。

表1-4　顾客基于RFM的细分

R	F	M	客户类型
小	大	大	重要价值
小	小	大	重要发展
大	大	大	重要保持
大	小	大	重要挽留
小	大	小	一般价值
小	小	小	一般发展
大	大	小	一般保持
大	小	小	一般挽留

客户细分是对客户实施正确的营销策略的基础，之后才可以根据不同客户种类制定不同的营销策略和产品推荐方案，使企业资源得到最优配置。

第三节　数据分析主要应用

在商务领域中，通过数据分析可以监控和管理整个运营，可以通过数据了解用户、改进产品服务、提高运营效率、降低成本。当前数据分析在商务领域的应用主要集中在以下几大方面。

1. 市场营销

（1）用户细分

提高用户满意度和用户忠诚度是电子商务平台盈利的重要途径。电商平台在经营过程中积累了大量的用户数据，如前所述，对每个用户都进行针对性的服务和营销对平台而言是不现实的。客户细分就是根据客户的特征信息（年龄、性别、收入、受教育程度、购买金额等）将客户划分成不同的群体，每个群体中的客户具有相同或相似的特征，特征相似的客户群具有相似的潜在需求；而不同群体之间的客户特征差异较大。由此可以针对不同群体的客户提供有一定差异的营销策略和产品服务，提升客服和营销活动效率，降低成本。比如，移动公司基于用户消费数据，根据消费频率和金额，可以将用户分为数据业务高价值客户、成长中的客户、有下滑危险的客户、节俭型客户和低价值客户等。

（2）用户行为分析

不同的用户群体具有互不相同的行为习惯，例如，有的用户行事果断，购买目标明确，效率高，而有些用户喜欢货比三家，享受购物选择的过程。精准确定不同用户群的行为特点，提供符合其特征的个性化服务，提高消费转化率，增强用户的购买意愿，达到

“因人而异，投其所好”的效果，是用户行为分析的目标所在。同时，基于用户行为分析，可以进一步对用户进行流失分析、生命周期分析、影响力分析、价值分析等，这些分析结果可以作为企业制定相应策略的重要依据。

举例来说，网络购物平台中经常向正在购物的用户展示“你可能还喜欢”“看了这件宝贝的人还浏览了这些”之类的商品列表。这些列表本质是通过用户的相似性、产品的相似性以及用户的历史记录对用户进行个性化的推荐，每个用户是不同的。同样，对于其他产品（如新闻、音乐、电影、书籍等）都存在个性化的推荐。换句话说，网络平台对顾客来讲是“千人千面”。类似的，不同消费者对不同产品拥有不同的购买意愿，通过对消费者的基本属性、社交属性甚至网络搜索属性等多维度的数据来预测消费者是否会购买这一产品，或者消费者更倾向于购买哪一类产品。基于这样的用户分析，可以进而将相应的营销手段应用于购买意愿不同的客户，以此来增加销售量。

（3）销量预测

随着电商的发展和线上购物的普及，从海量的数据中挖掘出影响后期销量的因素是十分必要的。通过对销量进行预测，可以为商家提供参考，商家可以据此制定合理的采购计划、配置合适的库存，在降低成本的同时，提前对销售变化做好准备。

（4）行业竞争和行情分析

正所谓“知己知彼，百战不殆”，除了分析自身的优势与劣势，数据分析还可以用来监测和分析对手行业的产品特性和用户反应，从对手的失败决策中吸取教训，学习对手的优势所在。除此之外，通过收集行业主要竞争对手的销售情况和销售策略，以及当前市场宏观变量，可以有效地掌握当前市场行情和未来市场预期，指导企业未来发展。当然在这类分析中，数据并非来自企业内部和自身产品顾客，只能建立情报收集的机制，获取相关信息。当然，互联网平台中第三方机构发布的相关行业信息也是重要的数据来源。

2. 运营管理

（1）运营监控

公司运营的好坏直接关系到公司的利益，通过自动提取生成日报、周报、月报，将运营数据自动汇总，方便决策者直观地观察当前运营情况，有利于加强运营监控，提高运营效率。

（2）决策支持

决策支持一直是数据分析的重点内容，通过收集、分析产品用户数据，对公司业务的运营情况进行深入剖析，结合当前市场预期，提供决策信息支持。

（3）量化运营效能

通过收集企业基本面信息，可以量化运营效能，可视化运营成果，从而更精准地评价运营决策的效果。例如，对某项促销营销活动进行后期评估，并由此提出对之后的营销进行优化和成本控制的方案。

3. 产品研发

（1）产品优化支持

在没有数据分析的时代，在进行产品优化升级决策时，企业只能以“push”的方式进行，即从需求分析，到产品设计，再到生产销售，在产品面世之前无法了解用户对产品的反馈。现在企业可以在生产之前就对产品进行预售，预判销量；销售之前就能够获取客户反馈信息，获得明确的用户需求，实现了“pull”的方式。另外，还可以基于数据对相关业务线产品进行全面的分析，包括用户分析、营收分析、行为分析、活动效果评估等，从而更加科学地为产品优化和业务运营提供支持。

（2）新产品研发支持

通过分析目标用户喜好，收集当下热门产品和功能，可以为新产品的开发提供决策依据和方向，以用户和市场真实需求为基础，设计更加符合消费喜好的产品，更进一步地，还可以针对特定用户群体，设计差异化产品，个性化地满足不同用户群的特殊需求，提高产品吸引力的同时增加用户满意度和忠诚度。

第二章　商务数据分析框架

为了能够使数据挖掘适用于商业问题的情景，业内人士和学者们提出了 CRISP-DM (cross-industry standard process for data mining)，即为“跨行业数据挖掘标准流程”，给出了一个数据挖掘项目的完整的过程描述。基于 CRISP-DM 框架的理论基础，本书提出下面的商务数据分析框架。如图 2-1 所示，商务数据分析框架分为六个模块，分别为问题明确、数据理解、数据预处理、模型建立、模型评价和模型发布。这是一个明确商业目的，进行数据的收集、整理、加工和分析，提炼出有价值信息的过程。

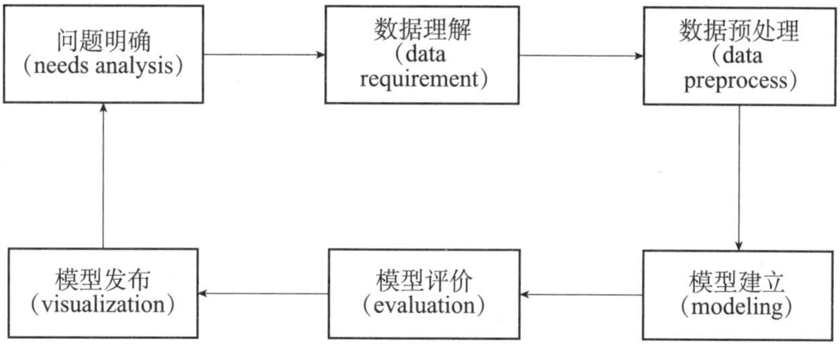

图 2-1　商务数据分析框架

1. 问题明确

问题明确是最开始同时也是最重要的一个环节，这一环节的确定严重影响着后续工作是否有意义。问题源于业务需求，比如减少新客户的流失、优化活动效果、提高客户响应率等。不同的数据分析任务有不同的目标，对数据的要求、使用的分析手段也是不一样的。所以要在数据分析之前明确数据对象是谁，数据分析的目的是什么，解决什么样的业务问题，最后基于商业、业务的角度，整理清楚思路。

2. 数据理解

数据理解包括数据收集和统计描述。数据收集是按照第一环节的问题和分析思路，有目的性地收集、整合相关数据的过程，它是数据分析的重要基础。常见的数据收集渠道有内部渠道和外部渠道。内部渠道主要是指企业内部的数据库、内部人员、专家和客户的调查、访谈和反馈等；外部渠道主要包括各个公开数据平台、电子商务平台、专业调研机构、工具软件等。过去，数据的收集往往建立在交易数据上，数据一般为用户的基本属性，包括年龄、性别、销售数据、物流数据等，随着数据时代和用户时代的飞速发展，如今的数据规模和数据灵活性也在不断变化，从简单的数值数据到文本数据再到音频、视频数据均可以收集到。相对应地，数据分析的对象也更加丰富：数值型数据、用户行为数据、用户网络数据、通过文本计算的情感值、通过图像计算的颜值等，这些在商务数据分析中的应用也越来越多。

数据的统计描述主要是对数据绘制图表进行统计分析，简单地分析数据的数量和质量，看收集到的数据能否满足问题的分析目的，以及发现哪些数据值得进一步分析。常见的数据统计分析方法和工具有很多，具体将在第三章和第十章进行讲解。虽然统计分析比较简单，但它可以实现很多功能。例如，对于用户行为数据来说，时间是一个较为有价值的变量，它关注行为发生的时间、结束的时间和行为持续的时间。通过结合时间点的统计分析，比如，周末时段的用户更喜欢点击娱乐新闻，可以根据时间段向用户进行营销活动或者营销推广计划的设定。除此之外，行为数据中的频率数据也是值得关注的，一般认为，用户特定行为发生的次数和趋势与用户的兴趣和购买欲望具有较强的正相关性。用户在一定时间段内的点击浏览次数越多，说明用户的购买需求越大；又比如用户在一段时间内频繁登录网站，浏览手机这类产品，就可以从趋势上分析用户的购买需求。通过简单的数据统计描述，可以辨别数据的质量，并且这对于后续的数据分析有很大的影响。

3. 数据预处理

数据预处理是对收集到的数据继续进行加工、整理，以便开展后期的模型建立，它是数据分析必不可少的阶段。这一阶段是比较复杂同时也是较为占用时间的，但它必不可少，在一定程度上影响了数据质量的保证以及后期模型的表现。数据预处理主要包括数据清洗、数据变换、数据集成、数据规约和特征选择等。

前四个步骤主要是处理数据的缺失值、异常值，以及整合数据等，如客户的行为数据在进行分析之前，一般需要进行数据变换和标签添加。行为数据中有一部分是非结构化的日志数据，需要通过数据变换将其转变为结构化的数值数据，并进行归类和统计。同时，行为数据中类似的数据有很多，比如有大量的点击数据需要添加标签，根据业务场景将行为数据打上业务标签，如客户是否点击广告、是否添加购物车、是否购买等。另外，前期从各个渠道收集的数据需要进行对应整合，去除彼此矛盾的地方，建立对客户产品的一致又全面的描述。

对客户或产品进行描述的角度被称为特征或属性。特征数量过多，将会降低模型建立的效率，同时影响模型对其他问题的适用性。因此，在数据预处理时，还需要进行特征选择。特征选择是从所有特征中选择一部分有代表性的子集并将其应用于后续的模型建立，提升建模效率，减少模型的噪音，以取得更好的效果。举例来说，现在我们需要预测客户是否会点击某个广告，数据包含的特征有客户的基本属性、广告的基本属性、用户的行为日志、用户广告点击的日志，其中客户的基本属性包括客户的ID、年龄、性别、消费水平等，广告的基本属性包括广告的ID、类别、价格等，用户的行为日志包括用户对某件商品的浏览、收藏、购买等记录，用户广告点击的日志主要是用户是否点击过某个广告。我们需要通过这些特征预测，对于一个新的广告，该客户是否会点击或者点击的概率。客户的ID、广告的ID等这些信息都是无关的特征，所以在模型建立之前我们需要对特征属性进行选择。

数据预处理的主要方法和原理将在第四章进行详细讲解。

4. 模型建立

对数据进行预处理后，接下来需要通过具体的模型，对数据进行分析，发现数据中隐藏的规律关系和模式，从而能够达到预测客户的购买趋势、产品偏好、购买喜好，或通过客户行为信息向客户推荐产品、制定营销策略等目的。模型建立是数据分析的核心步骤。

模型建立首先要进行模型选择，根据不同的业务问题需求在众多模型中选择出最适合的模型、最合适的参数配置。举例来说，如果预测某商家的营业额，预期得到的是一个连续型数值数据，则这时我们需要选择预测模型，如回归、神经网络等。如果预测客户是否会购买某件商品或者是否会点击某个广告，则这是一个二分类问题，这时我们需要采用分类模型，如决策树、SVM等。当然，对于一个具体的业务问题的分析有很多模型，这时就涉及通过模型的评估来选择最优表现的模型。

模型的使用者可以把模型建立当作一个不需要了解内部细节的“黑匣子”。向这个“黑匣子”中输入预处理好的数据，这个“黑匣子”对数据进行层层处理，就能将我们想从这些数据中获得的决策问题的答案返回给我们。例如，对于预测潜在的顾客在未来的一周是否会有消费行为这一决策问题，输入这个“黑匣子”的数据可能包括用户在最近一段时间的点击行为数据、浏览行为数据（例如平均每次浏览的时长、每周的浏览频率）等，“黑匣子”接收到这些数据，就会输出这个用户在未来的一周是否会购买的答案。我们可以简单地把模型理解为从数据中挖掘出我们想要获得的信息的工具。

但是建立模型的人就不能仅仅把模型当作一个“黑匣子”，他是这个“黑匣子”的构造者。建立模型实际上就是负责找到在这个模型的情境下输入和输出之间的关系模式。为了找到正确的关系，需要观察已有的数据，使用已有的一些常用关系模式对数据进行拟合，建立模型。比如在前例中，建立用户行为数据和是否购买之间的关系。为了验证“黑匣子”中的关系是否可用，即所确立的行为数据和购买决策之间的关系是否正确，还需要进行测试。这个过程被称为模型训练，下面介绍一下关于模型训练的相关概念。

（1）数据集、训练集、验证集、测试集

对于数据集合，模型的建立有两方面的考虑：其一是模型数据的维度，其二是数据的数量。数据的维度指的是特征数量的多少，如同前面所介绍的，在预处理阶段需要进行特征选择，确定参与模型的合适的特征子集。数据的数量主要是指数据集的大小。若数据集规模太小，则会降低模型的代表性；若数据集的规模太大，则会降低模型建立的效率。数据集规模并没有统一的标准，不同的模型对于数据集的要求不同。

确定了数据集之后，需要对其进行进一步的划分。有一部分数据用于建立模型，而在对模型的性能进行评估时，需要考量模型的适用性，即从数据中所发现的规律模式在其他数据集中是否仍能成立，所以要对数据集进行划分。一般的划分方法为训练集、测试集和验证集。

训练集的作用是生成模型。例如，给定一组由 x 和 y 构成的二维数据，可以画出对应的散点图，通过这些散点拟合出合适的曲线来表示 x 和 y 之间的关系。在之后的章节中，我们会具体地介绍在一般情况下，如何使用回归的方法来拟合 x 和 y 之间的关系。这些用于建立曲线模型的数据集，就是训练集。

现在假设我们确定了用抛物线通过 x 预测 y，我们需要另外一些数据来确定抛物线的参数，即比较不同抛物线之间的优劣性，确定哪条抛物线的结果更好。在拟合的不同抛物线上分别找到数据中的 x 对应的 y 值，比较曲线预测出的 y 值和真实的 y 值之间的差别，就可以判断哪种具体的抛物线更符合。这些用于调整模型参数、对模型的能力进行初步评价的数据被称为验证集。

得到了某一个确定的抛物线模型后，可能有人要问：这个模型的预测效果究竟如何？可以用刚刚那些恰好落在抛物线上的训练集或验证集中的数据来说明这个抛物线预测的准确程度是百分之百吗？答案是不可以，因为正是使用了这些数据才最终确定了抛物线模型。做个类比，要检查一个同学的学习效果如何，不能够用他已经做过的习题集来考察，而需要用新的测试题来考察。因此，还需要一些没有用过的新数据，也就是测试集，用来测试这个抛物线的预测效果。

总的来说，训练集用来训练模型，验证集用来做模型参数选择，测试集用于评价已经建立的模型。图 2-2 反映了训练集、验证集、测试集之间的关系。

（2）数据划分方法

对于已获得的数据，可以将其合理地划分为训练集、验证集和测试集三个部分。需要注意的是，对比训练集和测试集，验证集并不总是出现。这是因为在实际应用中，获取到的数据往往规模有限，不足以划分为三个独立的数据集合。在这种情形下，一般将数据仅分为训练集和测试集两部分，在训练集上使用各种参数训练多个模型，在测试集上选出测试误差最小的模型，也就是说，这里的测试集实际上起到了验证集的作用。这三个集合的划分并没有严格的准则，根据样本的大小不同可以做出不同的划分选择，但是测试集必须保证未知并且保持与训练集、验证集的独立性。

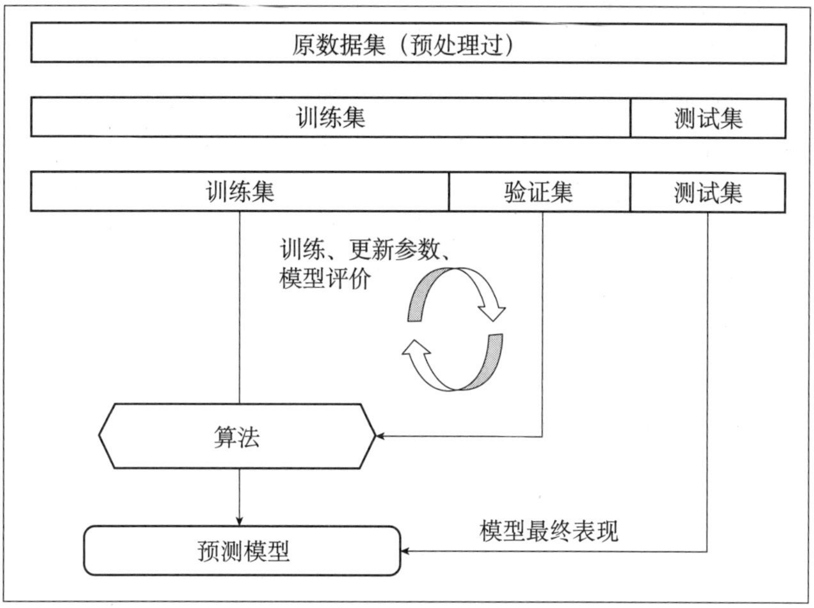

图 2-2　数据集及划分

资料来源：http://www.pianshen.com/article/8432130992.

常见的数据集划分方法有以下两种：留出法和交叉验证法。

①留出法

留出法相对来说是比较简单的，是将所有数据按照一定比例分为互斥的两部分，比如分为 70%和 30%，用 70%的数据来训练模型，用 30%的数据来测试模型。这里需要注意的是，在分割数据的时候，需要保证这两部分的数据分布是尽可能一致的。比如有一个数据集刻画了不同属性的顾客是否购买，是二分类问题，数据集合中有两个类别，其中未购买的顾客占比较大（假设是 80%）。如果将其按照留出法进行分割，在训练集和测试集中，很难保证未购买的顾客比重保持在 80%左右。如果训练集的数据服从某一种数据分布，而测试集的数据却服从另一种数据分布，就会出现模型只适合训练集数据特征，但测试时表现很差，即泛化性能很差的情况。因此，单次使用留出法得到的估计结果往往不够稳定可靠，在使用留出法时，一般需要进行若干次随机划分并重复进行实验评估后取平均值，然后将其作为最终的评估结果。

②交叉验证法

交叉验证法是一种重复抽样法。它的主要思想是：将数据均匀地分为大小相似且互斥的 k 份数据子集，在每次训练时，取其中的一份作为测试集，其余的 $k-1$ 份作为训练集。这样就会进行 k 次训练和测试，得到 k 个测试结果，对这 k 个测试结果取平均，将其作为最后的测试结果。每一个训练出的模型都将经历 k 次测试，最终选择 k 次测试的平均表现最优的模型。交叉验证法评估结果的稳定性在很大程度上与 k 有关，通常也叫作“k 折交叉验证”，常见的 k 的取值是 10，即 10 折交叉验证。

(3) 过拟合、欠拟合与调参

在使用训练集拟合输入和输出之间的关系时，总会存在误差，这种在训练模型时产生的误差叫作训练误差或者经验误差，在训练集之外的测试数据上进行预测产生的误差叫作泛化误差。我们都知道，误差通常都是越小越好，那么是不是训练误差越小越好呢？需要注意的是，建模的最终目标并不是使训练误差小，而是使模型在测试数据上的泛化误差更小，即建立一个可以被广泛应用在其他数据集上的模型。然而，在训练的时候并没有涉及测试数据，所以我们在模型训练中实际能做的就是努力使训练误差最小化。但是有时候会存在训练时将训练样本学习得过于完美的情况，以至将训练样本中自身的个别特点当作所有样本都会存在的特点。如果模型在训练时误差很小，但在预测未知数据时却不准确，那么这个模型仍然是没有用处的，因为这个模型仅仅适用于描述已知的数据之间的关系。

所以在拟合的过程中，往往会出现两类问题。第一类是过拟合，如同上一段所介绍的，模型过多地学习到了仅存在于训练样本中的关系，由于这些关系在其他样本中可能是不存在的，所以模型在其他样本上的表现将远不如在训练样本上的表现，即泛化误差大；第二类是欠拟合，是指模型没有表达出样本中普遍存在的关键关系模式，导致在训练集上的训练误差都较大。换句话说，过拟合是学习能力过于强大，建立了复杂度过高的模型；而欠拟合是学习能力过于低下。实践当中，就需要控制好这个平衡，尽量避免过拟合与欠拟合的出现。对于欠拟合来说，比较容易克服，比如可以通过增加训练迭代次数等。而过拟合的问题是无法彻底避免的，在后面的章节中，尤其是在预测和回归的章节中，会讲到如何在构建模型时对模型进行控制和修剪，以避免过拟合情况的出现。

对关系模式进行描述的模型通常都会有一些参数。除了解决过拟合和欠拟合的问题之外，为了保证模型的泛化误差尽可能小，通常还需要对模型进行参数的配置，也就是常说的“调参”。例如，有一组数据 $\{(x_i, y_i), i=1,\cdots,n\}$，假设用 $y=kx+b$ 来描述它们的关系，这里的 k 和 b 就是参数，显然，若参数不同，则误差不同。在模型的训练过程中需要根据训练集进行参数设置，这些在训练过程中确定的参数称为普通参数。模型的有些参数需要人工设定，这就是所说的“超参数”。例如，在前例中，还可以用抛物线 $y=k_1x+k_2x^2+b$ 表示这组数据的关系。超参数实际上就是建立初始模型的参数，即在本例中，用一次线性函数模型，还是二次抛物线模型。又如在神经网络模型中，隐含层的数量、各个隐含层的节点数等也都是需要人工调节的超参数。一般调参和模型的选择通常是在验证集上进行的，多次使用验证集进行不断调参并监控模型是否出现过拟合的情况，最终得到表现最好的模型，用于测试集的评估。对于具体参数的调整，在具体算法讲解中有更详细的解释。

(4) 有监督学习与无监督学习

从数据中构建模型的过程被称为“学习”。一些模型建立的目的是给数据打上“标签”，例如预测潜在顾客在未来一周内是否有消费行为时，实际上就是为每一个潜在顾客打上了“购买者”的标签。当我们构建模型时使用的训练集必须要存在这样的标签，即训练集中的数据有顾客的各种特征以及他们各自是不是“购买者”，才能在特征和标签之间建立联系。从这样有标签的数据集合中进行模型学习的过程，称为有监督学习。按照标签是离散型数据还是连续型数据，监督学习也可以分为分类和回归，在后面的章节中会展开介绍。

在某些情况下，得到的训练集中并没有相应的标签，即在前例中，不知道这些顾客是不是购买者。基于这些数据进行模型构建时，无法预测他们是不是“购买者”，但可以根据顾客的特征，将其分为几个类别。例如，顾客可以分为这样两类：有针对性地浏览商品的顾客，具体表现为只看某个类别或者某个品牌的商品，浏览时间长；上网来消遣和打发时光的顾客，具体表现为什么商品都看，浏览时间很短。在建立模型时，并不知道究竟有哪些类别的消费者，更不知道任意指定的一个消费者属于哪一个类别。此时模型的目的就是识别出几类有显著特征的消费者及每个消费者属于哪一个类别。在这个情景中，我们使用不带标签的数据建立模型，得到了我们想要获得的信息，这种学习任务称为无监督学习。无监督学习主要用聚类算法实现，在后面的章节中会展开介绍。

5. 模型评价

模型评价主要是指对模型在测试集中的泛化性能进行评估。不同类型的模型使用不同的评价标准，比如，预测销量的模型用预测值与真实值之间的误差进行评价，而预测顾客是否购买的分类模型则用查全率和查准率进行评价，常见指标体系将在后面章节中介绍。同样地，相同类型的模型在不同的评价标准上的表现可能不同，在具体的研究中，要根据研究的问题选择合适的评价标准。

6. 模型发布

执行完上述步骤之后，得到最终表现最好的模型和参数配置，将其应用于后续未知数据的分析中，有时会根据其业务需求，将模型部署集成到相应的系统中进行使用。

归纳而言，数据分析的整个框架如图 2－3 所示，我们以需求为研究问题的导向，以数据为基础，以知识为技术支撑，最后根据模型结果作出决策。对于一个完整的数据分析过程，我们首先需要确定研究的问题，获取与业务需求相关的数据，如金融、经济、产品、销售等各个行业的数据，对其数据进行一定的处理，然后利用我们的知识构建分析的模型，如预测、分类、聚类、关联规则等，最后将模型的分析结果应用于业务的决策，如客户细分、商品推荐、购买预测、客户流失预测和销量预测。在后续章节，我们将依次介绍在需求、数据、知识以及决策上的相关处理。

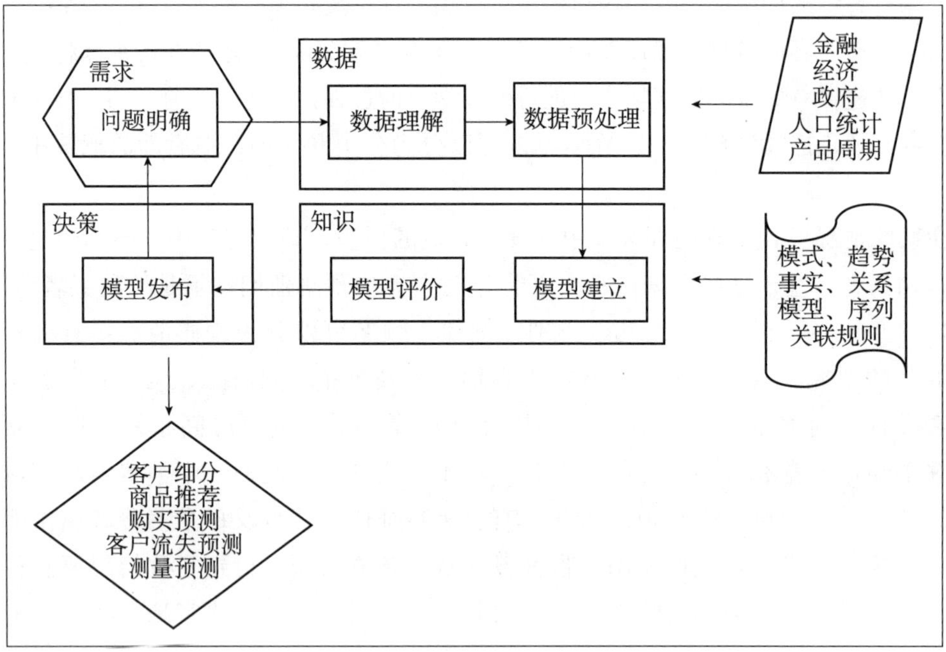

图 2-3　商务数据分析整体框架

第二部分

商务数据分析常用方法

第三章 数据获取与数据理解

如同第二章整体框架中所介绍的，在进行数据分析时，围绕需要解决的问题，需要在各种渠道收集相关数据。比如，想要对电影的票房进行预估，需要获取电影的类型、投资、排片数量、上映日期、演职人员等信息，还需要获悉社交媒体中电影的口碑、主要演员的人气等。通过对获取的数据进行简单的统计分析，决策者可以对数据的整体情况有所了解，这个阶段称为数据理解。本章主要介绍数据获取与数据理解方面的内容。

第一节 数据获取

从数据使用者的角度来看，数据获取主要有两个渠道：一个是直接获取数据，即自己在经营过程中累积的数据，或者通过实验或调查直接获得的数据，这些数据被称为一手数据；另一个是间接获取数据，指的是数据是由其他人通过各种形式搜集的，使用者仅仅是找到这些数据并加以加工和使用，间接地获取了这些数据，这些数据通常被称为二手数据。本节将对获取数据的这两种方式分别加以介绍。

1. 直接获取

对特定研究问题来说，一手数据时效新、相关性和针对性强、可信度也更高，准确可靠的一手数据对即将进行的数据分析问题有着极高的贡献。直接获取数据有以下几种途径：

(1) 经营数据

企业通过自身的信息化建设，在经营过程中积累了大量数据，包括运营、人事、财务、供应链、客户管理等。这些数据通常存储在企业信息系统的数据库中，是企业经营的真实反映，其获取相对比较简单，但由于经营数据通常涉及企业的竞争优势，所以企业外部人员甚至不同部门的人员很难得到。

(2) 市场调查

市场调查是指用科学的方法（引用正规），有目的、系统地搜集、记录、整理和分析市场现状的数据获取和分析方法。市场调查通常比较适用于社会问题和企业经济问题，比如国家范围内定期会开展的经济普查、企业对用户开展的满意度调查等。

在进行市场调查的时候，如果是针对总体中的所有个体单位的调查，就称这次调查为普查。普查获取的数据比较全面，对整体情况的反映也很全面。基于普查数据进行分析能够得到更加准确的结论。但是通常情况下总体样本会非常大，进行普查会花费非常多的时间以及非常高的金钱和资源成本，普查不可能经常进行。因此，在进行调查时，通常会根据所研究的问题，选择合适的样本数量和抽样方式，从整体中获取一部分样本，对样本数据进行调查。

（3）试验

通过试验也可以获取数据。在试验中，研究者围绕想要解决的问题，设定相应情景，记录不同条件下相应的试验观测结果，并对试验结果展开分析。例如，想要在诸多影响因素中，重点分析评论消费者购买行为的影响，研究者可以设计试验环境，模拟一个购物平台，控制其他影响因素（包括价格、产品描述等）全部一致，在这样的模拟试验环境中，观察价格变化对消费者购买的影响，记录相应的结果，分析价格自身对消费者购买行为的影响。

（4）爬虫

实际上，随着互联网和大数据技术的发展，更多数据被保留在了各个网页上，如豆瓣上每部电影的评分、淘宝商品的价格和评论数量等。使用者可以针对自己的需要，利用爬虫技术自行对网页上的数据进行爬取。

2. 间接获取

在进行数据分析或研究特定问题时，除了一手数据，通常也会获取与研究内容有关的而且已经存在的二手数据，例如来自政府统计报告的数据。对比直接获取数据，二手数据的优势在于以下几点：第一，二手数据获取过程通常时间短、成本低；第二，二手数据除了可以用来分析研究问题，还可以从中剖析研究问题的背景，比如从政府统计报告中研判行业未来发展的增长点和风险。因此，二手数据通常是分析研究问题时重要的数据来源。

但是，二手数据也有很大的局限性。首先，二手数据通常不是为使用者想要进行研究的问题而收集的，所以与直接收集数据相比，在和研究问题的契合度上必定有所欠缺。其次，二手数据可能会带来计算口径未知、数据不准确、数据时效不满足条件等问题，在使用二手数据时，提前对数据进行评估是非常必要的。相应地，在使用二手数据时，要注意数据的定义、含义以及计算方法，避免错用、误用、滥用。此外，还应该注意的是，在引用二手数据时，应注明数据的来源，以尊重他人的劳动成果。

相对于一手数据，二手数据的获取较为容易。常见的二手公开数据源大致可分为以下几类：

（1）文献

相关专业期刊、学术会议、专业图书的文献资料中提供了一些可供使用或参考的数据资料。文献中的数据往往经过了原作者的处理，对使用者来说省去了数据处理的过程，但是文献数据的计算口径有时难以获知，数据难以满足研究问题的全部需求，适用性相对较弱。

（2）学术单位的数据库

为了研究需要，大学等学术单位提供了一些以数据库为存储形式的数据集，供公众访问获取。这些数据集来自实践，体量通常比较大，涵盖的范围也比较广，不仅限于商业领域。这类数据库包括加州大学洛杉矶分校统计数据库、伯克利数据实验室数据库，以及亚马逊公用数据库等。

基于这些共同的数据集，研究者们可以更方便公正地比较各自所提出的数据分析策略、方法的优劣，因此学术数据库集被众多研究者青睐。

（3）统计部门机构

统计部门和各级政府部门定期公布的有关资料中提供了统计数据，如定期发布的统计公报，定期出版的各类统计年鉴、行业报告等（这些数据大部分为宏观数据）。例如，中国国家统计局提供了国内各个行业不同年份不同粒度的统计数据，方便数据使用者了解某地区、某行业具体领域的状况。再如，中国互联网信息中心聚焦于互联网，对互联网软硬件的发展定期发布相关汇总信息。

宏观统计数据对于使用者了解所感兴趣的领域的整体情况是有很大帮助的，但通常并不能用于解决具体的决策问题。比如，某地区的电影整体票房及构成无法帮助我们预测某一部电影的具体票房。

（4）第三方机构

互联网企业推动了国内大数据的应用以及行业的发展。这些互联网公司产生的庞大数据使大数据产业迅速发展起来。具有数据资源优势的数据源提供商、咨询机构以及一些自身有数据积累的互联网企业都已经成为大数据产业中能够提供海量数据、连接上下游的中流砥柱。在第三方机构获取的数据比较完整，有丰富的描述，但通常需要付费才能获取。

（5）国内外各类数据挖掘竞赛

随着数据量的剧增以及数据挖掘技术的发展，国内外相继开展了各类数据挖掘竞赛，这些竞赛中都提供了大量真实的数据集，这些数据通常有实际的应用背景和明确的使用目的。比较有代表性的数据挖掘竞赛有 kaggle 和天池等。前者是在墨尔本创立的一个进行数据发掘和预测竞赛的在线平台，在业界享有极高的认可度。在 kaggle 平台中，公司提供一些数据，参赛者组队参加项目，针对其中的问题（例如房价预测、图片识别等）提出解决方案，最终由公司选出的最佳方案可以获得奖金；后者是阿里云旗下的大数据平台，依托于阿里巴巴的飞速发展，平台提供海量数据和分布式计算资源，也会举办各类算法竞赛。

第二节　数据描述

数据获取之后的下一个阶段便是数据描述，通常也称为描述性数据分析，通常指通过图表可视化或其他数学方法，对数据的整体分布情况、数据各特征之间的关系进行估计和描述，从而有利于了解数据的整体情况，发现显著特点，为进一步的数据分析提供重要的思路。运用图表进行描述分析，将在数据可视化章节中进行介绍，本节将主要介绍对数据分布特征进行描述的常见角度和方法。

假设想要了解产品的销售情况，经过数据获取阶段，得到了一部分产品在不同平台的订单价格数据，如表 3－1 所示，那么接下来应该从哪些角度入手去了解和描述订单价格的整体情况？如何用几个数字评价整组数据分布？

表 3－1　用户订单表（部分）

用户 ID	商家 ID	订单价格
1	1	25
2	1	37
3	1	19.5
4	2	68
5	2	77
6	2	85
7	2	77
8	2	77
9	2	101
10	2	99
11	3	157
12	3	198
13	3	201
14	3	332
15	3	277

当我们拿到一批规范的数据时，首先要做的是对这批数据有一个初步的了解。理解和认识数据是展开数据分析的基础。通过数据描述，我们得到了数据集合分布在各个方面的特性表现，对数据中可能的规律模式有了初步的认识。更为重要的是，数据描述能够为下一步的具体数据分析提供方向和依据，是模型能够有良好表现的重要环节。

数据描述通常可以从三个方面进行：集中趋势分析、离散程度分析和分布形状分析，以下分别介绍。

1. 集中趋势分析

集中趋势是指一组数据向某一中心值靠拢的程度，是对数据一般水平的概括性度量，它反映了一组数据中心点的位置所在。这个中心点可以是均值、中位数，也可以是众数。各类中心点的计算方法和应用情景的说明如下。

(1) 均值

均值（mean）也称为平均数，通常用 $\bar{x}$ 表示，是最常用的也是最有效的度量集中趋势的指标。将一组数据的总和除以数据数量，便能得到均值，计算公式为式（3.1），其中 x_i

代表各个数据点的取值：

$$\bar{x}=\frac{\sum_{i=1}^{n}x_i}{n}=\frac{x_1+x_2+\cdots+x_n}{n} \tag{3.1}$$

以表 3-1 中的数据为例，所有订单价格的均值为：

$$\bar{x}=\frac{\sum_{i=1}^{n}x_i}{n}=\frac{25+37+19.5+\cdots+332+277}{15}\approx 122$$

在有些情况下，每个数据的重要程度或者意义可能不是相同的，这时候需要对不同的数据赋予不同的权重。对于 $i=1$，2，…，n，每个值 x_i 被赋予一个 w_i，计算如下：

$$\bar{x}=\frac{\sum_{i=1}^{n}w_ix_i}{\sum_{i=1}^{n}w_i}=\frac{w_1x_1+w_2x_2+\cdots+w_nx_n}{w_1+w_2+\cdots+w_n} \tag{3.2}$$

这样根据权重计算得到的平均数叫作加权平均数或加权算术均值。

比如，假设表 3-1 中的每个商家因为规模信誉等方面的差异造成了它们的重要程度不同，我们按照重要程度为各个商家赋权，并计算订单价格的加权算术均值。商家 1 是一个小店铺，权重为 0.2；商家 2 和商家 3 为明星店铺，权重都为 0.4。可以得到订单总价格的加权平均：

$$\begin{aligned}\bar{x}&=\frac{\sum_{i=1}^{n}w_ix_i}{\sum_{i=1}^{n}w_i}\\&=\frac{0.2\times(25+37+19.5)+0.4\times(68+\cdots+99)+0.4\times(157+\cdots+277)}{0.2+0.2+0.2+0.4+\cdots+0.4}\\&\approx 132.57\end{aligned}$$

均值能够充分利用所有数据的信息，但也正是因为这种特性，均值非常容易受到极端值的影响，如果上例中有一笔订单的价格为 15 000 元，那么均值将会增加约 1 500 元，而这样的均值不能反映订单的整体状况。

（2）中位数

中位数（median）是一组数据排序之后处于中间位置的值，通常用 M_e 来表示，它把数据较大的一半和较小的一半分开。中位数是一个由位置决定的值，因此即便数据中存在极端值，中间位置上的数值也不会受到影响。对于存在极值或非对称数据的情况来说，中位数是一个比均值更好的度量。

一组数据按递增的方式排序后得到 $x_{(1)},x_{(2)},\cdots,x_{(n)}$，如果数据总数 n 为奇数，那么中位数即为最中间的值；如果数据总数 n 为偶数，那么中位数就取中间两个值的平均数：

$$M_e=\begin{cases} x_{\left(\frac{n+1}{2}\right)}, & n\text{ 为奇数} \\ \frac{1}{2}\left[x_{\left(\frac{n}{2}\right)}+x_{\left(\frac{n}{2}+1\right)}\right], & n\text{ 为偶数} \end{cases} \tag{3.3}$$

以表 3-1 中的数据为例，商家 2 共有数据 7 条，中位数应为从小到大排序后的第 4 个数字。商家 2 销售的价格数据排序后为：

68，77，77，77，85，99，101

所以，商家 2 产品价格的中位数为 77。

(3) 分位数

分位数（quantile）是将总体的全部数据递增排列后，处于各等分位置的数据点。分位数将数据划分为基本上规模相等的区域。

显然，如果将数据分为两部分，那么这个分位数的数据点就是中位数。如果分为四部分，则得到的数据点就是四分位数（quartile）。四分位数也就是处于 25%、50%和 75%位置上的三个数值。因为处于 50%位置上的数值就是前面所说的中位数，因此，通常所说的四分位数指的是处于 25%位置上以及 75%位置上的数值。处于 25%位置上的数值也被叫作下四分位数，处于 75%位置上的数值也被叫作上四分位数。

以表 3-1 中的数据为例，订单价格有数据 15 条，排序后的数据为：

19.5，25，37，68，77，77，77，85，99，101，157，198，201，277，332

因此，下四分位数为位于第 4 位的数字 68，上四分位数为位于第 12 位的数字 198。

按同样的方法选取各个数据点，然后衡量排序后数据集中相对位置的指标还有十分位数（decile）以及百分位数（percentile）等分位数。在各类分位数中，常用的是四分位数。相比于中位数只有一个，四分位数有两个，能够更充分地反映数据的集中程度。

(4) 众数

众数是一组数据中出现次数最多的变量值，可以用 M_o 来表示。从定义可以看出，它同样不会受到数据中极端值的影响。一组数据可能各不相同，既可能不存在众数，也可能存在多个众数。一般来说，数据量较大的时候众数才有意义，将众数作为数据整体特征才有代表性。对比前面的集中指标，众数不涉及数值计算，因此，对于类别数据（如性别、地区），众数是常用的集中程度测度。

以表 3-1 中的数据为例，在订单价格的数据中，值为 77 的数据最多，有 3 条，因此众数即为 77。以全部数据为例，将之前计算的关于数据集中趋势的度量指标汇总在表 3-2 中。

表 3-2 用户订单表集中趋势指标汇总表

均值	中位数	下四分位数	上四分位数	众数
122	85	68	198	77

从表 3-2 中可以看到，同样是反映数据集中趋势的指标，数值可能有很大差异。在

实际应用时，应根据数据的特点选择合适的指标，甚至选择多个指标共同反映数据的整体情况。

2. 离散程度分析

除了集中趋势，描述数据分布时还需要考虑数据的离散程度。与集中趋势相反，离散程度指的是一组数据远离其中心值的程度。数据的离散程度分析主要是用来反映一组数据的差异程度，常用的指标有异众比率、极差、四分位差、平均差、方差或标准差、变异系数等。

（1）异众比率

异众比率（variation ratio）指的是非众数数据的数量占数据总数的比例，用 V_r 表示。异众比率主要反映的是众数对数据的代表程度，计算公式为：

$$V_r = 1 - \frac{f_m}{n} \tag{3.4}$$

其中，f_m 是众数的数量，n 是数据总数。异众比率越小，表示众数所占的比例越大，众数对于数据的代表程度越好。以表 3-1 中的数据为例，共有数据 15 条，订单价格的众数为 77，众数的数量为 3，因此异众比率为：$V_r = 1 - \frac{f_m}{n} = 1 - \frac{3}{15} = \frac{4}{5} = 0.8$，众数的代表性并不好。

（2）极差

极差（range），也称全距，指的是数据最大值与最小值之差，用 R 来表示。极差的计算公式为：

$$R = \max(x_i) - \min(x_i) \tag{3.5}$$

其中，$\max(x_i)$ 是一组数据中的最大值，$\min(x_i)$ 是一组数据中的最小值。

因为极差选取最值来进行计算，所以必然会受到极端值的影响。此外，极差的计算只考虑了最大最小值，遗漏了中间部分的更多信息，换句话说，只用两个数据表示一组数据集合的特点，一般情况下不能准确地描述。以表 3-1 中的数据为例，订单价格的最大值为 332，最小值为 19.5，那么，极差为：

$$R = \max(x_i) - \min(x_i) = 332 - 19.5 = 312.5$$

（3）四分位差

与极差不同，四分位差（quartile deviation）考虑了中间部分的信息，是一组数据的上四位数和下四分位数之差，记做 Q_d。用 Q_L 来表示下四分位数，Q_U 来表示上四分位数，那么，四分位差的计算公式为：

$$Q_d = Q_U - Q_L \tag{3.6}$$

四分位差反映了数据分布的中心、散布情况的特征，它表示的是中间 50%的数据的离散程度，因此也不会受到极端值的影响。四分位数越小，表示中间的一半数据越集中。以

表 3-1 中的数据为例，订单价格的下四分位数为 68，上四分位数为 198，那么四分位差为：

$$Q_d = Q_U - Q_L = 198 - 68 = 130$$

(4) 平均差

平均差（mean deviation）指的是一组数据中各个值与其平均数的离差的绝对值的平均数，记做 M_d 。平均差的计算公式为：

$$M_d = \frac{\sum_{i=1}^{n} |x_i - \bar{x}|}{n} \tag{3.7}$$

其中，n 为数据总数。平均差反映了每个数据点与数据均值的平均差异程度，平均差越大，表明样本值与均值差异越大，数据的离散程度越大。与前面介绍的指标相比，平均差充分运用了数据中的每个样本值，因此是一个能较全面反映数据离散程度的指标。以表 3-1 中的数据为例，订单价格的平均数为 122，那么，订单价格的平均差为：

$$M_d = \frac{\sum_{i=1}^{n} |x_i - \bar{x}|}{n} = \frac{|25 - 122| + |37 - 122| + \cdots + |277 - 122|}{15} \approx 74$$

(5) 方差或标准差

方差（variance）指的是数据中各个值与其平均数离差的平方的平均数，用 σ^2 表示。标准差（standard deviation）是方差的平方根，用 σ 表示。方差或标准差的计算运用了数据中的每个样本值，能够反映出数据偏离均值的程度，是衡量数据离散程度最常用的指标。

方差用二阶中心距来定义，方差的计算公式为：

$$\sigma^2 = \frac{\sum_{i=1}^{n} (x_i - \bar{x})^2}{n - 1} \tag{3.8}$$

其中，n 为数据总数。

方差或标准差越小，表示数据越集中，数据的离散程度越小。在处理实际问题时，由于方差采用了平方和的形式进行计算，导致计算结果的度量单位与原数据不一致，因此有时会将方差开方后得到标准差再使用。以表 3-1 中的数据为例，商家 2 共有 7 条数据，其订单价格的方差为：

$$\sigma^2 = \frac{\sum_{i=1}^{n} (x_i - \bar{x})^2}{n - 1} \approx 152.62$$

(6) 变异系数

前面所介绍的统计量反映了数据的绝对离散程度，其数值的大小容易受到度量单位以及数据平均水平高低的影响，只看指标本身无法比较两个数据集的离散程度。比如，同样是标准差是 100 的数据集，对于均值为 10 000 的数据集来说可能其波动是较小的，但是对于均值为 100 的数据集来说波动则可能是巨大的。变异系数（coefficient of variation）修正了这个弊端。变异系数也叫作离散系数，它是标准差与均值之比，用 v_s 来表示。变异系数可以用来比较不同数据集之间的离散程度。变异系数的计算公式为：

$$v_s = \frac{\sigma}{\overline{x}} \tag{3.9}$$

变异系数越小，表明数据的离散程度越小。以表 3－1 中的数据为例，商家 1 共有 3 条数据，商家 3 共有 5 条数据，它们各自的标准差以及平均数分别为：

店铺 1：$\sigma_1 \approx 8.95$，$\overline{x}_1 \approx 27.17$　　店铺 3：$\sigma_3 \approx 70.29$，$\overline{x}_3 = 233$

那么，店铺 1 和店铺 3 的变异系数分别为：

$$v_1 = \frac{8.95}{27.17} \approx 0.33，v_3 = \frac{70.29}{233} \approx 0.30$$

由此可以看到，虽然店铺 1 订单价格的方差较小，但是变异系数表明，它的价格波动比拥有大方差的店铺 3 更为剧烈。

从数据的离散程度来看，表 3－1 中的全部数据可以整理为表 3－3。

表 3－3　用户订单表离散程度指标汇总

异众比率	极差	四分位差	平均差	标准差	变异系数
0.8	312.5	130	74	92.52	0.76

由表 3－3 可见，不同的离散指标从不同角度度量了数据的分散程度，在实际应用时，应根据数据的特点选择合适的指标，甚至选择多个指标共同反映数据的离散程度。

除了对全部数据进行集中趋势和离散程度分析，在数据理解阶段，还可以针对某些具体的研究对象，进行对比分析。例如，选取四个指标展示三个商家的对比情况，将结果整理在表 3－4 中。

表 3－4　用户订单表商家对比

	均值	中位数	标准差	变异系数
商家 1	27.17	25	8.95	0.33
商家 2	83.43	77	12.35	0.15
商家 3	233	201	70.29	0.30

通过对集中趋势和离散程度的计算和对比，我们可以对三个商家进行比较，例如，尽管商家 1 的商品是最便宜的，但是从变异系数角度看，它的值最大，也就是说，商家 1 的产品价格波动大。

3. 分布形状分析

正态分布是最常见的一种分布，在很多分析场景下会直接将数据分布看作是正态分布，进而利用其数学性质，例如使用均值和方差即可代表数据的集中和离散程度。但实际数据却并非总是如此，表现良好的正态分布在实际获得的商务数据中并不常见。

对于更为一般的非正态分布来说，离散程度和集中程度的某些常用度量并不能准确代表数据中心位置和数据的散布。以偏态分布为例，顾名思义，偏态分布之所以“偏”，是因为数据集中有极大值或极小值，而如前所述，均值和方差等度量都极为容易受到极值的影响，在这种情况下，中位数或四分位数可能会是更好的选择。因此，在分析之前首先观察数据的分布形状，这对于选择合适的指标对数据的整体情况进行描述，避免产生错误的分析结果都是很有必要的。

关于数据是否对称、非对称的程度以及数据的扁平程度等分布形状，通常使用偏态和峰度两个指标来进行测度。

(1) 偏态

偏态（skewness）是对数据分布对称性的一种度量，常用偏态系数（coefficient of skewness，SK）来衡量。偏态系数通过计算数据相对于中心点的倾斜方向以及程度，衡量数据分布的对称性，计算公式如下：

$$SK=\frac{\sum_{i=1}^{n}(x_i-\bar{x})^3}{n\sigma^3} \tag{3.10}$$

其中，n 为数据总数。

如果一组数据是对称的，则偏态系数为 0，例如正态分布的偏态系数即为 0；此时，数据集的均值、中位数以及众数全部相等（是否应该将众数去掉?），即$\bar{x}=M_e=M_o$。如果偏态系数不为 0，则数据不是完美对称的，具体而言，当偏态系数大于 0 时，表明这组数据的倾斜方向是右偏或正偏的，数据中存在极大值，拉动了平均值向极大值方向靠拢，此时的关系为：$M_o<M_e<\bar{x}$；相对应地，当偏态系数小于 0 时，表明这组数据是左偏或负偏的，数据中存在极小值，拉动了均值向极小值的方向靠拢，因此，此时的关系为：$\bar{x}<M_e<M_o$。

偏态系数的正负表明了数据分布是否对称，以及倾斜的方向，而绝对值的大小表明了倾斜的程度。绝对值越小，偏斜的程度越低，反之越高。一般来说，绝对值介于 0.5～1 之间，认为数据是中等偏态的；绝对值大于 1 时，认为数据是高度偏态的。以表 3－1 中的数据为例，商家 2 订单价格数据分布的偏态为：

$$SK=\frac{\sum_{i=1}^{n}(x_i-\bar{x})^3}{n\sigma^3}\approx 0.36>0$$

也就是说，店铺 2 的订单价格数据分布是右偏的，但偏态程度不高。

(2) 峰度

峰度（kurtosis）是对数据分布峰部尖度的一种度量，常用峰度系数（coefficient of kurtosis，K）来衡量，计算公式为：

$$K=\frac{\sum_{i=1}^{n}(x_i-\bar{x})^4}{n\sigma^4}-3 \tag{3.11}$$

其中，n 为数据总数。

峰度是和标准正态分布相比较而言的。如果一组数据服从标准正态分布，则峰度系数为 0；当峰度系数大于 0 时，表明数据的分布是尖峰分布，数据分布较标准正态分布而言更为集中；当峰度系数小于 0 时，表明数据的分布是扁平分布，数据分布较标准正态分布而更为分散。

以表 3-1 中的数据为例，商家 2 订单价格数据分布的峰度为：

$$K=\frac{\sum(x_i-\overline{x})^4}{n\sigma^4}-3\approx -1.67<0$$

也就是说，商家 2 的订单价格数据分布较为扁平。

除了上述指标之外，图表是能够直观展示出数据分布、数据特性以及数据间关系的表示方式。比如，如果需要了解数据的分布情况，就可以选择条形图、直方图等进行直观展示；如果需要了解数据的分布结构，则可以选择饼图。对于运用图表展示统计分析结果的更多内容，我们将在数据可视化章节中进行详细阐述。

习题

3.1　请尝试查看第一节介绍的公开数据源渠道。

3.2　计算卡方分布的均值、方差、标准差、偏态。

第四章　数据预处理

随着大数据时代的到来，数据的数量、结构、形式、来源等都在不断发生变化。各行各业每天的数据规模不断增加，数据质量成为重要问题。我们拿到的数据可能存在大量的缺失值，可能存在过多的异常值，可能包含大量的错误噪音，可能获取渠道不同使得数据缺乏统一标准和定义，甚至数据结构也有较大的差异，等等。这些数据被获取之后，往往不能直接拿来进行分析，需要对数据的缺失、异常等情况进行判断处理，并结合具体分析的需要对数据进行变换，这个过程称为预处理。

数据规模的膨胀式增长也带来了另一个重要挑战，模型不可能处理大量特征信息，需要在建立模型之前，从大量复杂的原始特征中选择与研究问题相关的重要特征，这个过程被称为特征工程。本章将主要介绍数据预处理和特征工程方面的内容。

第一节　数据预处理

1. 数据预处理的目的

评价数据质量包含了很多方面的因素，比如准确性、完整性、时效性、一致性、可信性等。我们实际搜集到的原始数据经常不满足上述要求，是“脏”的，比如数据是不完全的、有异常的、冗余的、模糊的，甚至矛盾的。导致这种结果的原因也有很多种：收集数据的设备可能出现故障；当用户不希望提交个人信息时，可能故意输入错误信息；数据输入、传输时出现错误；不同数据源命名约定或者所用数据代码不一致；等等。这些都会导致数据质量降低。另外，在海量的实际数据中无意义的成分也很多，非常不利于后续的模型以及算法的训练。这些问题都需要在预处理环节解决。

预处理的目的是为后续的模型提供满足要求、更加具有针对性的数据，从而提高数据分析效率和准确率。

2. 数据预处理的主要任务

数据预处理的主要任务是数据清洗、数据集成、数据变换和数据规约。数据清洗是对数据中的缺失值、异常值、不一致等情况进行分析和处理，比如填补缺失值或者删除具有缺失值的记录、识别或者删除异常值（离群点）、纠正数据的不一致。

数据集成指的是为了满足数据分析需要，合并来自多个数据源的数据，并保证数据的一致性。为解决业务需求所获取的数据不可能只有一个数据源的一个文件，此时就涉及来自多个数据库、文件、表格的数据的集成。在集成的过程中，可能会存在一些问题，比如代表同一概念的属性在不同数据文件中具有不同的名字，导致不一致性和冗余。

数据变换是用各种方式变换数据原本的数值，使得数据集在不失真的情况下，更能满足下一步处理的需要，主要包括规范化、函数变化、数据类型变化等，下面分别举例说明。对于数据，不同的特征属性有不同的量纲，比如顾客年龄属性的取值范围可以设定为[1，100]，而年收入的取值范围则可能为［60 000，1 000 000］。由于量纲单位不同会导致数值大小不同，这可能会对于后期的算法有一定的影响，所以需要将其规范化。另外，我们在研究分析时有时假定数据符合一定的分布，比如正态分布，而如同前面所介绍的，真实数据中很难存在完全的正态分布，可以尝试通过简单的函数变换（如平方、开方、取对数等处理），将不具有正态分布的数据变换为具有正态分布的数据。对于某些研究问题，我们有时需要将数值型的连续数据进行离散化，转换成标称型数据。

为了分析问题，需要考虑多个特征因素，但是特征表达的信息有时也有重叠，这时直接利用数据进行分析的效率会降低，需要先进行数据规约。数据规约的目的是产生更小但是能够代表原有数据集合特点的新数据集，从而在后期的建模过程中能够基于新的数据集，发现特征与最终目标值之间的关系模式，减少错误和无效数据，降低成本。数据规约主要有属性规约、数值规约等方法。

3. 数据清洗

数据清洗一般包括缺失值处理、异常值识别处理、纠正数据中的不一致等。本部分将主要围绕前两方面介绍数据清洗的相关概念和方法。

（1）缺失值分析

缺失值是指在原始数据中由于缺少信息而造成的数据的某个或者某些属性的值是不完全的或者是不正确的。举例来说，在对顾客进行描述时，有一项属性是出生年月，如果某个顾客记录中相应的出生年月值为空，则表明该记录的此属性出现缺失。也有可能属性值是不正确的，比如出生年月为 1800 年，这说明该记录的此属性无效，从而确认其属性出现缺失。归纳而言，在进行缺失值分析时，需要检查是否存在空白数据，以及是否存在错误数据。

缺失值存在的原因有很多种，常见的有信息暂时无法获取或信息获取的成本较高；信息在储存或传输过程中丢失；属性值不存在（如未婚者的配偶姓名）等。存在缺失值会导致后续建立的模型不能真实地反映本来的面貌，以及数据分析的结果不可靠。

（2）缺失值处理方法：删除

处理缺失值最简单的方法是直接删除，包括删除存在缺失值的记录或者删除多个记录都存在缺失情况的特征属性，从而获得完整的数据集。该方法简单易行、非常有效、迅速，但是它以减少数据量为代价来换取信息的完备，这样做可能会将有用的信息一并删除，造成资源的大量浪费，丢弃大量隐藏在这些对象中的信息，所以只有当数据集较大、缺失数据在数据集中所占比例较小的时候，才适合使用这种方法。

(3) 缺失值处理方法：数据填充

如前所述，当存在缺失值时，可以直接删除该条记录。但是对于现今的算法模型来说，很多时候都需要大量数据去训练模型，所以当我们获取的数据集较小时，更不能直接删除数据，这时就需要对缺失值进行插补。下面介绍几种插补方法。

①指定值填充

将空值作为一种特殊的属性值进行处理，不同于其他的任何属性值，比如将缺失值用同一个常量（如“unknown”）替换。但是该方法存在很多弊端，比如有可能在后期的数据分析过程中，算法误以为它们有实际的意义，从而导致模型的错误。

②使用属性的集中度量填充

在简单情景下，可以直接在缺失值中填补人工给定的某个常数值。在更多的时候，根据数据的集中分布来填补缺失值。对于数值型数据（比如年龄）的缺失，可以将该属性整体数据的均值、中位数等填补在缺失值上。对于标称型数据（比如性别）的缺失，可以用该属性整体数据的众数对缺失值进行填补。

这类方法用数据在某个属性特征上的整体分布来填充缺失值，并没有考虑属性之间或者实例之间的关系。事实上，使用均值或众数进行填补的方法缺乏理论依据，而使用最可能的值填充缺失值时，不能只考虑一个属性特征上的取值，需要考虑记录各个特征间的关系；也不能简单利用所有数据，需要考虑不同记录之间的相似度。相应地，对于复杂情况来说，有以下几种方法进行填充：插值法填充、K 最近邻数据填充、模型预测填充。

③插值法填充

插值法类似于函数拟合，利用在某段区间中已知的若干点的函数值，拟合出适当的函数，那么在区间上所有点的值都可以用这个函数来近似，这样对于缺失记录，就可以用函数计算出的结果对缺失值进行填补。常见的差值法有拉格朗日差值法和牛顿差值法。

拉格朗日插值法的基本思想是：构造一个函数 L，使其穿过已知的互不相同的 $K+1$ 个取值点，其函数形式为如下的多项式：

$$L(x)=\sum_{i=0}^{k} y_i l_i(x) \tag{4.1}$$

具体函数的构造思路是这样的：函数 L 需要穿过每个点，例如点（x_j，y_j），即函数在输入为 x_j 时的取值为y_j，需要得到如下的多项式：

$$L(x_j)=\sum_{i=0}^{k} y_i l_i(x_j)=0+0+\cdots+y_j+\cdots+0=y_j$$

如果需要函数穿过点（x_j，y_j），则对应地 $l_j(x)$ 在其他输入值处的取值为 0，在 x_j 处的取值为 1。而为确保其他输入值对应的结果为 0，构造 $(x-x_0)\cdots(x-x_{j-1})(x-$

$x_{j+1})\cdots(x-x_k)$ 为 $l_j(x)$ 的组成部分。显然，这个部分可以实现 $l_j(x)$ 在其他输入值处的取值为 0，而此部分在 x_j 处的取值为 $(x_j-x_0)\cdots(x_j-x_{j-1})(x_j-x_{j+1})\cdots(x_j-x_k)$，为确保在 x_j 处的取值为 1，构造多项式 $l_j(x)$ 为：

$$l_j(x)=\prod_{i=0,i\neq j}^{k}\frac{(x-x_i)}{(x_j-x_i)}=\frac{(x-x_0)}{(x_j-x_0)}\cdots\frac{(x-x_{j-1})}{(x_j-x_{j-1})}\frac{(x-x_{j+1})}{(x_j-x_{j+1})}\cdots\frac{(x-x_k)}{(x_j-x_k)} \tag{4.2}$$

由此完成了 L 函数各分项及整个 L 函数的构造。当存在缺失值时，便可利用 L 函数进行填充。

拉格朗日插值法的前提是穿过所有数据样本点，虽然利用了所有样本的信息，但每当增加新的样本时，多项式就要重新全部构造一次，效率较低。另外，当样本中出现异常点时，函数仍然会穿过异常点，使得其对缺失值的预测的准确性降低，即异常点会严重影响准确性。

牛顿插值法也是常用的插值方法，增加新的样本时，不需要重新构造所有的多项式，只需要在原有的多项式中增加一项。

④K 最近邻数据填充

K 最近邻数据填充的基本原理是根据与此实例相近的几个实例的均值进行填充。例如，某顾客的年龄是缺失值，若有 k 个顾客在收入、购买产品偏好、购买行为特点等方面与其相似，则可以根据这 k 个顾客的年龄的均值，对此顾客的年龄进行填充。寻找相似顾客的方法是一种叫作 K 最近邻的聚类方法，方法的具体内容将在聚类部分详细介绍。

对比简单均值填充的方法，此方法用相似实例取值的均值进行插补，更加合理。但是该方法引入了数据间的自相关，如同在上例中，本质上默认了顾客的年龄和顾客的收入、偏好等方面具有相关性，这可能会给后期的模型分析造成一定的偏差。

⑤模型预测填充

模型预测填充的基本逻辑是通过建模的方式，用已有值来建立变量间的模型关系，从而拟合出缺失值。在这个情景下，数据完整的记录组成模型的训练集，而对缺失值的预测实际上是模型的应用。例如，在用户是否购买某件商品方面存在缺失值，我们可以利用不存在缺失值的实例构建模型，通过其他属性，如用户是否浏览过相关或类似商品、是否收藏商品、是否将相关商品加入购入车、是否购买过与目标商品关联的商品等属性，构建预测模型，利用模型的输出值填充缺失值。相关模型将在后续部分介绍。

缺失值处理的方法有很多，各有优劣，并不存在一种适合任何问题的处理缺失值的方法，无论是以哪种方式填充，都无法避免对原数据的影响，使得数据有偏。

(4) 异常值分析

异常值，也叫作离群点、噪声点，指的是在数值、结构、特征等方面与大多数数据的表现显著不同的数据样本。产生异常值的常见原因是信息录入时出现人为错误或系统误差，有时候环境等因素也会带来数据的极端变化，例如在“双十一”时，淘宝等电子商务平台的交易额、评论量急剧增加，相对于整年的销售数据，促销节日期间的数据需要进行特别处理。如果不对异常值进行处理，就会使得后续建立的模型不准确或者影响模型的适用性。

分析异常值的常用方法是箱线图。

箱线图，也称盒形图，如图 4-1 所示，在箱线图中标示了代表数据分布的下四分位数、中位数和上四分位数。它相对稳定，包含了数据集中 50%的数值，不会受到异常值的影响。根据偏离程度的不同，箱线图分析中将异常值分为两类：偏离程度较小的定义为离群值，偏离程度较大的定义为极端值。

借助箱线图进行离群值和极端值的判定时，需要借助一些符号，比如需要设定参数，描述离群值和极端值的偏离程度。所需要的符号及相应解释如下（其中上下四分位数的定义参见第三章分位数部分的介绍）：

Q1：下（25%）四分位数；Q3：上（75%）四分位数；IQR：上下四分位的差，即 IQR=Q3－Q1；OF：离群值系数，代表离群值的偏离程度；EVF：极端值系数，代表极端值的偏离程度。

比上四分位数高出某范围或比下四分位数低某范围的值被判定为极端值，见图 4-1 中极端值的判定界，判断条件为：

$$x < Q1 - EVF \times IQR \text{ 和 } x > Q3 + EVF \times IQR$$

偏离上、下四分位数的程度不及极端值，但仍然有一定偏离程度的值被判定为离群值，见图 4-1 中离群值的判定界，判断条件为：

$$Q3 + EVF \times IQR > x > Q3 + OF \times IQR \text{ 和 } Q1 - EVF \times IQR < x < Q1 - OF \times IQR$$

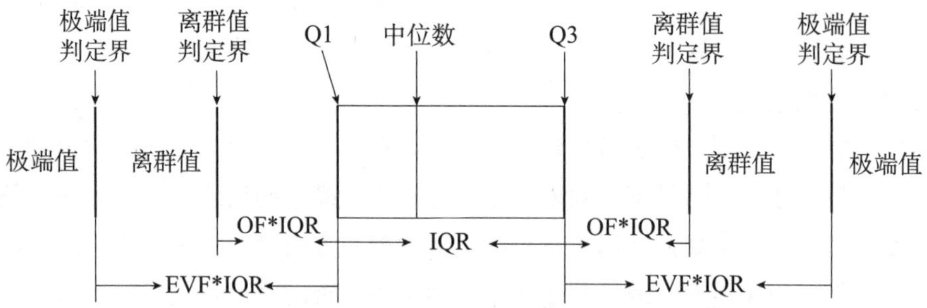

图 4-1　箱线图示意图

举例来说，收集到了一组商品价格数据，取值为（11，21，14，16，13，15，23，24，45，22，33，42，42，43，40，38，44，45，44，23，46，34，48，35，46，28，340）。通过箱线图进行异常值的判定时，首先可以获得价格序列中下四分位数为 22.5，上四分位数为 44，均值为 43.5，则 IQR=44－22.5=21.5，然后设离群值系数 OF=0.3，极端值系数 EVF=0.6，计算离群值的判定范围为：$50.45 < x < 56.9$ 和 $9.6 < x < 16.05$；极端值的判定范围为 $x < 9.6$ 和 $x > 56.9$，最后判定序列中 11，13，14，15，16 为离群值，而 340 为极端值。

（5）异常值处理

识别出异常点后，需要对异常值进行处理，同时也需要分析异常值是不是人为错误产生的。如果是由于环境变化产生的，这些异常值中通常就含有有用的信息，可以进行单独建模等处理。比如可以将“双十一”期间的数据抽取出来，建立模型，专门预测促销节日中的商品销量。而对于人为错误产生的异常值，可以用与处理缺失值相似的方法进行处理，即将异常值理解为需要进行填补的缺失值。

①直接删除

通过对异常值的分析，将含有异常值的记录直接删除。该方法操作简单，同直接删除有缺失值的记录一样，一般适用于数据集合较大，异常值占比较小的情形。

②用其他值替代异常值

我们可以利用填补的方法，将异常值利用数据的平均值、中位数等进行替换和修正，也可以通过前面介绍的缺失值插补的其他方法对异常值进行修正。

4. 数据集成

经过前面的数据清洗之后，现实中获取的数据还可能存在混乱冗余的问题。这是由于数据来自不同渠道并且用不同方式获取时，有可能会导致对同一个对象的不同描述。比如客户管理系统中获取的客户信息与订单管理系统中的客户信息并非完全一致。在这种情况下，就需要将来自多个数据源的数据进行集成。数据集成不仅将数据进行简单合并，而且需要同时处理数据集的冗余和不一致，这对于后续的分析过程的准确性和速度有很大影响。

（1）实体识别

每个数据来源通常有各自的数据定义和组织方法，因此，数据集成中经常会遇到实体识别的问题，即同一个对象实体在不同的数据集中有不同的名称（异名同义）或者同样的名称不对应同一个实体（同名异义）等。如图 4－3 所示，销售时间在不同的数据集中拥有不同的命名，而 ID 在不同的数据集中对应不同的对象。将来自多个数据源的属性或者对象进行匹配，结合实际问题背景进行实体识别，是数据集成过程中所要解决的主要问题。

菜品销售记录			
ID	Sales_dt	Sales amount	……

订单销售记录			
ID	Sales_date	Sales amount	……

图 4－2　实体识别示意图

在进行数据实体识别时，不能被不规范的命名误导，需要进行业务调研，准确地确认每个表中每个属性的实际含义，对数据表、属性字段等进行统一的规范命名，完成对数据的集成。

（2）冗余和相关分析

数据的冗余是数据集成时遇到的另一个重要问题，如果一个特征属性可以由其他属性导出或者计算得到，则这个特征属性可以被认定为冗余的，例如，可以从出生年月得到顾客的年龄，年龄就是一个冗余属性。

属性冗余的判定依据是属性之间是否存在较强的相关性或者几个属性之间是否可以相互推导。另外，前面提到的异名同义，即也可能存在属性完全相同但命名不一致的情况，也是属性冗余。相应地，通过检测属性之间的相关性，即进行相关分析就可以甄别出冗余属性。相关分析的具体方法主要分为两种：1）对于标称型数据，通常采用的方法为卡方检验；2）对于数值型数据，可以通过相关系数或者协方差来衡量属性之间的相关性。在后面的章节中将进行相应介绍。

需要说明的是，数据冗余有时会提高数据分析的效率。例如，系统里有一个数据集，记录了 6 000 万顾客每月的消费额，如果没有“顾客全年消费总额”这个冗余属性，统计这些用户年度消费总额时，所需的计算量比直接对“顾客全年消费总额”进行求和的计算量多 11 倍。在大规模数据集的情景下，冗余属性“顾客全年消费总额”的存在极大地提升了计算效率。

（3）实例重复

除了上面提到的属性间的冗余问题外，记录实例之间也可能存在冗余重复。也就是说，给定的唯一的数据实体存在两个或者多个相同的记录实例。例如，在很多电子商务场景中，企业平台会记录消费者的相关信息，而销售、客服部门会有不同的记录表，这样就会使得在对这些来自不同部门的记录表进行数据集成时出现很多重复的记录。又比如在销售记录中，由于不同的部门在记录上存在时间差异，从而会导致多条记录重复表示一个客户的一次购买记录。重复数据会严重影响后续数据分析和数据挖掘的效果。

对于数据中实例重复的问题，一般来说，需要调查确定每个数据集的主键（每条数据与众不同的唯一标识），对于没有主键的数据表，需要确定合适的主键，或者对数据表进行拆分或整合，从而有效地解决实例重复的问题。

（4）数据冲突

数据集成还涉及数据冲突问题。对于同一实体，来自不同数据源的相同的属性值可能不同，这可能是因为获取信息的时间点不同，属性值发生了变化，比如顾客的年龄；也有可能是因为在不同的数据源中其表示、单位或者编码不同，相同的属性在单位上存在不一致，例如，销售额可能在一个数据源中以人民币衡量，而在另一个数据源中按美元记录。除此之外，相同的属性可能抽象在不同的层次，例如，销售额在一个数据源中表示单个店铺销售额，而在另一个数据源中表示地区的销售额。这些都是数据的冲突问题。

解决数据冲突的问题，需要明确造成数据冲突的原因，如果是单位、计量方法等不同，就可以通过后面将要提到的数据变换对数据进行变换整理。如果数据冲突实在无法避免或者变换，就需要根据实际的业务需求考虑冲突数据，辨别出正确的数值。

5. 数据变换

正如前面所介绍的，在数据集成阶段，如果数据中出现单位、类型不一致等问题，就需要利用数据变换方法对数据进行变换。在异常值分析部分也可能需要将数据进行函数变换。另外，有时为了更容易被后续模型处理，提高模型的拟合度，需要将原有数据转换成适当的形式，比如让数据变得标准、离散等。主要的数据变换方法包括以下几类。

（1）函数变换

函数变换是指对样本中的原始数据直接使用某些数学函数进行变换，使得处理后的数据更适合模型后续的处理。例如，当我们分析视频或者音乐相关数据时，播放量数据往往存在很多极端值，有的歌手比较有名或者视频的突然流行会使得播放量急剧上升，而有的播放量一直比较低，这样就使得播放量存在一个非常大的区间。而分析播放量时，并不能将特别高或者特别低的播放量作为异常值直接删除，这些数据是重要的分析依据。这时可以用 log 函数对原始数据进行变换，使得变换后的分布尽可能接近正态分布，方便后续模型的处理。

常见的变换函数有：＋、－、＊、/、log、abs、min、max、exp、sqrt、mean、sd、count、sum 等。例如，可以通过函数变换实现数据随计量单位的转换，可以对数据的上下界进行压缩等。选择何种函数进行数据变换有几个方面需要考量。首先，变换后的数据要分布在合理的区间，或者说变换后的数据符合对现实生活中分布的认知。其次，变换后的数据的分布特征、正负性和平稳性等都可能会发生改变，所以在进行函数变换前，应该预判变换后是否会影响后续数据模型的建立和分析的有效性。

（2）规范化

数据规范化是指将原始数据按照一定的比例缩放，使其落入一个较小的特定区间。例如，年龄和年收入是顾客信息中常见的两个属性，前者的值一般小于 100，而后者的值通常是十万以上。在数据分析中，有时需要计算顾客直接的相似性，如果没有进行数据的规范化，那么顾客在年龄上的差异要远小于在年收入上的差异，基于这样的差异评价顾客的相似性，显然顾客在年龄上的差异会被忽略，也就意味着年收入作为属性绝对值大的属性将在其中起主导作用。这种主导作用并非因为年收入是重要的决定因素，而仅仅是因为年收入和年龄的度量单位有差异，从而降低了模型的准确度。

一般来说，通过数据的缩放能够消除数据的量纲，消除度量单位引起的数值差异，即将属性数据缩放到一个特定区间，如 [0，1] 或 [－1，1]。数据的无量纲化不仅可以使得数据分布在合理的较小的特定区间，同时也可以提升后续模型训练的精度和效率。假设要通过建立一个线性回归模型描述数据之间的关系，如果不经过数据的规范化，那么其中绝对值大的属性在模型中系数可能会较小，相较于其他属性来说，会被认为其重要性较低，这会导致模型的精度降低。常见的数据规范化方法有：最小—最大规范化、零均值规范化、小数定标规范化。

①最小—最大规范化

最小—最大规范化也称为离散标准化，利用某属性的最大值和最小值，将该属性的取值映射到 [0，1] 之间。其具体转换公式如下：

$$x^* = \frac{x - \min}{\max - \min} \tag{4.3}$$

其中 x^* 表示变换后的数据值，x 表示原始数据值，min 表示该属性中的最小值，max 表示该属性中的最大值。显然通过上述转换公式，该属性的所有数据都在区间［0，1］中，实现了数据的规范化。

最小—最大规范化的优点是算法操作简单，且保留了原始数据存在的关系，但其缺点是规范值不稳定。如果数据中最大值和最小值发生变化，就需要重新确定规范值。另外，该方法容易受极值的影响，若数据中存在极值，例如某个数值较大，则其他值规范化后可能接近于 0，并且数值相差不大，这对于后续的模型分析有很大的影响。所以该规范化方法适用于数据比较集中的情况。

②零均值规范化

零均值规范化，也称为标准差标准化，经过零均值规范化处理后的数据均值为 0，标准差为 1。它是当前用得最多的数据标准化方式，其转换公式为：

$$x^* = \frac{x - \bar{x}}{\sigma} \tag{4.4}$$

其中 x^* 表示变换后的数据值，x 表示原始数据值，$\bar{x}$ 为原始数据的均值，σ 为原始数据的标准差。

零均值规范化的优点同样是简单，容易计算，并且它不受数据极值的影响。但是该方法的应用也有缺点，由于此方法需要总体的均值和方差，即当数据呈现正态分布时，最有利于规范值的计算，但在真实的数据分析中很难得到，所以大多数情况下用样本的均值和标准差替代。另外，零均值规范化会消除数据具有的原本的实际意义，会影响之后所建立的模型的解释能力。该方法适用于数据的极值是未知的且可能会出现离群点的情况。

③小数定标规范化

小数定标规范化是通过移动数据的小数位数，即除以 10 的某次方，将数据映射到［−1，1］之间。移动的小数位数取决于数据中最大绝对值的位数，其转换公式为：

$$x^* = \frac{x}{10^k} \tag{4.5}$$

其中 x^* 表示变换后的数据，x 表示原始数据，k 取决于变量绝对值的最大值。例如，变量中绝对值的最大值为 89，则小数点需要移动的位数为两位，将所有该属性数据除以 100，使其规范化到区间［−1，1］。

小数定标规范化只是移动小数点，不会破坏原始数据的分布结构，当然也会受到极值的影响。

（3）离散化

数据的离散化指的是将数据从连续型数值数据转换为离散型标称数据。进行数据离散化通常是为了满足特定模型的需要，比如有些模型的应用，包括后面章节提到的决策树算法或者关联规则算法，要求数据是标称型。为了应用这些模型，就需要进行数据类型从连续到离散的转换，或者在某些情况下将已有的离散型数据进行类别合并，减少类别数量，这就是数据离散化的两种常见方式。

连续型数据的离散化就是根据某些原则，在连续数据的区间中设置分割点，划分为不同的子区间，原有的连续型数据分属于不同的子区间，即被划分到不同的类别中，用不同的符号或类别值代表不同的类别，实现了离散化。比如，顾客的年龄是连续型数值数据，可以通过离散化将年龄转换为标称数据，例如，1 代表<18 岁，2 代表 18～30 岁，3 代表 30～50 岁，4 代表 50～70 岁，5 代表>70 岁。常见的连续型数据的离散化方法有等宽离散化、等频离散化、聚类离散化等。

①等宽离散化

等宽离散化，顾名思义，就是将原始连续数据的区间划分成具有相同宽度的子区间，例如年龄在 0～100 之间，以 20 为宽度将年龄分成 5 个区间，实现离散化。等宽离散化比较简单，缺点在于没有考虑实际数据的分布情况，可能会导致有些区间的数值极多，而有些区间的数值极少，进而使得离散化之后建立的数据模型样本不均衡。比如，以 20 为区间宽度进行年龄的等宽离散化，可以得到"<20，20～40，40～60，60～80，>80"这样的划分，对于电商顾客群而言，落在 20～40 区间中的数值会远大于其他区间。另外，等宽离散化设定区间时，考虑了数值的极值，因此对异常值比较敏感。

②等频离散化

为了弥补等宽离散化分布不均匀的不足，等频离散化根据连续型数值数据的分布划分类别，划分后的各个区间包含的数据点的个数是相等的，所以等频离散化也称为等深分箱。等频离散化不会像等宽离散化那样出现某个区间实例极多或者极少的情况，但是根据它的原理，为保证各个区间包含的实例个数相等，可能会将原本相同的两个数值划分到不同类别中，从而影响了后续建立模型的准确性。

③聚类离散化

聚类离散化的方法主要是应用聚类算法，根据数据的相似性将原始数据分成多个类别，实现离散化。相较于前两种方法，聚类离散化是效果较好的一类离散方法，但是聚类离散化也有它的缺点，该算法需要用户自己规定聚类个数，聚类的效果受到经验的影响。

如果原始数据的类别区间在数据分析模型中的表现不明显，这时就可能需要考虑重新分类，即将离散型数据进行类别合并。例如，顾客的年龄区间最初被划分为<18 岁，18～30 岁，30～50 岁，50～70 岁，>70 岁五类，当利用顾客信息进行购买力分析时，发现年龄大于 50 岁的各类样本在购买力上的表现几乎一样，由此就可以将原有类别重新合并为<18 岁，18～30 岁，30～50 岁，>50 岁四类，实现了对离散型数据的重新合并区分。

(4) 独热编码

在数据集中标称数据有两种常见类型：第一种类型，分类的取值有大小之分，比如消费者的评分 1，2，3，4，5 之间有大小之别，直接用数值表示类别，不需要进行转换；第二种类型，离散特征的取值之间没有大小之分，比如消费者的性别信息为男或者女。对于后一种类型，我们无法直接比较类别的差异，此时就需要对特征进行独热编码。

独热编码（one-hot encoding），又称为一位有效编码，其基本做法是根据类别可能的数量设定位数 N，建立 N 位编码，每一个类别对应一个位置，因为样本只能属于一个类别，所以，N 位独热编码中只有一位有效。

将离散特征进行独热编码之后，就可以计算特征之间的距离或相似度了。如上面的例子，性别有男和女两种状态，则独热编码有 2 位，第一位代表是否为男，第二位代表是否为女，若是，则对应位置为 1，否则为 0。所以当性别特征为男时，编码为 10，当性别特征为女时，编码为 01。基于编码就可以对不同样本计算该属性上的相似度。

独热编码解决了分类器不好处理属性数据的问题，在一定程度上也起到了扩充特征的作用。它的取值只有 0 和 1，如果某个类别有多个可能的取值，则编码的位数会相应地增加，有时会影响处理效率。

6. 数据规约

经过数据预处理步骤，我们已经能够得到较为规范的、结构化的可用于模型和算法分析的数据集。但是这样的数据集可能规模较大，为了提升模型的效率，需要进行数据规约。通常为了解决某个问题，我们需要考虑多个特征属性，基于多个样本进行分析。属性会反映研究对象的特点，但是属性之间也会存在重叠的情况；同时由于属性维度大，样本数量多，导致数据集的规模增大。在如此大的数据集中进行模型、算法的分析，数据间关系模式的发现将需要很长的时间，数据分析的效率会大幅度降低。数据规约就是能够降低属性维度、减少样本数量的方法。

属性和样本数量不能随意减少，数据规约的核心是要产生规模更小但能最大可能保持原始数据特点和完整性的新数据集，从而缩短了建立模型的时间，使得后续的分析和挖掘有更高效率的同时，保障模型在原始数据中的适用性。另外，数据规约还能够去除原始数据中无效的、错误的数据，提高后续建立模型的准确率。除此之外，通过数据规约也能够降低存储数据的成本。数据规约主要分为属性规约和数值规约。

（1）属性规约

属性规约通过减少属性数量，达到减少数据集的目的。如何减少属性数量，保留或者删除哪些属性是属性规约中需要考虑的问题。例如，在对顾客进行面部识别时，不可能对面部的所有器官、骨骼、肌肉等特征数据进行分析，需要确认哪些是可以代表顾客面部状态的核心特征，达到既能保证分析的准确性，又能提升处理效率的目的。主成分分析是一种典型的属性规约方法，本质是将原始数据变换或者投影到较小的空间中。属性子集选择也是一种属性规约方法，通过检测，删除原始数据集中不相关、弱相关或者冗余的属性。下面我们依次对上述方法进行详细讨论。

主成分分析（principal component analysis，PCA）是属性规约的主要方法。PCA 的

基本思想是针对原始数据集，重新构造一组有代表性的、互不相关的新特征。不相关意味着这些新特征包含的信息彼此不重复，而有代表性则说明，这些特征还能够尽量多地涵盖原始数据的信息。对于新特征互不相关的要求，可以利用正交基向量互不相关的性质，通过构造多维度正交基向量来保证；而对于包含尽量多的信息的要求，则通过样本在新特征上取值的方差来衡量，方差越大，说明数据在此新特征上越分散，包含的信息也越多。如图 4－3 所示，原有的数据集有两个属性，分别表示为左侧二维图形中的横纵坐标，右图中 u_1 与 u_2 是新构造的两个正交属性，可以看到两个新属性是互不相关的。更进一步地，数据集在属性 u_1 上的变化范围更广，方差更大，如果进行属性规约，u_1 就是保留的属性，数据集将映射到 u_1 所在的直线上。通过降维，数据集从二维变成一维，保留了原始数据中的主要信息。

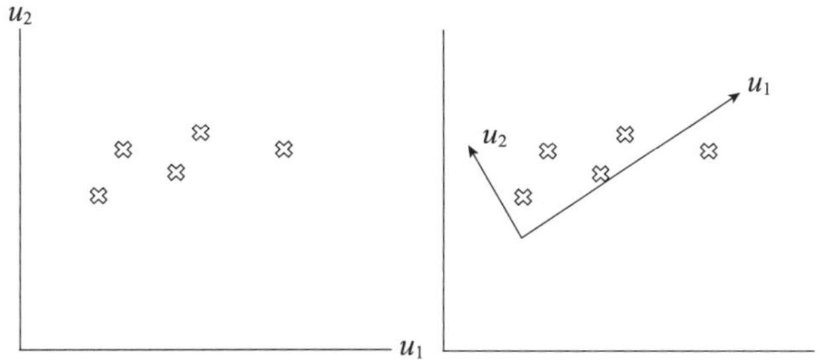

图 4－3　PCA 原理示意图

除了 PCA 外，属性子集选择也是属性选择的方法。它的基本思想是通过删除不相关或者冗余的属性，找出可能最小的属性集，也就是说，从全部属性集中选取一个特征属性子集，使模型构造的时间缩减，同时效果能够相等或者更好。其具体实现方法将在第二节“特征工程”中讲解。

（2）数值规约

除了特征过多，数据记录过多是造成数据集过大的另一个原因，通过数值规约可以减少数据量。数值规约指的是用部分或者较小规模的数据来替换原始数据。数值规约的具体方法包括直方图、聚类以及抽样等方法。

①直方图

数据离散化章节中曾经提到过，可以将连续数据的整体区间划分为互不相交的子区间，并赋予每个子区间中的所有样本相同的属性值，这也是直方图进行数据规约的思想。直方图规约数据，通过划分子区间的方式减少原数据的属性，取得减少数据的复杂性、提升后续模型分析的效果。如前所述，子区间的划分可以是等宽的，也可以是等频的。如图 4－4 所示，商品价格原本的取值有从 3 到 41 若干个，直方图规约后可能的取值变成 3 个。

②聚类

利用聚类进行数值规约与前面所讲的通过聚类实现数据离散化类似，将数据分簇，使得同簇的对象相似，不同簇的对象相异，用每个数据簇中的代表值来替换原始数据，只存

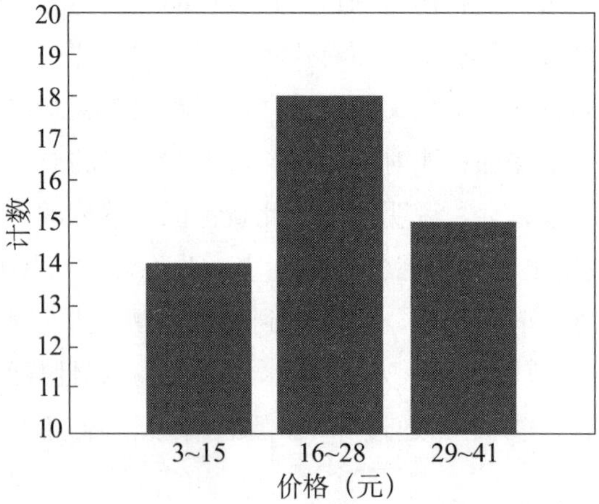

图 4-4　直方图示意图

储簇的信息，从而达到数据规约的效果。具体聚类方法将在第七章讨论。

③抽样

抽样进行数据规约的基本思想是从原始数据集合中随机抽取小得多的子集，用其代表原始数据集。比如，原始数据集 D 含有 N 个样本，通过对 D 的抽样，得到一个小得多的数据集 d，其中只包含 s 个样本（$s<N$）。在抽样时，要注意对数据集 d 的分析结果应该近似于对原始数据集 D 的分析结果。抽样的方法主要包括无放回简单随机抽样、有放回简单随机抽样、分层抽样、系统抽样等。

进行简单随机抽样时，每条数据记录以相同的概率被抽中，具体分为无放回和有放回两种。两者的区别在于当一个数据记录从原始数据集中被抽取之后，无放回抽样将在剩余数据集中继续抽取新数据，而有放回抽样会将被抽取的数据放回原始数据集，下一次再次以同样的概率被抽取。随机抽样的优点是其操作简单，但其缺点也是不可忽视的。比如，对信用卡欺诈行为进行预测时，需要对大量的信用卡交易数据进行抽样，其中存在欺诈行为的样本占比是极低的，如果采用随机抽样的方式，就无法保证抽样后的样本中存在欺诈行为的样本占比保持不变，很可能抽取的都是不存在欺诈行为的数据，从而影响了样本的代表性和模型的准确性。另外，由于需要对每个实例进行编号，当总体过大时该方法不易实行。简言之，该方法主要适用于总体个数较小且样本类别分布均衡的情况。

当数据集在各个类别中分布不均衡时，例如前面信用卡欺诈数据的例子，可以采用分层抽样。分层抽样先根据类别将原始数据集划分为不同的层（或组），层之间是互不相交的，然后对每一层各自进行抽样，最后将各层抽样的结果进行整合，得到对于原始数据集的抽样。分层抽样中每层的抽样方法可以根据各层的具体情况进行选择。

第二节　特征工程

收集的数据经过预处理后已经具有较高的质量了，但是很多情况下并不能直接用于模型构建，还需要对数据的特征进行预处理。前面已经介绍过，特征指的是对数据各方面的描述，是进行分析和解决问题的基础。有一句话在业界广泛流传：数据和特征决定了机器学习的上限，而模型和算法只是逼近这个上限而已。换句话说，好的数据和特征是所有模型和算法发挥到极致的前提。因此，需要围绕分析的问题，在原始数据特征中找到既能尽量多地代表全部特征又能使算法模型达到最佳性能的特征子集。寻找特征子集的过程被称为特征工程。一般而言，特征工程包括三个方面：特征构建、特征提取和特征选择。

特征构建是指围绕需要解决的问题，用人工方法从原始数据中找出一些有代表性的、能够刻画研究对象关键属性的特征的过程。特征构建需要对所研究的问题进行深入的了解，并思考用什么样的原始数据可以进行反映，本质上是一个根据问题分析需要，增加数据维度的过程。特征构建的方法首先可以从问题分析出发，罗列影响因素并由此确定相应特征。比如，围绕预测外卖销量这个问题，列举出商品价格、评价、外卖费用、骑手平均速度等因素，这些因素就对应相应的特征。特征构建还可以对既有的属性进行分割组合，例如同样在预测外卖销量时，对商品评价这个特征可以计算周均值、日均值、周末均值、工作日均值等，以满足不同的研究目的的需要。

特征提取是通过特征转换，依据属性取值之间的相关关系，去除不重要以及冗余的特征，减少特征数量的过程。前面介绍数据规约时提到的主成分分析（PCA）就是特征提取的典型代表，除此之外，常用的特征提取方法还有线性判别分析（linear discriminant analysis，LDA）、独立成分分析（independent component analysis，ICA）等。

数据样本的属性特征大致可以分为三种类型：对当前的学习任务有用的属性称为“相关特征”，比如判断顾客是否会购买某件衣服时，顾客收入、产品价格和评论通常是相关特征，相关特征可以提升模型的效果；对当前的学习任务没用的称为“无用特征”，比如在前例中，顾客喜爱的食物作为无用特征，收集相关数据加入模型，不会提升预测顾客是否购买的准确性；“冗余特征”是指其特征包含的信息能够从其他特征中计算或者推演出来，比如产品的年销量可以通过月销量计算得出。我们需要从所有特征中选择出对模型构建最有效的特征集，而在实际应用中，无用特征和冗余特征的确定并不是轻而易举的。特征选择就是科学剔除不相关或者冗余特征的过程，它与特征提取的主要区别在于方法和思想的不同，特征选择的方法可以是统计学方法，也可以借助某些机器学习模型，而特征提取主要依据特征之间的转换实现降维。特征选择是特征工程的重要组成部分，我们将重点介绍特征选择的相关内容。

1. 特征选择的目的

根据前面章节所提供的方法对数据集进行预处理后，我们将得到一个基本成型的、结构化的数据集，但是它通常不能直接应用于模型的构建，因为在我们对实际商务数据进行分析时，根据业务需求所考虑的方面和因素会很多，相应地，所得到的数据中特征的数量往往会很多，比如围绕产品评论收集了评分、文本、图像、视频等各类数据，这些数据处理后的特征一般都有几十、几百、几千甚至上万的维度。尽管在数据规约中我们对数据进行了简单的属性或者数值规约，但是仍然存在很多不相关、冗余的特征，或者说在特征之间存在很强的相互依赖性，这些问题就会导致数据在模型构建时出现“维数灾难”的问题。如图 4-5 所示，最初特征数量的增多会提升模型的表现，但超过某个数量之后，特征并不是越多越好，会出现“维数灾难”。

“维数灾难”就是当数据的特征维度超过某个值之后，随着特征数量的进一步增加，模型训练的效率会降低，同时训练出的模型准确度反而会下降。具体而言，特征维度越多，模型学习任务的难度越大，模型训练所必需的时间将会显著增加。同时，特征个数过多，最终训练出来的模型很可能会含有大量的无关特征和冗余特征，这样得到的模型准确度并不高。另外，特征选择还可以围绕后期的学习任务进行，得到与模型密切联系的特征。最后，较少数量的特征也会减少模型训练时的过拟合。因此，为了降低模型的复杂性、降低模型训练的时间，同时提高模型的效果、准确率，我们需要进行特征选择。

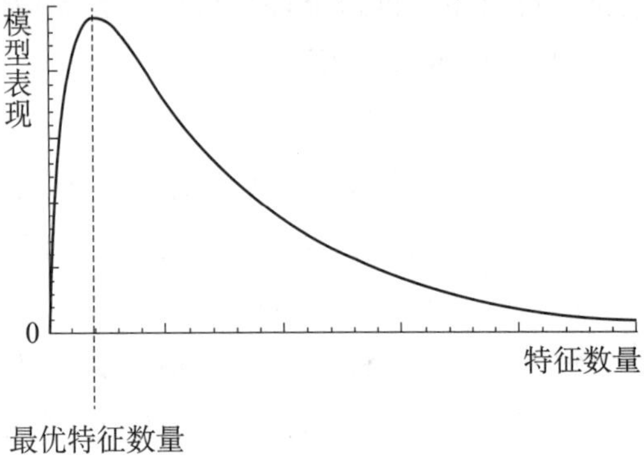

图 4-5 “维数灾难”示意图

2. 特征选择的过程

假设数据集中对研究对象的描述有 M 个属性特征，对应于从 M 个角度刻画产品或者顾客的不同方面，这 M 个属性的任意组合都是一个备选的特征子集，即可以产生 2^M 个特征子集，特征选择的目标就是从这些子集中选择出对算法模型表现最好的子集。特征选择的过程一般为特征子集搜索、构建候选子集、利用评价函数对子集进行评价，然后利用停止规则，验证所得到的特征子集是否满足要求，如图 4-6 所示。

在特征子集搜索阶段，通过穷举法、启发式法或者随机法对特征进行删除、增加、挑选等不间断的操作，生成不同的候选特征子集。

评价是通过选取或定义一个评价函数对候选特征子集进行的，依据评价函数比较当前特征子集和当前最优特征子集，实现最优特征子集的替代和摒弃。

停止准则决定了子集搜索的过程应该在何时停止。通常的停止准则有以下四种：子集搜索过程已经达到预定义的迭代次数；所选取的特征子集包含的特征数已经达到预设的最

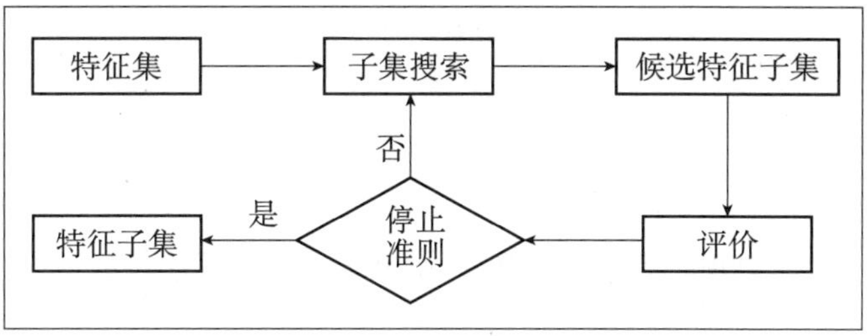

图 4-6　特征选择的过程

大值；特征数量的变化不会产生更好的特征子集；根据评价函数，当前子集已经是最优子集。如果停止准则得以满足，则特征选择过程结束，否则继续进行子集搜索和评价。

在特征选择的过程中，子集搜索和评价是核心步骤，下面做重点介绍。

3. 子集搜索

子集搜索总体而言有三种搜索方式：完全搜索、启发式搜索和随机搜索。不同的子集搜索方式结合不同的评价函数度量特征子集的好坏。

（1）完全搜索

完全搜索的基本思路是遍历原始特征所组成的所有可能的特征子集，从中寻找最优。如同前面所描述的，M 个属性的任意组合产生 2^M 个特征子集，在完全搜索法中，需要对所有可能的特征子集利用评价函数进行计算比较，评价函数表现最好的特征子集为最终的搜索结果。由于遍历了所有特征子集，所以一定能够找出最优的特征子集，避免了局部最优解，但是遍历会带来很大的计算开销，其复杂度是指数级别的，尤其是当有很多特征的时候，该方法不可取。

（2）启发式搜索

对比完全搜索，启发式搜索的应用相对广泛，它能够快速地获得特征子集。在启发式搜索中，从某一个候选特征子集出发，向其中不断添加或者减少特征，不断构建出新的特征子集，并在改变的过程中对候选子集进行评价。如图 4-7 所示，常见的启发式搜索的方法有下面几种。

序列前向选择（sequential forward selection，SFS）是不断将新的特征添加到候选子集的方法。该方法的搜索从空集开始，每次选择一个特征加入当前子集，加入的判断标准是评价函数得到了优化，这个过程持续进行，直到评价函数的值不能变得更优时停止。简单来说，SFS 每次都选择在当前条件下使得评价函数的值为最优的一个特征加入，是一种简单的贪心算法。该算法的缺点是只能够加入特征而不能去除特征，容易陷入局部最优。

序列后向选择（sequential backward selection，SBS），是一个与 SFS 相反的方法，该方法以特征全集为初始的特征子集，每次从特征子集中剔除一个特征，剔除的标准是剔除某特征后，评价函数值会变优。而它的缺点就是只能去除特征，不能加入特征，容易陷入局部最优。

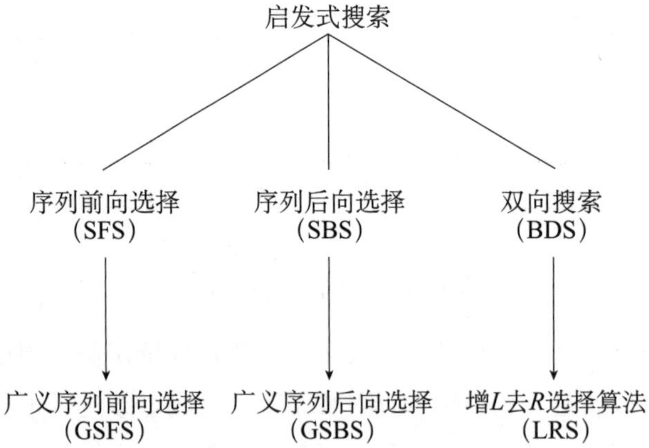

图 4-7 启发式搜索方法

双向搜索（bidirectional search，BDS），顾名思义，就是将前面介绍的两种方法结合起来进行搜索，当两者达到相同的特征子集时停止搜索。为了保证两个搜索过程最终能够达到一致，在该过程中必须保证前向搜索中所添加的特征不能被后向搜索删除，后向搜索中删除的特征不能被前向搜索选中。

基于这三种基础的搜索方法，还有几种在此基础上改进的搜索方法，如广义序列前向（后向）选择，它们可以一次性地向特征集中加入（删除）k 个特征，加入（删除）的标准统一是可以使评价函数变优。显然对比每次只加入（删除）一个特征，这两种方法的搜索效率要更高一些，但也都可能因为添加或者消除特征太快，在特征子集中可能会加入多余的特征或者去除重要的特征，导致最终的特征子集的效果不好。

另外，还有增 L 去 R 选择算法，该方法主要有两种形式：当 $L>R$ 时，意味着每次加入的特征数量大于去掉的特征数量，该方法从空集开始搜索，每次利用前向搜索加入 L 个特征，然后使用后向搜索去掉 R 个特征，两次的依据都是能够使得评价函数变优。相反，当 $L<R$ 时，意味着每次加入的特征数量小于去掉的特征数量，该方法从特征的全集开始，每次使用后向搜索去除 R 个特征，然后使用前向搜索增加 L 个特征，两次的依据都是能够使得评价函数变优。增 L 去 R 选择算法的主要优点是在特征选择的过程中可以出现回溯，减少局部最优解的出现。

总体而言，启发式搜索的效率较高，但得到的结果可能会局限于局部最优解，而不能达到全局最优解。

(3) 随机搜索

由于前面所提到的完全搜索实现难度较大，启发式搜索容易收敛到局部最优解，因此在启发式算法中进行更改，使之能够在一定程度上跳出局部最优值，就是随机搜索的基本思想。常见的随机搜索有随机产生序列选择算法、模拟退火算法。

随机产生序列选择算法是随机产生一个特征子集，再在该特征子集上执行前向搜索算法和后向搜索算法。多次进行此过程后，找到表现最优的子集作为特征搜索的结果。

模拟退火算法的核心思想是有一定随机概率拒绝表现更优的子集，防止陷入局部最优。在前面所提到的算法中，当新产生的特征子集的评价函数结果优于当前的特征子集时，新的特征子集将替换当前最优子集。而在模拟退火算法中，当进行子集比较、确定当前最优子集时，是以一定概率来选择一个比当前解差的解作为当前最优子集，从而有可能跳出局部最优解，最终能够达到全局最优解。

4. 子集评价

子集评价指的是依据评价函数对候选特征子集的优劣进行评价的过程。一个特征子集的优劣往往是对于特定的评价函数来说的，对于不同问题背景下的评价函数，同一特征子集的优劣可能表现得不同。进行子集评价时，围绕研究对象（例如，需要预测的销量、需要判定的客户类别等）设计相应的评价函数，用于衡量特征子集的优劣。换句话说，这些子集对于目标属性（即后续建立模型的输出值，如销量、客户类别）不同的区别能力会导致它们在评价函数中不同的优劣表现。例如，想要预测客户的性别时，特征子集｛是否购买过裙子｝在评价函数中的表现会优于特征子集｛是否购买过眼镜｝，而当目标属性变为客户的年收入时，这两个特征子集在相应评价函数中的差异会减小。

5. 特征选择的方法

如前所述，子集搜索是与子集评价相互结合进行的，根据评价和搜索与后续模型算法的联系的紧密程度，特征选择方法可以分为以下三类：过滤式、包裹式、嵌入式。三者的主要差异如图 4－8 所示。

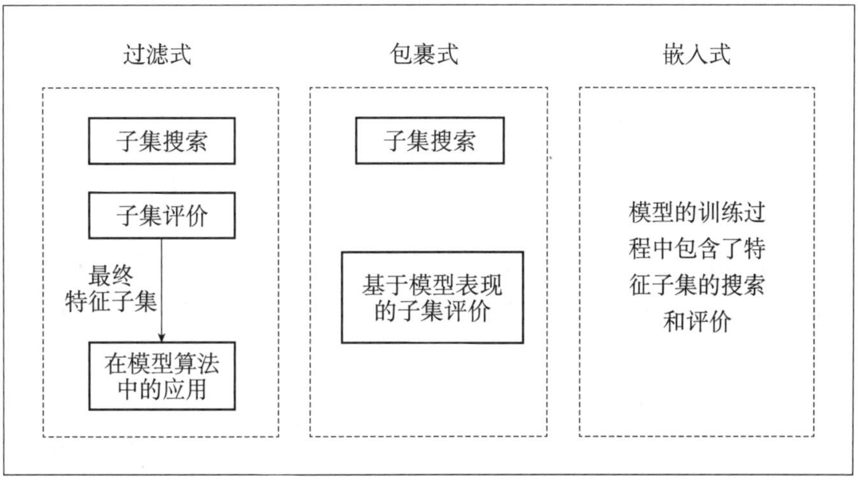

图 4－8　特征选择三类方法示意图

（1）过滤式

过滤式子集评价的基本思想是首先选择出在特征评价指标下表现较好的特征子集，然后利用最终得到的最优特征子集去训练模型。过滤式特征选择的最大特点在于选择特征子集的过程与模型的表现效果无关，两者是独立进行的。

过滤式特征选择对特征的评价与后续的模型算法无关，是基于数据特征本身的性质进行评价的。优点是：通用性较强，选择的特征子集可以应用于多个问题背景；算法在特征选择时不需要进行模型训练优化，复杂性较低；适用于大规模且需要高效率选择特征的数据集。但由于评价标准独立于学习算法，过滤式特征选择的缺点在于，所选择的特征子集在模型准确率上通常低于其他两种特征选择方法。

如同前面所介绍的，过滤式评价函数基于数据特征本身的性质，包括各个特征属性的取值分布、特征属性与目标属性之间的相关性等，常见的主要有以下几类：

①距离度量

距离度量是基于差异性的度量，用于子集评价时基于这样的假设：好的特征子集应该能够做到，基于这些特征子集进行分类时，同类样本之间的差异（反映在空间中即为样本的距离）尽可能小，不同类样本之间的距离尽可能远。Relief 法是基于距离度量特征重要性的经典方法，其中对第 j 个特征的重要性是这样计算的：对于每个训练样本x_i，在 x_i 的同类样本中寻找在第 j 个特征上取值相近的样本 $x_{i,nh}$ 成为“猜中近邻”（near-hit），再从 x_i 的不同类样本中寻找在第 j 个特征上取值相近的样本 $x_{i,nm}$ 成为“猜错近邻”（near-miss），根据两个距离的大小，判断第 j 个特征的重要性，公式如下：

$$\delta^j = \sum_i [-\operatorname{diff}(x_i^j, x_{i,nh}^j)^2 + \operatorname{diff}(x_i^j, x_{i,nm}^j)^2] \tag{4.6}$$

其中 x_i^j 是训练样本 x_i 在属性 j 上的取值，函数 diff 衡量了两个取值的差异。计算出的 δ 值越大，意味着同类样本间在属性 j 上的差异与不同类样本间在属性 j 上的差异相比越小，属性 j 对于区别不同类别是有效的。

如表 4－1 所示，样本中有两个属性特征｛使用周期，推广力度｝描述商品特征，研究的对象是商品销售情况。对某个样本（如第三个样本）而言，分析其在特征子集｛推广力度｝上的取值，它与同类样本（即商品销售情况都是“滞销”的样本）的取值差异为 0（取值都是“弱”），与不同类样本的取值存在明显差异（不同类样本此特征取值为“强”）。按照前面所介绍的计算方法，特征集｛推广力度｝对应的 δ 较大。继续分析其在特征子集｛使用周期｝上的取值，它与同类样本的取值存在差异（第四个样本是它的同类样本，但使用周期与它不同），与不同类样本的取值反而相同（都是“短”），特征子集｛使用周期｝对应的 δ 较小。

表 4－1　距离度量评价特征重要性示例

使用周期	推广力度	商品销售情况
短	强	畅销
短	强	畅销
短	弱	滞销
长	弱	滞销
短	弱	滞销

以距离度量为基础进行特征重要性评价时，需要设定相应的距离度量方法，用于 diff 的计算，常用的距离度量方法有欧几里得距离、马氏距离等。

②依赖性度量

依赖性度量又称为相关性度量（correlation measure），基于的假设为：特征子集所包含的特征（用符号 f_i 表示）应该与目标属性（用符号 C 表示）的相关度较高，而子集中特征之间的相关度较低。也就是说，对于分布计算特征与目标属性直接的相关性，若特征 f_1 与目标属性 C 之间的相关性大于特征 f_2 与目标属性 C 之间的相关性，则认为前者优于后者。举例来说，当预测一个电影的票房时，有很多属性特征包含演员的特征（比如演员的粉丝数、演员的年龄、演员的得奖次数），还包含电影播放影院的特征，如果经过分析发现，电影的票房与演员属性的相关性较强，与播放影院的相关性较弱，则基于依赖度量，我们可以选择演员的属性作为最终的特征子集。而且，如果选择 f_1 进入特征子集，则 f_1 与特征子集已经存在的特征是不太相关的。针对属性是连续还是离散的情况，有以下不同的依赖性（相关性）检测方法。

皮尔逊相关系数（Pearson correlation coefficient）被广泛应用于对两个连续型数据属性取值之间的相关程度的度量，例如前面例子中演员的粉丝数与票房的相关性等。对于两个属性 X 和 Y，它们的皮尔逊相关系数的计算公式如下：

$$r=\frac{\operatorname{cov}(X,Y)}{\sigma_X\sigma_Y}=\frac{\sum_{i=1}^{n}(x_i-\overline{x})(y_i-\overline{y})}{\sqrt{\sum_{i=1}^{n}(x_i-\overline{x})^2\cdot\sum_{i=1}^{n}(y_i-\overline{y})^2}} \tag{4.7}$$

由公式可知，皮尔逊相关系数是用协方差除以两个变量的标准差得到的，计算结果介于−1 到 1 之间，度量的是两个属性之间是否存在线性关系，正数表示正相关，负数表示负相关，绝对值越接近于 1，表示两个属性之间的相关程度越大。虽然协方差自身就可以反映两个变量的相关程度（衡量了变量的变化趋势是否一致），但其数值受量纲的影响很大，皮尔逊相关系数消除了量纲的影响。需要说明的是，皮尔逊相关系数只能衡量数据之间的线性相关关系，即当 $r=0$ 时，只能认为 X 和 Y 之间不存在线性关系，但不能排除 X 和 Y 之间可能存在其他相关关系。

对于离散型数据，我们经常采用卡方检验和信息增益两种方式来衡量两个属性之间的相关程度。卡方检验的根本思想是：首先假设特征属性 X 和目标属性 Y 是独立的，也就是说，特征属性与目标结果没有相关性，那么在特征 X 的取值范围上，Y 的分布理论上应该是均匀的，通过比较理论值与实际值的吻合程度来确定原假设是否成立。比如，基于表 4-2 的数值，检验顾客的性别（X）与是否购买某产品（Y）的相关性。首先，基于整体样本计算出购买占比是 71/(180＋71)＝28.29%，这便是 Y 分布的理论值，假设两者不相关，即不管顾客性别如何，购买占比都应该是 28.29%，于是可以计算出不同性别的顾客存在购买行为的理论值，例如，女性顾客发生购买行为的数量为（43＋96）×28.29%≈39.32，那么基于理论值与实际值的偏差就可以计算相关性了。卡方值的计算公

式为 $\sum \frac{(\text{实际值}-\text{理论值})^2}{\text{理论值}}$，显然，值越大，说明该属性下类别的分布越不均匀，这个属性与类别的相关性强，相应的属性应该被选择。

表 4-2　卡方值计算示例

	购买		未购买		购买占比	
	实际值	理论值	实际值	理论值	实际值	理论值
女	43	39.32	96	99.68	30.94%	28.29%
男	28	31.68	84	80.32	25%	28.29%
合计	71		180		理论比例计算：71/(180+71)	

③信息增益度量

信息增益的概念来自信息熵，通过衡量按照某属性取值划分后数据集的“纯度”评价属性的重要性。例如，在表 4-1 的例子中，按照属性｛推广力度｝的不同取值将样本集分为不同组，被分在一组的样本属于同一类别的纯度要高于按照｛使用周期｝划分不同组的纯度，意味着前者的信息增益高于后者，是更重要的属性，应该被选择。信息熵和信息增益是数据挖掘方法——决策树的理论基础，具体内容将在决策树部分展开介绍。

④一致性度量

在度量某个特征 f 的重要性时，还可以应用一致性度量，其基于以下假设：如果特征 f 对于研究目标属性 C 是重要的，那么对于任意两个样本来说，当它们在 f 上的取值相同时，其在目标属性 C 中的取值也应该相同。一致性常用不一致率来衡量，不一致率越小，表示根据这一评价标准，特征子集的表现越好。

（2）包裹式

如图 4-8 所示，过滤式特征选择并不考虑后续模型的学习效果，是根据数据自身性质建立评价指标，与之不同的是，包裹式特征选择时，直接将后续要使用的模型性能的好坏作为特征选择的评价标准，选择使得后续模型表现最好的特征子集作为最优子集。也就是说，包裹式特征选择的结果不是普遍适用的，是直接针对给定的模型来进行特征选择的。显然从最终模型的性能、准确率等表现来看，包裹式特征选择要优于过滤式特征选择。但是由于包裹式需要选择不断地训练模型，以得到表现最好的特征子集，所以相对于过滤式特征选择来说，其花费的时间和成本都较大，不适用于较大规模或者无关特征较多的数据集。

典型的包裹式特征选择方法包括 LVW（Las Vegas Wrapper）算法和 RFE（recursive feature elimination，递归特征消除算法）。LVW 首先随机产生候选特征子集 F'，然后使用交叉验证的方法估计学习器（训练模型）在特征子集 F' 上的误差，若该误差小于当前特征子集训练模型时的最小误差，或者与之相当，但 F' 中包含的特征数更少，则将 F' 作为新的最优特征子集保留下来。

RFE 算法的主要思想是反复构建训练模型，根据在模型中的表现，选出最差的（或者最好的）特征，把选出来的特征放到一边，在剩余的特征上重复这个过程，直到所有特征都遍历过或目前特征在模型准确率等指标上的表现达到预设要求。特征被选择的次序就是特征重要性的排序，按照数量要求，选择排名靠前的特征组成最优的特征子集。

（3）嵌入式

对比前两种特征选择方法，嵌入式特征选择没有专门的准则对特征进行评价，而是将特征选择的过程与模型的训练过程完全融合在一起，在模型构建训练的过程中自动实现了特征选择。

常见的一种嵌入式特征选择方式是进行正则化，把额外的惩罚项（通常是各特征重要性系数对应的向量范数 L_1）加到原有模型的损失函数上，通过最小化正则项，使那些不重要的特征所对应的系数变成 0，进而实现特征选择。

除此之外，有些数据挖掘的算法在完成模型训练的同时，自身就可以实现特征选择，判断哪些属性对目标属性更重要。比如，后面在分类方法章节中将要介绍的决策树算法，构建决策树时，需要不断地选择目前相对重要的特征，以此特征为依据，对样本进行分类。可见决策树在自身的训练过程中完成了特征选择，是一种嵌入式特征选择方法。

习题

4.1　将数据 4，8，9，15，21，21，24，25，26，28，29，34 进行最小—最大规约、零均值规约。

4.2　将习题 4.1 中数据的等宽离散化、等频离散化，均分为 3 组。

4.3　简述过滤式、包裹式、嵌入式特征选择方法的区别。

第五章 计量模型

经过预处理和特征选择，数据集已经为真正建立模型来解释所研究的问题做好了准备。在商务数据分析领域，常见的模型（即揭示数据间关系模式和规律的方法）有多种类别，包括计量模型、数据挖掘模型、网络分析模型等。接下来的几章将对这些模型分别进行介绍。

本章将重点介绍时间序列分析和回归分析两种计量模型。

第一节 时间序列分析

时间序列指的是将一系列时间节点上的数据按照与其对应的时间先后顺序记录下来形成的序列。早在 7 000 年前的古埃及，人们就通过记录尼罗河在每一天的涨落情况，得到了一个时间序列。古埃及人通过对这个时间序列的观察发现了尼罗河涨落的规律性，并利用这种规律性进行农业生产活动，促进了农业乃至文明的发展。时间序列数据在生活中随处可见：超市每天的营业额和消费者的数量构成时间序列，学生每天学习的时间和每个学期英语课的分数也能构成时间序列。数据存储和处理技术的发展使得我们记录大规模快速增长的数据成为可能，即使是时间跨度长达几年、时间间隔小到微秒的数据，我们也能获得并展开分析。时间序列数据在商务领域也是普遍存在的，本节将围绕时间序列分析展开介绍。

1. 时间序列分析简介

（1）时间序列

时间序列是指按时间顺序排列的一组随机变量，通常用大写的 X 来表示：$X_1, X_2, \cdots, X_n$（例如，某产品从某天开始的需求量）。对应这一组随机变量，存在由 n 个有序观察值构成的长度为 n 的观察值序列（例如，某产品从某天开始的具体销售量），通常用小写的 x 来表示：$x_1, x_2, \cdots, x_n$。观察值序列是时间序列的一个实现。对时间序列进行分析研究，用模型刻画它随时间发展变化的规律，预测它将来的状态，就是时间序列分析。

以前面提到的某商品的销售数量构成的时间序列数据为例，从 2019 年 1 月 1 日开始，产品在某一天的需求量是一个随机变量 X，每一天的需求量就构成了一组随机变量，通过记录和观察每一天实际的销售量，我们就可以获得一个观察值序列：68，84，94，35，…。为了降低商店的运营成本，我们往往希望能够预测一个商品在未来某一天的销售量，根据这个销售量优化相应的进货管理和库存管理，这就需要通过分析已经获得的观察值序列，预测未来时点上的值，即进行时间序列分析。

（2）时间序列分析方法

如何才能从时间序列中获取我们想要的信息和挖掘潜在的数据价值呢？那就需要进行时间序列分析，方法主要可以分为两类：描述性时序分析和统计时序分析。

描述性时序分析指的是，通过绘制时序图等方式，比较、观察、发现时间序列中显然存在的一些变化趋势，如数据逐渐增大或变小的趋势性，或者数据变化呈现周期性等。以商品日销售数据为例，以日期为横轴，以销售量为纵轴，可以画出如图 5－1 所示的时序图。通过观察时序图，可以发现该商品的销售量不仅呈现出明显的递增趋势，即随着时间的推移，商品的销售量显著增长；还呈现出了周期性，即销售量呈现出有规律的增加。

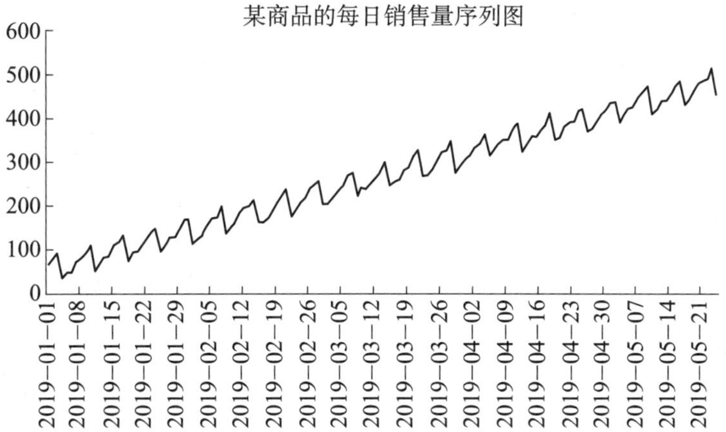

图 5－1　销售量序列图

描述性时序分析简单、直观，通常是人们进行时序分析的第一步，但如果想要准确地预测未来某一时点的具体值，还需要借助统计时序分析。目前比较流行的统计时序分析方法是时域分析，认为时间序列的值之间存在一定的相关关系，而且这种相关关系通常具备某些统计规律。时域分析就是利用模型刻画时间序列的值中体现的关系的规律，目的是应用模型对时间序列未来的趋势进行预测。以上述的销售数据为例，如果可以构造一个以时间为变量的模型表达式，表示某个时间的销售量，我们就可以设定时间为任意值，从而预测任意时间的销售量，这对于现实应用无疑是很有益的。

2. 时间序列建模：平稳性检验

前面提到，为了预测商品在任意一天的销售量，可以通过一个含有时间变量的模型实现。如何通过原始销售数据来获得这个模型呢？这就是时间序列建模需要完成的工作。时间序列根据其所具备的统计特征（如均值、方差等）随时间变化是否发生改变，可以分为平稳时间序列和非平稳时间序列，针对这两种时间序列进行时序分析，需要采用不同的处理手段和建模方法。所以在获得一个时间序列之后，我们要做的第一件事往往就是判断该序列的平稳性，即“平稳性检验”。

（1）平稳性检验的定义

平稳性检验的重要依据是数据的特征统计量，包括均值、方差、自协方差和自相关系数、偏自相关系数等。表 5-1 中列出了这些常用的特征统计量的计算方法，其中 X 即为前面提到的时间序列中的随机变量。

表 5-1　时间序列常用的特征统计量

特征统计量	计算公式
均值	$\mu_t = E(X_t) = \int_{-\infty}^{+\infty} X\mathrm{d}F_t(X)$
方差	$D(X_t) = E(X_t - \mu_t)^2 = \int_{-\infty}^{+\infty} (X-\mu_t)^2 \mathrm{d}F_t(X)$
自协方差	$\gamma(t,s) = E[(X_t - \mu_t)(X_s - \mu_s)]$
自相关系数	$\rho(t,s) = \dfrac{\gamma(t,s)}{\sqrt{D(X_t) \cdot D(X_s)}}$
偏自相关系数	$\phi_{kk} = \dfrac{E[(X_t - \hat{E}(X_t))(X_{t-k} - \hat{E}(X_{t-k}))]}{E[(X_{t-k} - \hat{E}(X_{t-k}))^2]}$

从特征统计量的角度来判断，平稳时间序列具有三个主要特征：方差有限，均值为常数，且自协方差及相应自相关系数的大小只与时间段的相对长度有关而与具体时间点无关。即需要满足以下三个条件：

$$E(X_t^2) < \infty, \forall t \in T$$

$$E(X_t) = \mu, \mu \text{ 为常数}, \forall t \in T$$

$$\gamma(t,s) = \gamma(k, k+s-t), \forall t, s, k \text{ 且 } k+s-t \in T$$

事实上，描述性时序分析阶段，通过对时序图进行观察，也可以明显地排除一些非平稳时间序列。比如，平稳时间序列的均值为常数，方差有限，这意味着在时序图中该序列值应该始终在一个常数值附近波动，且波动的范围有界限。以上一节中的销售量时序图为例，由于存在有明显的周期性和上升趋势性，故为非平稳时间序列。

（2）平稳性检验的方法

平稳时间序列具有短期自相关性。用自相关系数来描述就是，随着延迟期数（即上述公式中的 t 和 s 之间的差值）的增加，平稳时间序列的自相关系数会很快衰减到 0，即某一时间的销量与延迟 1 期、2 期、3 期……的销量数据之间的自相关系数会逐渐下降。如果以延迟期数为横坐标绘制自相关系数图，则在这个图上，自相关系数会随着延迟期数的增加迅速衰减到 0 附近且有所波动。时序图可以基于数据本身轻松绘制，但自相关系数图的绘制则需要利用专门的统计软件（如 SPSS、Matlab 等）计算序列的自相关系数，绘制自相关系数图和偏自相关系数图。

仍然以销售数据为例，之前通过观察时序图我们已经可以确认其为非平稳时间序列，也可以进一步观察它的自相关图的表现再次确认。利用工具，对于前面的销售数据可绘制出延迟期数到 31 期的自相关系数图。通过观察自相关系数图可以发现，自相关系数尽管有下降趋势，但衰减到 0 附近的趋势并不迅速，非常缓慢，故该时间序列为非平稳时间序列。（图 5－2 中所示阴影区域为两倍标准差范围，其作用将在后面讨论。）

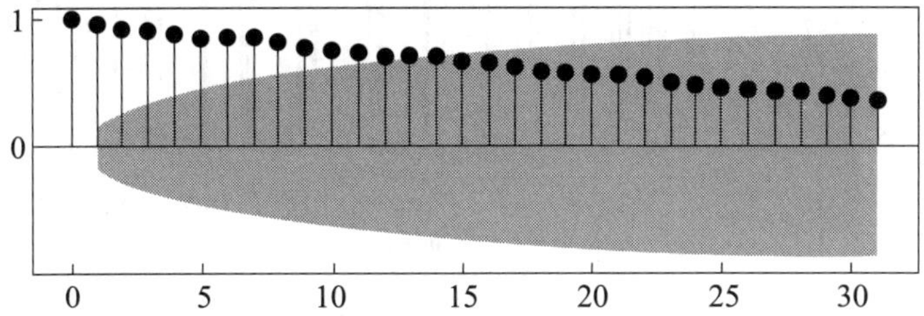

图 5－2　商品销售数据自相关系数图

除了观察自相关系数图外，还可以应用相关软件工具，进行序列的平稳性检验，常用的方法是单位根检验。

在进行单位根检验时，需要先明白单位根的概念：对于自回归过程：$y_t = by_{t-1} + a + \varepsilon_t$，如果滞后项系数 b 为 1，就称为存在单位根。当单位根存在时，自变量和因变量之间的关系具有欺骗性，因为残差序列的任何误差都不会随着样本量（期数）增大而衰减，也就是说，模型中残差的影响是永久的。这种回归又称作伪回归。如果单位根存在，这个过程就是一个随机游走（random walk）。

单位根检验首先提出待检验的原假设：时间序列为非平稳时间序列。而当时间序列为非平稳时间序列时，该时间序列存在“单位根”。若检验证明该时间序列无单位根，才可拒绝原假设，认为该时间序列为平稳时间序列。

3. 平稳时间序列常用模型：AR，MA 与 ARMA

通过平稳性检验，我们已经可以判断出给定的一个时间序列是否为平稳时间序列。在本部分，我们介绍平稳时间序列的建模过程，在下一部分，会介绍如何将非平稳时间序列转化为平稳时间序列，再使用本部分介绍的方法建模。

(1) 非白噪声序列：白噪声的定义，白噪声检验的原理与步骤

对平稳时间序列建模的一个前提是：该时间序列不是纯随机序列。纯随机序列也被称为白噪声序列。因为一个纯随机序列的数值之间没有关联，所以对这种序列进行预测是没有任何意义的。如图 5－3 所示，使用代码生成一个完全随机的序列并观察其时序图，可以发现随机序列的时序图呈现出无规律的波动性。

由此，在进行平稳时间序列建模前，还需要对序列是不是白噪声序列进行检验。白噪

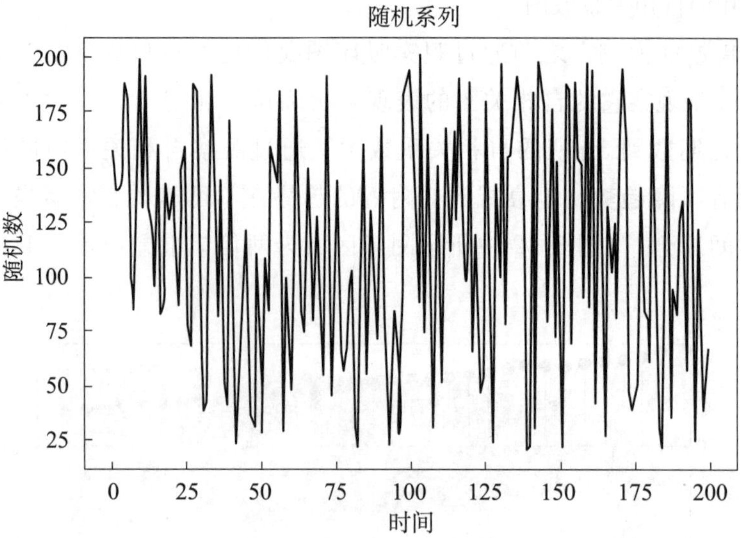

图 5-3　白噪声系列示意图

声序列的根本特征在于各序列值之间没有任何相关关系，因此需要满足如下条件：

$$E(X_t)=\mu,\forall t\in T$$

$$\gamma(t,s)=\begin{cases}\sigma^2, & t=s\\ 0, & t\neq s\end{cases},\forall t,s\in T$$

根据白噪声的定义，可见白噪声具有以下性质：(1) 均值为常数；(2) 方差齐性：序列中每个变量的方差都相等；(3) 纯随机性，无记忆。

通常通过假设检验的方式，判断一个时间序列是否为纯随机序列。如果一个时序值为白噪声序列，则该序列延迟非零期的样本自相关系数将近似服从均值为 0、方差为序列长度倒数的正态分布，由此建立原假设。通过计算时间序列的上述统计量，决定是否拒绝原假设，即判断该序列是不是白噪声序列。

(2) 模型的定义

正如前面所提到的，时域分析就是建立含有时间变量的合适模型来描述时间序列数据的统计规律，进而预测序列未来的走势，常见的平稳时间序列分析模型有三种：AR (auto-regressive)，MA (moving average) 和 ARMA (autoregressive and moving average)。从本质上来看，这三个模型都是通过过去预测未来，即基于对系统观测得到的平稳时间序列数据，用曲线拟合方法对系统进行客观的描述并预测未来数值。三个模型的不同在于，它们基于平稳时间序列的不同特性，模型中采用了不同的自变量描述前期数据与当前数据的关系。

AR 模型聚焦于数值本身，利用前期数值与后期数值的相关关系建立模型，即把本期数值用之前的若干个时序值的线性组合表示，定义如下：

$$\begin{cases} x_t = \phi_0 + \phi_1 x_{t-1} + \cdots + \phi_p x_{t-p} + \varepsilon_t \\ \phi_p \neq 0 \\ E(\varepsilon_t) = 0,\ \mathrm{Var}(\varepsilon_t) = \sigma_\varepsilon^2,\ E(\varepsilon_t \varepsilon_s) = 0,\ s \neq t \\ E(x_s \varepsilon_t) = 0, \forall s < t \end{cases}$$

其中 x_t 为各个时序值；p 表示模型中包含的之前时点的值的个数，相应的模型被称为 AR（p）模型；ε_t 代表白噪声（白噪声序列的特点表现在任何两个时点的随机变量都不相关，序列中没有任何可以利用的动态规律），即时间序列虽然是平稳的，但也会存在波动。

MA 模型聚焦于时序值的白噪声，认为时间序列本期数值等于之前若干个时点白噪声的线性组合，定义如下：

$$\begin{cases} x_t = \mu + \varepsilon_t - \theta_1 \varepsilon_{t-1} - \theta_2 \varepsilon_{t-2} - \cdots - \theta_q \varepsilon_{t-q} \\ \theta_q \neq 0 \\ E(\varepsilon_t) = 0,\ \mathrm{Var}(\varepsilon_t) = \sigma_\varepsilon^2,\ E(\varepsilon_t \varepsilon_s) = 0,\ s \neq t \end{cases}$$

其中各变量的含义与 AR 模型相同，q 表示模型中包含的之前时点的白噪声的个数，μ 是常数项，相应的模型被称为 MA（q）模型。

ARMA 模型综合了 AR 模型和 MA 模型的思想，把本期数值用之前的若干个时序值及若干个时点的白噪声两种成分线性组合而成，定义如下：

$$\begin{cases} x_t = \phi_0 + \phi_1 x_{t-1} + \cdots + \phi_p x_{t-p} + \varepsilon_t - \theta_1 \varepsilon_{t-1} - \cdots - \theta_q \varepsilon_{t-q} \\ \phi_p \neq 0, \theta_q \neq 0 \\ E(\varepsilon_t) = 0,\ \mathrm{Var}(\varepsilon_t) = \sigma_\varepsilon^2, E(\varepsilon_t \varepsilon_s) = 0, s \neq t \\ E(x_s \varepsilon_t) = 0, \forall s < t \end{cases}$$

其中各变量含义与 AR 模型相同，相应的模型被称为 ARMA（p，q）模型。

(3) 模型识别与定阶

在确定时间序列为平稳非白噪声序列后，就需要确定使用的模型是 AR 模型、MA 模型还是 ARMA 模型了。在上一章中，我们举例的某商品的销售量时间序列为非平稳时间序列，假设现在我们有了另一商品的销售量时间序列数据，经检验该时间序列为平稳时间序列，且为非白噪声时间序列，现在我们希望能够对该时间序列进行建模，确定相应参数，从而达到预测时间序列的目的。

为了从 AR 模型、MA 模型或 ARMA 模型中选择出适合描述该时间序列的模型，首先借助统计工具，画出该时间序列的样本自相关系数图（$\hat{\rho}_k$）和样本偏自相关系数（$\hat{\varphi}_{kk}$）图，分别如图 5－4 和图 5－5 所示，其中横坐标表示延迟阶数，两侧出现的阴影表示两倍标准差范围。

接下来观察自相关系数图和偏自相关系数图：如果样本（偏）自相关系数在最初的 d 阶明显大于两倍标准差范围，而后几乎 95％的（偏）自相关系数都落在两倍标准差范围以内，而且由非零自相关系数衰减为在 0 附近波动的过程非常突然，则通常认为（偏）自相关系数截尾，截尾阶数为 d。若（偏）自相关系数从显著非零衰减到在 0 附近波动的过程

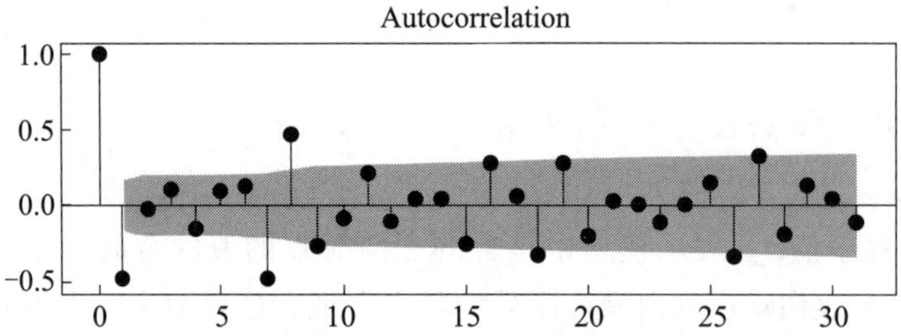

图 5－4　样本自相关系数示意图

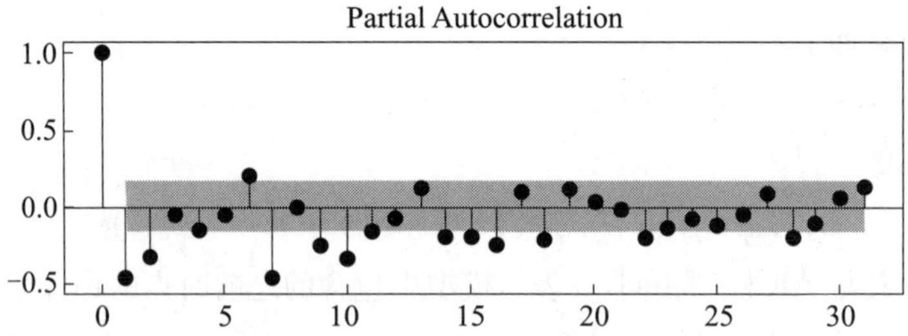

图 5－5　样本偏自相关系数示意图

连续而缓慢，则认为是拖尾。直观地来说，截尾的（偏）自相关图往往呈现出“头重脚轻”的特点，即仅有最初几阶（偏）自相关系数较大，随后迅速衰减到两倍标准差范围以内；而拖尾的（偏）自相关图则呈现出“绵延不绝”的特点，即（偏）自相关系数无法迅速衰减到 0 附近，使得有一些（偏）自相关系数超出两倍标准差范围。在定阶后，可根据如表 5－2 所示的 AR 模型、MA 模型和 ARMA 模型的性质，决定选择哪一种模型。

表 5－2　时序模型性质对比

$\hat{\rho}_k$	$\hat{\varphi}_{kk}$	选择模型
拖尾	p 阶截尾	AR(p)
q 阶截尾	拖尾	MA(q)
拖尾（q 阶后衰减趋于零）	拖尾（p 阶后衰减趋于零）	ARMA(p，q)

以上面的自相关图 5－4 和偏自相关图 5－5 为例，由于自相关图和偏自相关图均呈现出“绵延不绝”的特征，均为“拖尾”，故认为该时间序列应选择 ARMA 模型，可以尝试使用 ARMA(1，1)。对于拖尾的 ARMA 模型，阶数 p 和 q 的确定不可能直接观察出来，现有方法多采用迭代的过程来定阶，确定适当的比较准则，构造适当的统计量，从而确定相对最优。对 AR 模型、MA 模型或 ARMA 模型的参数估计可采用矩估计、极大似然估计和最小二乘估计等方法。

4. 非平稳时间序列

(1) 趋势效应与季节效应

前面介绍的主要时间序列分析方法都基于数据是平稳时间序列的假设，那么对于非平稳时间序列的数据该如何处理？基本思路是将非平稳时间序列转换成平稳时间序列，使用前面介绍的模型对转换后的时序数据进行分析。下面将先分析非平稳时间序列产生的原因，然后介绍转换方法。非平稳时间序列产生的原因通常可以用如下几个因素进行解释：长期趋势、季节（周期）变化和随机波动。

有些时间序列具有非常显著的随着时间增长或降低的趋势。对于这种单调的变化趋势，可以使用趋势拟合法来测定。趋势拟合法描述时序值随时间的变化趋势，所以模型将时间作为自变量，相应的时序值作为因变量。进而可以选择线性或非线性回归模型对自变量与因变量之间的关系进行拟合。以前面提到的商品的销售数据为例，我们可以分别使用线性模型（如图 5－6 所示的断线）和指数模型（如图 5－6 所示的点线）来反映其趋势。通过观察图 5－6 可以发现，数据本身是有波动的，但无论使用线性模型还是指数模型，都只能拟合出时间序列的趋势性，即单调增加或减少，无法反映数据在增长过程中的波动。当然，得到线性模型或指数模型之后，就可以用模型来预测序列在未知时间点的值。

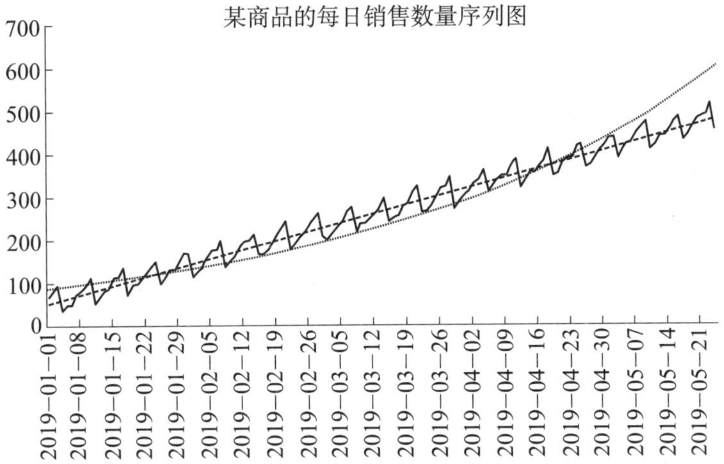

图 5－6 时间序列趋势图

正如前面所介绍的，有些时间序列数据会呈现周期性波动，即季节效应。季节效应在时序图上体现为时间序列值周期性地呈现有规律的变化。例如，羽绒服的销量数据很有可能呈现出秋冬季节销售量逐月增长、春夏季节销售量逐月下降的规律。再如温度随时间的变化也会呈现出如图 5－7 所示的季节效应。

季节（周期）效应通常通过季节指数进行测量。季节指数反映的是每个季度时序值的平均值与总平均值之间是否存在比较稳定的关系，如果关系稳定，则判定存在季节效应。具体的计算方法为：首先计算周期内的各期平均数，再计算总平均数，周期内各期平均数与总平均数之商则为季节指数。季节指数与 1 相比的大（小）关系说明了该季度的值一般高（低）于总平均值。如果序列的季节指数都近似等于 1，就说明该序列没有明显的季节效应。下面以某公司纺织品销售数据为例，说明季节指数的计算方式。在本示例中，每年

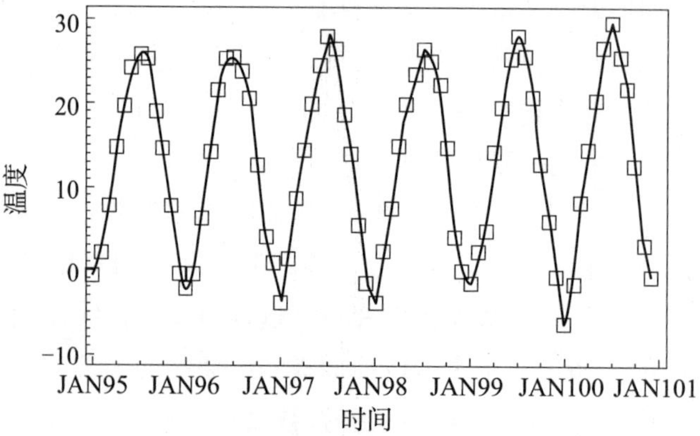

图 5-7　某地区温度变化趋势图

为一个周期（在实际情况中，周期和季度可以根据时序图的规律确定），共收集到四年的数据（见表 5-3）。

表 5-3　纺织品销售数据

年度	第一季度	第二季度	第三季度	第四季度	年销量
2016	180	150	120	140	590
2017	210	160	130	160	660
2018	230	170	130	170	700
2019	250	180	140	180	750

在这四个周期内，所有季度的总平均销量为 (590＋660＋700＋750)/(4×4)＝168.75，各季度的季度内平均数分别为：(180＋210＋230＋250)/4＝217.5，(150＋160＋170＋180)/4＝165，(120＋130＋130＋140)/4＝130，(140＋160＋170＋180)/4＝162.5。则各季节的季节指数分别为 217.5/168.75≈1.29，165/168.75≈0.98，130/168.75≈0.77，162.5/168.75≈0.96。本例中的季节效应较明显，在长期趋势或季节效应不明显时，无法直接通过观察判断是否存在长期趋势或季节效应，则可使用本节后面提到的单位根检验来确定。

（2）非平稳时间序列建模

基于前面介绍的长期趋势和季节效应的测量方法，如果判定某个非平稳时间序列数据中存在长期趋势或季节效应，接下来就应该采取相应的方法将一个非平稳时间序列改造成一个平稳时间序列，进而使用 AR 模型、MA 模型、ARMA 模型，这种方法被称为 ARIMA 模型（autoregressive integrated moving average model），即差分自回归移动平均模型。它的原理为将非平稳时间序列做 d 阶差分转换为平稳时间序列，然后将因变量仅对其滞后值（阶数为 d）以及随机误差项的现值和滞后值进行回归来建立模型。

对于趋势性，可以使用一阶差分，即使用时间序列的后一项减去前一项：X_t-X_{t-1}，作为新的时间序列。若一阶差分后时间序列仍呈现趋势性，可再进行一次一阶差分。下面以图 5－1 中所示的非平稳销售数据为例，介绍处理过程。原数据为 68，84，94，35，50，50，75，84，95，111，…，这组数据的一阶差分为 16，10，－59，15，0，25，9，11，16，…，也就是 $t+1$ 时刻的数据减去 t 时刻的数据，所得序列如图 5－8 所示。

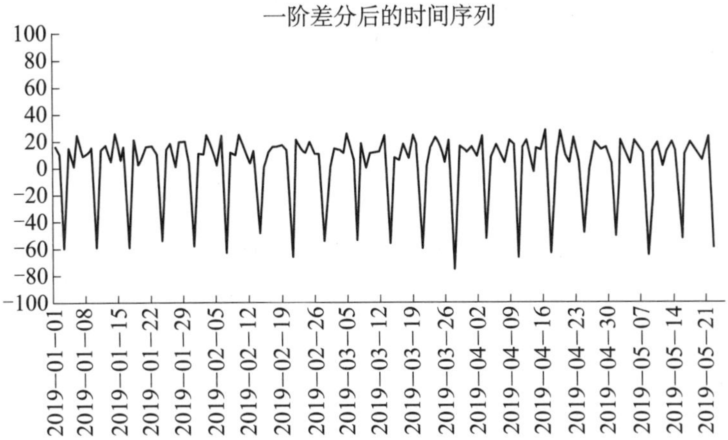

图 5－8　一阶差分后的时间序列

通过观察上述非平稳商品销售数据，可以发现该数据除了呈现出趋势性以外，还呈现出周期约为 7 的季节性。而对于周期性，可以使用多步差分，例如如果周期约为 7，则使用时间序列的第 n 项减去第 $n-7$ 项，即 X_t-X_{t-7} 形成新序列，如图 5－9 所示，这样就消除了季节性的影响。

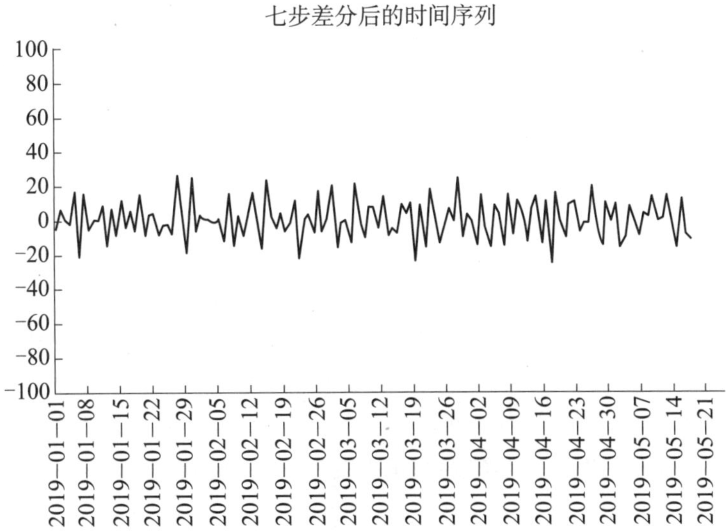

图 5－9　七步差分后的时间序列

除了使用多步差分消除季节性以外，还可以使用移动平均法消除时间序列的季节性。移动平均法是指对原时间序列中每个周期长度内的值取平均，作为新的时间序列中的一项。周期为 N 的时间序列的移动平均计算公式为：$\frac{1}{N}(X_t+X_{t-1}+\cdots+X_{t-N+1})$。仍以上述一阶差分数据为例，利用移动平均法得到的新序列为（16＋10－59＋15＋0＋25＋9)/7≈2.29，（10－59＋15＋0＋25＋9＋11)/7≈1.57，（－59＋15＋0＋25＋9＋11＋16)/7≈2.43，…，依此类推。

由此，如图 5－10 所示，我们对原来不平稳的销售数据进行一阶差分和一次移动平均后，得到一个新的时间序列。

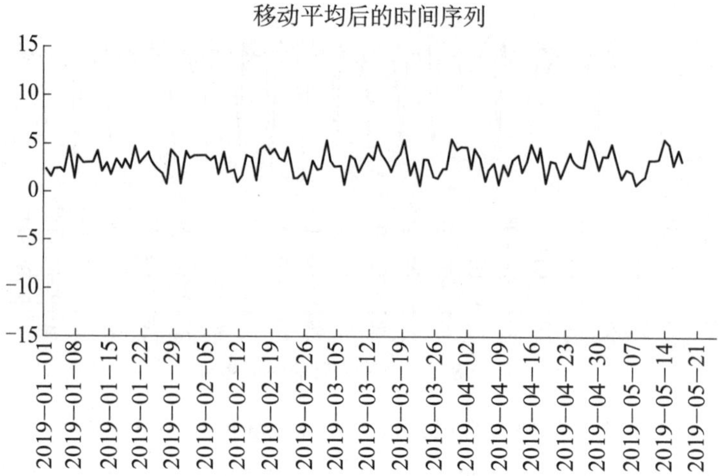

图 5－10　移动平均后的时间序列

去除时间趋势和季节效应后的随机波动（见图 5－9 和图 5－10）已经趋向于一个平稳时间序列。

单位根检验结果显示，新的时间序列为平稳时间序列。之后，就可以对平稳时间序列建模了，本例中采用的是 ARMA(1，1) 模型。需要注意的是，此时模型预测的是转换后的数据，因此，还需要将模型预测的结果再次转化回对应的真实时间序列值，并结合误差判断模型的预测效果。

第二节　回归模型

除了时间序列模型，回归模型（regression model）是另一种常见的计量模型。在回归模型中，样本数据的属性特征被称为自变量，而代表研究对象的目标特征被称为因变量。例如，根据电影类型、投资、排片数量、上映日期、电影的口碑、主要演员的人气等属性特征预测电影的票房。这里，电影的票房是因变量，而电影类型等属性特征为自变量。通过回归分析研究自变量和因变量的关系，可以判断自变量和因变量之间是否存在显著的因果关系，并且可以分析自变量对因变量的影响程度，即分析电影类型、投资等因素对电影票房的影响。

常见的回归有很多种分类方法，比如根据自变量的个数可以分为一元回归和多元回归；根据回归拟合曲线的形状可以分为线性回归和非线性回归。另外，根据因变量的类型是连续数值型还是离散规约型也会采用不同的回归，如图 5－11 所示。本节我们将由简单到复杂介绍常见的回归模型。

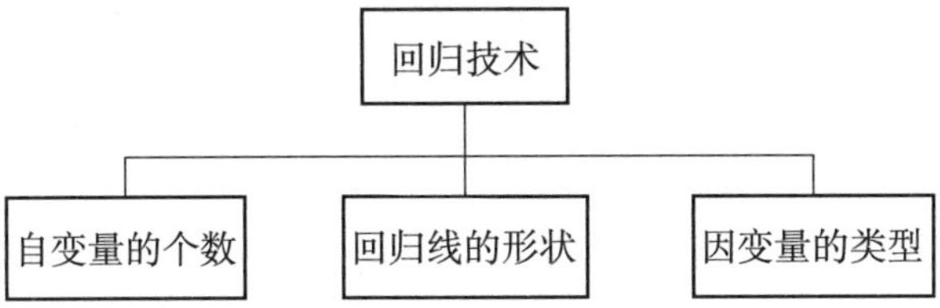

图 5-11　回归模型分类

1. 回归模型评价标准

在具体介绍回归模型前，我们先介绍回归模型的评价标准。

(1) 误差

对回归模型的评价主要围绕误差展开，误差越小，即通过所建立的回归模型得到的预测值和实际值之间的差越小，回归模型的预测值越接近真实值，模型表现越好。常见的误差测量指标有平均绝对误差（mean absolute error，MAE）、均方误差（mean square error，MSE）、均方根误差（root mean square error，RMSE）、平均绝对百分比误差（mean absolute percentage error，MAPE）。

平均绝对误差（MAE）的主要衡量方式如式（5.1）所示：

$$\mathrm{MAE}=\frac{1}{n}\sum_{i=1}^{n}|y_i-\hat{y}_i| \tag{5.1}$$

其中 y_i 是数据样本的真实值，$\hat{y}_i$ 是通过所建立的回归模型拟合的预测值。在 MAE 中，将各个样本的误差绝对值相加，使得总误差不会因为误差的正负不同而相互抵消。同时在处理异常点时，MAE 相比于其他对误差取平方的评价准则而言，比较稳定。但是由于计算式中添加了绝对值，使得在求导上存在困难，从而求解效率比较低。

为了解决 MAE 中求导困难的问题，引入 MSE。MSE 是均方误差，它将真实值和预测值之间的差平方，计算公式如式（5.2）所示：

$$\mathrm{MSE}=\frac{1}{n}\sum_{i=1}^{n}(y_i-\hat{y}_i)^2 \tag{5.2}$$

通过平方操作也可以解决总误差因为误差之间正负不同会抵消的问题，同时还方便求导。但是它对异常点比较敏感，比如若在回归方程中对某个点回归的结果很不准确，则预测值与真实值之间的误差会比较大，通过对误差取平方会使得全局的误差比较大。当然，基于对异常值敏感这一点，MSE 通常被用于比较不同模型的稳定性，即模型在处理极端值时是否还能有正确的表现。

在进行误差测量时，还可以将 MSE 值开方，得到均方根误差（RMSE），它的衡量方式如式（5.3）所示：

$$\mathrm{RMSE}=\sqrt{\frac{1}{n}\sum_{i=1}^{n}(y_i-\hat{y}_i)^2} \tag{5.3}$$

与 MSE 相似，异常值对 RMSE 也有比较大的影响。

平均绝对百分比误差（MAPE）的衡量方式如式（5.4）所示：

$$MAPE = \frac{\sum_{i=1}^{n}\left|\frac{y_i - \hat{y}_i}{y_i}\right| \times 100\%}{n} \tag{5.4}$$

与前面的评价指标不同的是，MAPE 不仅仅考虑预测值与真实值的误差，还考虑了值域。举例来说，回归模型 1 将样本真实值为 0.1（取值范围为［0，1］）的实际样本预测为 1，回归模型 2 将样本真实值为 400 的实际样本预测为 410（取值范围为［400，500］），根据前面的评价标准，误差即为偏差，会得出模型 1 的预测误差较小，模型效果较好的结论。但是实际上我们可以看到，相对于将 0.1 预测为 1 的回归模型 1，将 400 预测为 410 的回归模型 2 效果更好。使用 MAPE 便可以得到正确的结论。由于 MAPE 是一个相对值，故可以通过比较两个模型的 MAPE 来衡量它们的优劣，但缺点是对于单个模型而言，MAPE 值没有实际意义。

（2）判定系数R^2

在线性回归中，除了预测的准确率、预测结果的误差大小，我们还需要观察拟合曲线来判断回归模型对观测值的拟合效果。判定系数 R^2 可以用来判断线性回归模型对数据规律的反映程度，即拟合程度。在介绍判定系数前，我们需先明确几个概念。

SST（sum of squares for total）是总平方和，表示在一组样本中，每个因变量的实际值与因变量平均值的差的平方和，它反映了因变量取值的总体波动情况。例如，想要预测销售额，销售额是回归模型的因变量，SST 衡量的是销售额数据的整体波动情况：

$$SST = \sum_{i=1}^{n}(y_i - \bar{y})^2 \tag{5.5}$$

SSR（sum of squares regression）是回归平方和，表示的是因变量在模型中输出的预测值与因变量实际平均值的差的平方和，因为预测值是通过自变量计算出来的，所以 SSR 反映了由于自变量引起的因变量变化的部分。假设预测销售量时，选取了广告费作为自变量，SSR 衡量的是基于广告费预测的销售量和真实的平均销售量的偏离程度。

$$SSR = \sum_{i=1}^{n}(\hat{y}_i - \bar{y})^2 \tag{5.6}$$

SSE 是残差平方和（sum of squares for error），其含义是因变量的实际观测值与因变量的预测值的差的平方和，反映了除自变量对因变量的影响之外其他因素对因变量变化的影响。例如，续前例，建立了一个模型分析广告费和销售量之间的关系，但实际上，除了广告费会影响销售量外，其他因素（如产品质量、收入水平等）也会影响销售量，若线性回归仅考虑了广告费对销售量的影响，那么必然存在一定的偏差。建立的回归模型只能解释广告费对销售量的影响，不能解释其他因素对销售量的影响，而这之间的差异就是 SSE，它表示除了广告费，其他因素对销售量的影响。

$$SSE = \sum_{i=1}^{n}(y_i - \hat{y}_i)^2 \tag{5.7}$$

特别地，三种平方和之间存在如下关系：SST＝SSR＋SSE，即用线性回归拟合出的总平方和可以分解为回归平方和与残差平方和。换句话说，在实际值的整体偏差 SST 中，线性回归模型可以解释其中一部分，用 SSR 表示，而另一部分是模型无法解释的，即 SSE 所代表的部分。基于此，定义判定系数是回归平方和（SSR）与总平方和（SST）的比值，如式（5.8）所示。判定系数可以反映拟合线能够在多大程度上解释因变量的变化。

$$R^2=\frac{\mathrm{SSR}}{\mathrm{SST}}=1-\frac{\mathrm{SSE}}{\mathrm{SST}} \tag{5.8}$$

R^2 的取值在 0 到 1 之间，显然，数值越接近于 1 说明拟合程度越好。极端的情况是所有实际值都被准确预测，实际值点都在回归线上，说明 SSE 的值为 0，R^2 取值为 1，意味着因变量的变化完全由自变量的变化引起，没有除该自变量外的其他因素影响因变量。相反，如果 R^2 取值很小，则表明自变量对因变量的解释能力不足。

2. 线性回归

线性回归是最基础、最简单的回归建模方法，也是在建立回归模型时最先尝试的方法。简单来说，就是用一条直线描述自变量与因变量之间的关系。例如，决策者收集了某商铺以往年度广告费与相应的销售额的数据，如图 5－12 所示。决策者想要基于这些历史数据，预测某广告费下相应的销售额，即需要建立一个预测模型，拟合描述广告费（自变量）与销售额（因变量）之间的关系。观察图 5－12 中数据点的分布，可以发现，自变量和因变量之间很可能存在线性关系。这里自变量只有一个，尝试建立如下简单的一元线性回归模型：

$$Y=a+bX+\varepsilon \tag{5.9}$$

其中 a 表示截距，b 表示直线的斜率，同时也表示自变量 X 与因变量 Y 之间关系的程度，ε 是误差项。如果建立了这个模型，即确定了 a、b 等参数值，决策者就可以根据给定的自变量 X（广告费）预测因变量 Y（销售额），也能够根据 b 的正负判断 X 对 Y 的影响是正向的还是负向的。

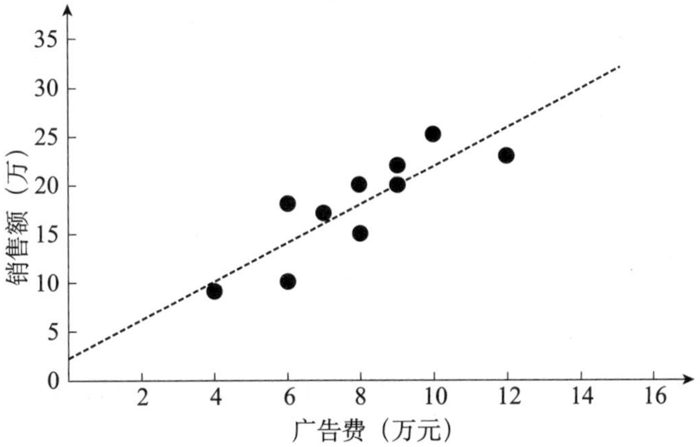

图 5－12　线性回归示例

当然，在实际经营中，销售额不仅仅是由广告费决定的，通常还会与品牌、成本、相关产品的销售等各个方面有关系，这时回归模型的自变量的数量就从一个变成多个，可以用多元线性回归模型拟合它们与因变量之间的关系，这时得到的模型方程为：

$$Y = a + b_1x_1 + b_2x_2 + b_3x_3 + \cdots + b_mx_m + \varepsilon \tag{5.10}$$

其中 a 依然表示截距，ε 依然是误差项，b_1，b_2，b_3，…，b_m 表示各个自变量的斜率，同时分别表示各个变量与因变量 Y 之间的关系。如果建立了这个模型，即确定了 a、b_i 等参数，决策者就可以根据给定的一组自变量 X（广告费、品牌、成本、替代品销量等），预测因变量 Y（销售额）的值。另外，通过观察 b_i 的正负，能够判断 Y 与 x_i 的关系是正向的还是负向的，即某个因素对销售额的影响是正向的还是负向的，同时，通过比较 b_i 和 b_j 的大小，可以比较因素 x_i 、x_j 对 Y 的影响程度的差异。

观察数据点的规律，建立基本的一元或多元线性回归模型后，接下来便需要基于已有的样本数据，确定 a、b_i 等参数，从而能够使得相应的模型正确反映样本数据中自变量 X 与因变量 Y 之间的关系。拟合线性回归参数常见的方法是最小二乘法。最小二乘法的基本思想是找到一组参数，对于样本数据的各个点，通过模型得到的输出值 Y 与实际值 $\hat{Y}$ 的误差最小，也就意味着在前例中，对于某一组影响销售额的因素的输入值，模型最终确定的参数能够使得模型的输出值与真实销售额之间的偏差尽可能小。如图 5－13 所示，真实的样本点并不会与线性模型曲线完全吻合，通常会在拟合曲线的上方或者下方，对应的误差便是数据点与曲线的偏差。如果直接将误差相加，会使得正负值的误差相互抵消，因此选择拟合输出值与实际值之差的平方和作为误差，并通过最小化误差确定最佳系数，误差为：

$$误差 = h_1^2 + h_2^2 + h_3^2 + h_4^2 + h_5^2 + h_6^2 \tag{5.11}$$

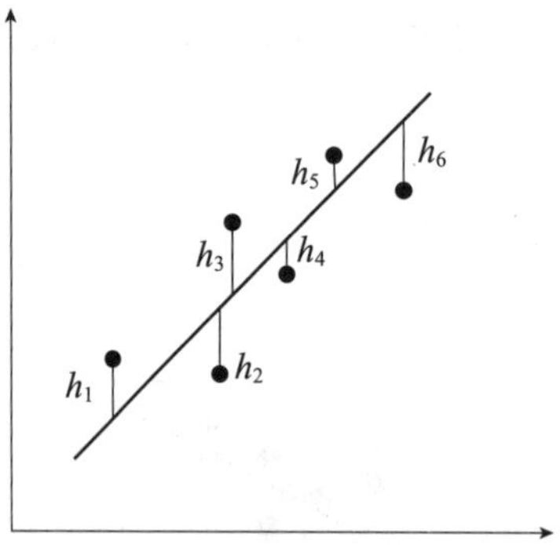

图 5－13　线性回归误差示意图

利用线性回归建立预测模型的最大优势是简单，但应用起来有很严苛的条件，即自变量与因变量之间必须存在线性关系，如果两者之间的关系不是线性的，则线性回归模型不能捕捉到正确的信息。

3. 非线性回归

线性回归只能应用于存在线性关系的数据，但在实际生活中，很多数据之间都不是简单的线性关系，而是非线性关系，如图 5-14 所示。如果用线性回归去刻画这些数据中自变量与因变量的关系，最后得到的模型的误差会很大，这时就需要对线性模型进行改进，使之能够拟合非线性的数据。

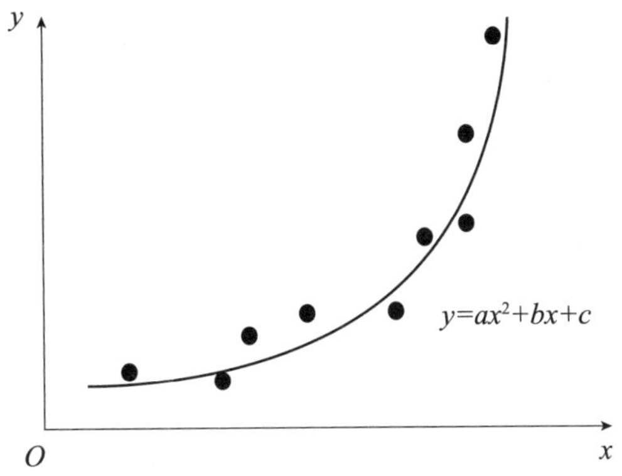

图 5-14　非线性回归示例

如图 5-14 所示，对于此类非线性的数据，有两种建立模型的思路。一个思路是，可以将样本数值用散点图表示，通过观察数据点的分布特点，包括因变量随自变量的变化规律、散点图的大致形状，直接用相应的可能的非线性函数进行拟合，并结合数据点对这些函数的参数进行估计。常见的非线性回归模型有多项式模型、指数函数模型、对数函数模型、幂函数模型等。

图 5-14 中所示的表达式为 $y=ax^2+bx+c$，是一个多项式回归模型。这类模型刻画的是因变量与自变量之间的多项式关系。当自变量只有一个时，称为一元多项式回归；当自变量有多个时，称为多元多项式回归。例如，当利用广告投入量预测销量时，如果通过观察散点图，发现因变量与自变量的关系是非线性的，但是又找不到合适的非线性函数进行拟合，则可以先采用一元多项式回归。一般地，一元多项式回归模型表示为：

$$y=a_0+a_1x+a_2x^2+\cdots+a_m x^m+\varepsilon \tag{5.12}$$

其中 m 表示多项式的阶数，x^j 表示 x 的 j 次幂，a_1，a_2，…，a_m 代表该多项式的系数，ε 代表误差项。从式（5.17）中可以看出，当使用多项式回归对样本数据进行拟合时，首先需要确定多项式的阶数，以及每个系数 a_i。一般而言，在排除了线性回归模型后，多项式回归可以从建立阶数 $m=2$ 的模型开始尝试，通过对样本数据的拟合，得到相应的系数以及误差。然后，逐步增大 m，在原有的多项式后面添加高次幂项，并重新根据样本数据建模来逼近，直至模型的误差满意为止。事实上，自变量与因变量之间存在的任何关系都可以用这种分段多项式进行逼近，所以采用多项式回归模型对样本建模，基本上能够取得较好的效果。不过，模型在参数的估计、阶数的选择上有一定的难度，而且如果多项式回归中的指数选择不当，就容易导致过拟合。

建立非线性回归模型的另一个思路是，如果可以将曲线模型转化为线性模型，则可以采用建立线性模型的方法建模并估计未知参数。例如，常见的幂函数回归、指数函数回归、对数函数回归均可以通过对原数据的转换变为线性回归。

（1）幂函数回归

幂函数回归的表达式为：

$$y = ax^b \tag{5.13}$$

等式两边同时取对数，有：

$$\ln y = \ln a + b\ln x \tag{5.14}$$

通过替换 $Y=\ln y$，$A=\ln a$，$X=\ln x$，可以将原本形如式（5.13）的模型转换成线性回归模型 $Y = A + bX$ 的形式，进而用最小二乘法确定参数 A、b 的值，并通过逆转换，得到原始模型中参数 a 的取值。

（2）指数函数回归

指数函数回归的表达式为：

$$y = a\mathrm{e}^{bx} \tag{5.15}$$

等式两边同时取对数，有：

$$\ln y = \ln a + bx \tag{5.16}$$

通过替换 $Y=\ln y$，$A=\ln a$，可以将原本形如式（5.15）的模型转换为线性回归模型 $Y = A + bx$ 的形式，进而用最小二乘法确定参数 A、b 的值，并通过逆转换，得到原始模型中参数 a 的取值。

（3）对数函数回归

对数函数回归的表达式为：

$$y = a + b\ln x \tag{5.17}$$

同样，通过替换 $X=\ln x$，可以将原本形如式（5.17）的模型转为线性回归的一般形式 $y=a+bX$，进而用最小二乘法确定参数 a、b 的值。

需要说明的是，并不是所有非线性模型都可以通过变换得到与原方程完全等价的形式。在遇到这种情况时，还需要利用其他方法（如泰勒级数展开法）进行估计。

如前所述，在回归中可以根据因变量类型的不同来选择不同的回归模型，以上介绍的是当因变量是连续型的时能够应用的回归模型，当因变量是离散型的时，可以应用逻辑回归模型，具体细节将在第六章讲解。

4. 回归模型和回归系数的显著性

建立回归模型能够进行预测，还可以根据得到的回归系数判断相应的自变量对因变量的影响程度。但从前面的介绍中可以发现，只要有数据就能够拟合出一组参数，比如，即便自变量与因变量之间没有线性关系，通过相应的方法也能建立线性回归模型，只是其偏差十分严重。由此，在建立线性回归模型时，还需要检验模型是否正确，即模型是否能够真正解释因变量，模型是否能够真正代表自变量对因变量的影响程度。检验包括两个方面：回归模型的显著性检验和回归系数的显著性检验。

（1）回归模型的显著性检验

回归模型的显著性检验是对因变量和自变量之间是否存在线性关系所进行的检验。前面介绍过的系数 R^2 可以作为检验总回归效果的指标，表示全部自变量能解释多少因变量的变化。但是 R^2 与回归方程中自变量的个数 m 以及观测数 n 有关，当 n 相对于 m 并不是很大时，常有较大的 R^2 值，也就是说，R^2 的大小不能准确说明模型是否有效。

回归模型的显著性检验是通过假设检验实现的。例如，对于线性回归模型 $y=b_0+b_1x_1+\cdots+b_mx_m+e$ 而言，先假设因变量与自变量之间不存在线性关系，提出原假设和备择假设：

$$H_0: b_1=b_2=\cdots=b_m=0, \quad H_1: \exists\ b_i \neq 0$$

具体而言，当 H_0 成立时，原模型的全部系数为 0，说明因变量 Y 与现有的自变量间没有线性关系，自变量（x_1，x_2，x_3，$\cdots$，x_m）不能解释 y 的变化。否则拒绝原假设H_0，说明因变量与自变量之间存在显著的线性关系。但当没有拒绝原假设时，有可能是在选择自变量时漏掉了有重要影响的因素，也有可能是自变量和因变量之间的关系是非线性的。回归方程的假设检验是 F 检验。

（2）回归系数的显著性检验

在模型的显著性检验中我们检验了自变量总体对因变量的回归效果，但是模型通过了显著性检验并不能说明每个自变量对因变量都有影响。在回归模型中可能存在某个自变量 x_i 对因变量 y 并不起作用或者可以被其他变量的作用代替，因此还需要对每个得到的变量系数 b_j 做显著性分析。与回归方程的显著性检验类似，我们需要检验每个自变量是否显著，就需要检验每个自变量前的系数是不是显著不为 0，提出原假设与备择假设：

$$H_{0j}: b_j=0; \quad H_{1j}: b_j \neq 0 (j=1, 2, \cdots, m)$$

换句话讲，就是检验自变量 x_i 与因变量 y 的影响程度是否显著，自变量前的回归系数是否可信。当拒绝原假设时，才能说明对应的自变量对因变量的影响是显著的。当没有拒绝原假设时，可能是自变量对因变量事实上并无显著影响，后续可以将其从回归方程删除；也有可能是自变量具有多重共线性。回归系数的显著性检验是 t 检验。通过显著性检验后，标准化的系数才真正代表了各个自变量对因变量影响的重要程度，可以进行自变量的重要性之间的比较。

5. 多重共线性的检验

在上述进行回归模型的显著性检验时，提到了多重共线性，它是由于模型中两个或者更多个自变量之间具有高度线性相关性而导致的。举例来说，在家庭的消费支出的回归分析中，选择家庭收入、家庭储蓄、家庭子女数作为自变量，但是这些自变量之间可能存在较高的相关性。多重共线性的存在会使得模型中一个自变量的系数依赖于模型中的其他自变量，导致参数估计的不稳定性提高，容易出现符号或者数值的异常情况，使得参数估计受到很大影响。

多重共线性的出现一般有以下原因：第一，各变量之间本身存在相关关系，如用视频的粉丝数和视频的播放量作为自变量来拟合视频的收入，但一般来说播放量大的视频对应的粉丝数大，播放量小的视频对应的粉丝数少，即自变量播放量与粉丝数之间存在相关性；第二，各变量在时间上有共同变化的趋势，如 GDP、人均可支配收入、消费支出这些变量都存在随着时间一起增长或下降的趋势；第三，建立模型时，使用因变量的滞后值作为自变量，比如在预测销量时，不仅将评价、价格等因素作为自变量，而且将上一期的销量作为自变量，而上一期的销量显然与其他自变量是有关系的，这意味着模型中存在多重共线性。

常见的多重共线性的检验有以下几种。第一，相关系数检验。基于样本数据，计算两个自变量之间的相关系数，例如前面提到过的皮尔逊系数，进行判断。一般来说，如果两个自变量的相关系数比较高，则认为存在着较严重的多重共线性。第二，辅助回归模型检验。选择模型中的一个自变量作为因变量，构造辅助回归模型，通过其他所有的自变量进行线性回归建模，并计算出相应的判定系数R^2。如果判定系数比较大，则说明对应的自变量与其他自变量之间存在共线性。第三，计算方差扩大因子。多重共线性对回归模型产生的不利影响体现在对参数估计方差的放大作用，即变量的共线程度越高，参数估计量的方差就越大。方差扩大因子根据参数估计方差被“放大”的程度来判断模型是否存在多重共线性问题以及是由哪些变量引起的共线性问题。第四，观察判断。观察得到的回归模型中各变量系数的正负和大小，如果出现与现实明显相悖的情况，则说明模型可能存在多重共线性；对现有的自变量进行增减，改变样本观测值，重新估计模型参数，如果发现参数值的变化明显，则说明模型中可能存在多重共线性；回归模型本身显著，但是回归系数在统计上均不显著，则说明模型可能存在多重共线性。具体细节可以查阅相关书籍。

对于多重共线性的处理，常见的有以下几种方式：第一，增加样本数量。一般而言，基于越大的数据集拟合的模型存在多重共线性的可能性越小。第二，差分模型。前面提到，多重共线性可能是因为变量共同随时间变化而引起的，可以建立差分模型，对各个自变量的变化值（增加值、减少值、变化比例）而不是自变量本身进行回归分析，则多重共线性的影响通常会减小，但差分模型可能会出现误差项序列相关的问题。第三，模型修正。多重共线性本质上讲是变量选择和模型设定的问题，可以删掉多重共线性比较严重的自变量。比如家庭收入和家庭存储，可以只选用一个变量；也可以将相关性较强的变量整合成新的变量，但是整合需要有依有据；也可以采用参数约束的方法，举例来说，我们已经知道两个解释变量 x_1, x_2 有较强的相关性，且已经知道两者的回归系数存在一定的关系 $\beta_1+\beta_2=1$，这时我们只需要将 $\beta_2=1-\beta_1$ 代入回归模型进行回归，这样这两个变量之间的共线性问题就解决了。

习题

5.1 按照本节介绍的幂函数回归、指数函数回归、对数函数回归线性化的方法，将S曲线线性化。

S 曲线：$y=\dfrac{1}{a+b\mathrm{e}^{-x}}$

5.2 分析自变量 x 和因变量 y 之间的线性关系，用 20 个样本得到的有关回归结果中，回归平方和（SSR）＝30，误差平方和（SSE）＝20。

(1) 线性关系检验的统计量的 F 值为多少？

(2) 给定显著性水平 $\alpha=0.01$，查表得到 F_{α} 的值。

(3) x 和 y 的线性关系是否显著？

第六章　数据挖掘分类预测模型

在商务数据分析中除了预测问题，也存在很多分类问题，例如，判断一个投资项目是否会成功，一个促销活动能不能提高某产品的销量，判断顾客属于哪个重要等级，等等。分类就是根据对象在各属性特征上的表现，将其映射到给定的类别。分类与预测问题有很多相似之处，样本数据都需要包括描述研究对象各方面表现的属性特征和研究问题对应的目标特征，只是在分类问题中目标特征是离散的，而预测问题中目标特征是连续的。例如，基于顾客的性别、年龄、收入、居住地等属性特征，可以判断其是否会产生购买行为，这就是分类问题；而基于同样的特征，可以预测其具体的购买数量，这就是预测问题。

如前所述，数据挖掘模型是一类常见的商务数据分析模型，其中有很多进行分类和预测的方法。分类与预测问题本身的相近性使得有些模型，比如人工神经网络，在这两类问题中都可以使用。本章将介绍常见的几个分类预测模型，包括逻辑回归、决策树、贝叶斯、K 近邻算法、支持向量机和神经网络的基本原理及其在商务数据分析中的常见应用，最后简要介绍算法的数据平衡性问题、集成学习。

第一节　分类模型评价标准

对于分类模型，有很多可以实现的分类算法。每一个分类算法结合它的优缺点也会有很多扩展和变体，甚至也有很多不同算法之间的结合，那么如何衡量这些算法的表现呢？在介绍具体模型前，我们先介绍模型的评价标准。对于评价标准，前面介绍预测问题时，曾经提到过准确率，即预测值与真实值相等的值占全部值的比例。但是在分类任务中，只用准确率通常不能判断算法的优劣。不同的问题对于分类结果的要求不同，例如地震预测，没有发生地震却预测了地震与发生了地震却没有预测出来造成的损失是完全不同的；再如，推荐系统因为没有识别出来而流失了一个用户，与把一个普通用户标记为潜在流失用户所带来的影响也是不同的。具体来说，对于地震预测，发生是小概率事件，100 个样本中可能只发生了一次地震。对于两种算法来说，一种是全部预测为不会地震，那么有 99％的准确率；另一种识别到了唯一的一次地震，但是却把一次没有地震的误判为地震，准确率也为 99％。但是这两种算法却完全不同，后者才真的具备一定的预测能力。因此，单单用准确率来衡量是不全面的。所以下面我们介绍常见的衡量分类算法的模型评价指标。

一般情况下，衡量分类问题的指标有准确率、精确率、召回率和 F1 值，这四个值的计算方法基于混淆矩阵（confusion matrix），它的定义如表 6-1 所示：

表 6-1 混淆矩阵

混淆矩阵		真实值	
		正	负
预测值	正	TP（true positive）	FP（false positive）
	负	FN（false negative）	TN（true negative）

混淆矩阵依据不同情况，对模型的分类结果进行了整理：其中 TP 是预测值与真实值都为正的样本数量，TN 是预测值和真实值都为负的样本数量，两种情况都表示模型分类结果正确（其中 T 代表 TRUE，说明分类正确，P 表示正样本，N 表示负样本）。FN 表示真实值为正而预测值为负的样本数量，即实际的正样本中有多少预测错误，这是统计学中的第Ⅰ类错误，FP 表示真实值为负但是预测值为正的样本数量，是第Ⅱ类错误。

（1）准确率、精确率、召回率、F1 值

根据混淆矩阵，常见的四个衡量指标准确率、精确率、召回率和 F1 值的计算方法见表 6-2。具体来看一下四个指标。根据精确率和召回率的定义，前者表示预测为正的样本中有多少实际也为正，后者代表实际为正的样本中有多少被识别了出来。换句话说，提高精确率是希望找到的都是正确的，而提高召回率是希望找得“全”。例如，在预测地震的例子中（若发生地震，则真实值为正），精确率衡量预测发生地震的情况下，有多少次真正发生了地震，它在一定程度上衡量了模型的误判率，而召回率衡量的是真正地震的时候有多少次被预测出来了，它在一定程度上衡量了模型识别的能力。在地震的例子中，单看这两个指标，召回率更重要，即希望模型能够“找得全”，因为预测出地震却没有地震的损失要远远小于地震了却没有预测出来的损失。又例如，给潜在购买用户投放广告时，为了减少成本，我们希望投放广告的用户都购买产品，目标变为模型能够“找得对”，此时精确率更重要。

表 6-2 分类指标计算方法表

衡量指标	计算方法	含义
准确率（accuracy）	$Acc=\frac{TP+TN}{TP+TN+FP+FN}$	分类正确的样本数占总样本数的比例
精确率（precision）	$Pre=\frac{TP}{TP+FP}$	模型预测为正的样本中有多少是预测正确的
召回率（recall）	$Recall=\frac{TP}{TP+FN}$	真实值为正的样本有多大比例被模型正确识别
F1 值（F1-score）	$F1=\frac{2\times Pre\times Recall}{Pre+Recall}$	综合衡量指标召回率和 F1 值

但是在很多情况下，我们对于精确率和召回率都有较高的要求，但两者是相互制约的，一个增加另一个会减少。为了平衡两者之间的关系，给模型一个更全面的评价，引入

F1 值。F1 值如表 6－2 所示，它是对精确率和召回率的一个结合评价。

(2) ROC 曲线和 AUC

上面几个衡量标准是数值上的衡量，为了更直观地比较不同模型，常用的是 ROC 曲线。ROC 曲线（receiver operating characteristic curve），如图 6－1 中实线所示，是一个绘制在横纵坐标都是［0，1］范围内的一条曲线，横轴是负正类率（false positive rate，FPR），纵轴是真正类率（true positive rate，TPR），计算公式如下：

$$FPR=\frac{FP}{FP+TN}$$

$$TPR=\frac{TP}{TP+FN}$$

直观地理解，FPR 为全部真实值为负的样本中识别错误的有多少，TPR 表示全部真实值为正的样本中识别正确的有多少。ROC 曲线下的面积 AUC（area under roc curve）的大小可以直接用来比较模型，AUC 越大，模型的表现越好。

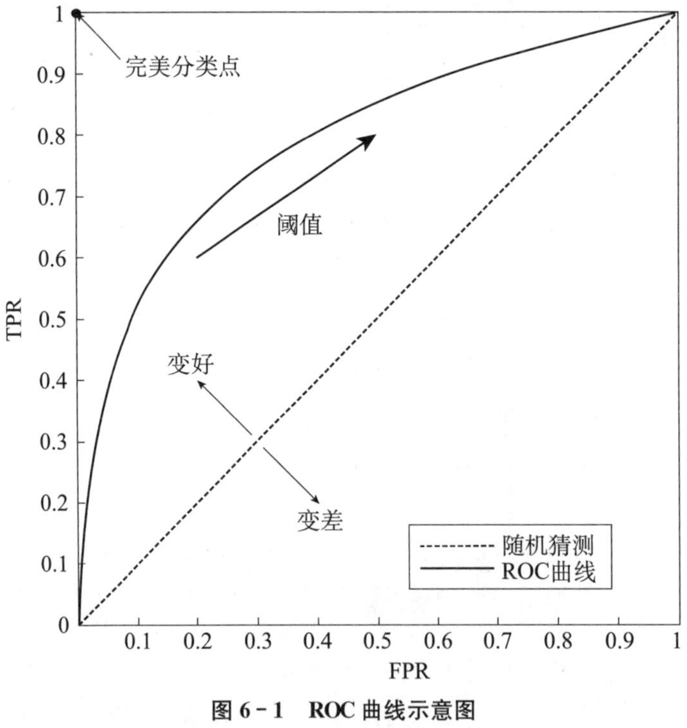

图 6－1　ROC 曲线示意图

在二分类问题中，很多模型得到的分类结果并不是具体的类别，而是具体的数值，比如 0 到 1 之间的一个值。这个输出值可以理解为样本被判定为某一类的概率的大小，此时引入一个阈值（threshold）作为分类界限，当得到的概率值大于等于阈值（比如 0.5）时，预测为正样本。换句话说，分类模型输出一个概率值，当此值大于阈值时，模型把这一样本预测为正样本，否则标记为负样本。通过对阈值的介绍可以发现，设定不同的阈值，模型可能会判定同一个样本属于不同的类。例如有一个样本，模型计算出的概率值是

0.5，如果阈值设为0.5，则样本属于正类；如果阈值设为0.6，那么此样本属于负类。

ROC曲线是由一组点（FPR，TPR）组成的，衡量的是TPR、FPR随着模型判断为正值的概率阈值的变化。选定阈值为某个值，所有数据样本将会根据模型输出值被判定为相应的类别，以此为依据计算出一组（FPR，TPR）值，即得到了曲线的一个点。当然阈值可以取［0，1］中的值，相应地，依据不同的阈值可以有若干组（FPR，TPR）值，得到若干个点，并连成一个阶梯状的曲线。以上是绘制ROC曲线的基本逻辑。

在ROC曲线中有一些极端情况。当阈值为0时，即所有样本都被判断为正，那么FN、TN为0，TPR、FPR取值为1；当阈值为1时，即所有样本都被判断为负，那么TP、FP为0，TPR、FPR取值为0；所以ROC曲线过点（0，0），（1，1）。点（0，1）代表理想状态，即不管阈值如何，模型正确率为1，错误率为0。越接近于点（0，1）的ROC曲线代表的模型越好，预测越准确。

基于前面的讨论，ROC曲线越接近于折线（0，0）→（0，1）→（1，1），预测越准确，由此可以利用ROC曲线比较分类模型的优劣。图6－1中的虚线描绘了随机猜测分类模型的结果，即不论阈值取多少，真实值为正的只有一半预测正确，真实值为负的也只有一半预测正确，即TPR和FPR始终相等。一般情况下建立的分类模型的ROC曲线应该都在虚线上方。如果在虚线下方，则意味着模型分类的表现不及随机猜测的结果。图6－1中的实线为随着阈值变化的ROC真实曲线。实线下方的面积即为AUC值。AUC值越大，模型越好。AUC值可以直接作为模型比较的依据。

第二节　逻辑回归

在商务数据分析中，经常会遇到二分类问题，即研究对象的类别有两个，某个样本非此类即彼类。典型的二分类问题包括：预测一个用户的性别是男是女，是否点击某个广告链接，是否购买某个产品，一条评论是不是正面的，等等。逻辑回归就是解决这类问题的常见方法。

逻辑回归（logistic regression）是一种有监督的学习算法。虽然它的名字里有回归二字，但本质是一种分类算法。前面提到过，回归和分类两者的区别主要体现在回归算法的输出值一般是连续的，而分类算法的输出值一般是代表类别的离散值。在适用于解决二分类问题的逻辑回归模型里，输出结果通常只有两种可能（一般为0，1）。

1. 从线性回归到逻辑回归

假设现在需要预测某一用户是否购买某商品，目标特征即因变量Y为0时代表不购买，Y为1时代表购买；特征属性即自变量$x_i(i=1,2,\cdots,n)$描述了影响用户是否购买的各种因素，例如用户的收入、注册时间、年龄、用户历史购买记录、商品评价、商品属性等。如果仍然沿用线性回归建模的思路，可以建立如下模型：

$$Y=a+b_1x_1+b_2x_2+b_3x_3+\cdots+b_nx_n+\varepsilon=\omega^{\mathrm{T}}x+a+\varepsilon$$

如同前面介绍的，系数 b_i 衡量了相应的自变量对于因变量的影响大小，ε 是随机误差扰动项，解释了自变量外其他没有考虑到的对结果产生的扰动。在线性回归模型中，因变量的取值范围为实数集 R，但在二分类问题中，因变量 $Y \in \{0,1\}$，也就是非 0 即 1，显然无法将线性回归模型的结果直接用于二分类问题，需要对线性回归模型进行改变，实现从实数输出值到二分类输出值 $\{0,1\}$ 的转变。更进一步地，二分类问题可以通过概率值进行类别判定。假设根据用户的收入、注册时间、年龄、用户历史购买记录等属性值，得到用户是否购买的概率值 p，即 $P(Y=1 \mid x_i)=p$，而 $P(Y=0 \mid x_i)=1-p$，然后可以根据概率值是否大于阈值，如 0.5，判断所属类别，实现二分类。于是，关键问题是如何将线性回归模型输出的实数值转变为取值区间为［0，1］的概率值，而逻辑回归就是基于这样的需求对回归模型进行了变换而形成的二分类模型。

逻辑回归中采用 sigmoid 函数对线性回归的实数输出进行函数转换，因为 sigmoid 函数又被称为逻辑函数，所以基于此函数建立的分类模型被称为逻辑回归。形式为 $g(y)=\dfrac{1}{1+e^{-y}}$ 的 sigmoid 函数具有如下特点：该函数当输入值 y 趋近于正无穷时，函数值 $g(y)$ 趋近于 1，而当 y 值趋近于负无穷时，函数值趋近于 0，即能够将线性回归模型输出的实数值转变为取值区间为［0，1］的概率值。基于此，将线性回归模型（误差值）代入sigmoid 函数可得二元逻辑回归模型的一般形式：

$$p=P(Y=1 \mid x)=\frac{1}{1+e^{-(\omega^{\mathrm{T}}x+a+\varepsilon)}}=h(\omega,a) \tag{6.1}$$

在逻辑回归模型中，将模型输出值与阈值（一般为 0.5）相比，当函数值大于等于 0.5 时取分类值为 1，当函数值小于 0.5 时取分类值为 0。这样利用 sigmoid 函数就把线性回归中实数结果映射到［0，1］区间上，再利用阈值将 sigmoid 的结果映射到｛0，1｝两个值上，实现了对样本所属类别的判别。

2. 逻辑回归的参数优化

与所有模型一样，逻辑回归模型的表现由其参数决定，也就是说，建立模型后需要利用训练样本确定参数 ω、a 的值。在线性回归中，由于输出值是连续的，可以把真实值和预测值的误差平方和作为损失函数，但是逻辑回归的输出值是类别值，不是连续值，因此需要重新定义如下损失函数：

$$J(\omega,b)=\frac{1}{m}\sum_{i=1}^{m}\mathrm{lost}(\omega,b,\hat{y}) \tag{6.2}$$

其中，m 为训练样本数量，

$$\mathrm{lost}(\omega,b,\hat{y})=\begin{cases}-\log(p), & \hat{y}=1\\ -\log(1-p), & \hat{y}=0\end{cases} \tag{6.3}$$

观察 lost 函数的特点可以发现，当样本实际类别值 $\hat{y}=1$ 时，如果模型分类完全正确，则意味着逻辑回归模型输出的概率 $p=1$，评价的误差应该为 0；相应地，此时在 lost

函数中，$-\log(p)=0$，误差为 0。如果模型分类不够准确，即模型输出的概率小于 1，则评价的误差应该随着概率的减小而增大；相应地，此时根据式（6.3）的描述，lost 函数值随着概率的减小而增大，表示概率越小，误差越大。同理，当样本实际类别值 $\hat{y}=0$ 时，lost 函数的大小仍然可以反映输出的概率与理想类别值 0 的差距，差距越大，lost 函数值越大。

逻辑回归参数的寻优是通过最小化损失函数 $J(\omega,b)$ 实现的，通常通过梯度下降法寻求参数的最优取值。

3. 逻辑回归小结

逻辑回归模型是很流行、应用很广泛的分类模型，它的优点有如下几点：

①逻辑回归模型的输出值即为概率值，描述了事件发生的概率，这使得二分类结果有更好的可分析性。例如，分析顾客是否购买问题，假设根据某两位顾客的属性特征取值，利用逻辑回归模型计算出顾客购买产品的概率分别为 0.51 和 0.95，如果阈值设定为 0.5，因为概率均大于 0.5，模型输出结果为两位顾客都会购买此产品。同时，由于模型输出了概率，通过对概率的比较可以发现，尽管都被归为会购买产品的顾客，但两位顾客的购买可能性有较大差异。

②与线性回归类似，逻辑回归中自变量的系数具有很好的可解释性。这一系数为分析自变量对于因变量的影响提供了依据。随着机器学习算法的不断发展，出现了很多可以实现分类功能的算法，但很多机器学习算法并不具备这一依据。这也使得逻辑回归虽然出现得很早，但仍然是一个主流算法。

③逻辑回归的计算代价低，容易实现，在时间和内存需求上相当高效。

但是逻辑回归也有一些缺点。首先，它容易出现欠拟合的现象，分类精度不高；其次，当数据有较多缺失或者特征空间很大时，它的表现和效果并不是很理想。

4. 二分类算法应用于多分类问题

目前对于分类问题的介绍均针对于二分类问题，但现实生活中，有很多问题可能有多个类别值，例如对一个产品的评分可能是 1 星、2 星、3 星、4 星、5 星，又比如交通工具的选择有火车、汽车、飞机。如何将逻辑回归这种二分类模型应用于多分类问题，有以下几种思路。

“一类对其余”：假设产品分类有 n 个类别，则构造 n 个分类问题，训练相应的 n 个分类模型，第 i 个分类模型用于判断样本是否属于第 i 类，即模型的输出为｛是，否｝，是一个二分类模型。也就是说，原有的多类别问题被转换为 n 个二分类模型。基于已有的数据对这 n 个模型进行训练。训练完成后，n 个模型一同对新样本分类。将新样本自变量属性分别输入 n 个分类模型，输出结果为“是”的分类模型对应的类别便是新样本所属类别。这个策略的好处是分类模型数量少，不过因为将类别分成了属于此类和不属于此类，导致每个分类器的训练样本分布都不均衡，影响了训练效果；而且每当有新的类别加入时，就需要重新训练所有模型。

“一类对一类”：在 n 个类别中，每两个类别建立一个分类模型，即一共有 $C_n^2=\frac{n(n-1)}{2}$ 个。基于已有的数据对这些模型进行训练。训练完成后，模型一同对新样本分类。将新样本自变量属性分别输入所有分类模型，统计模型输出的类别结果，将产品归类为在分类器中输出数量最多的类别。虽然每个分类器相对简单，但分类器总体数量较大，影响了算法的效率。

在前面介绍的多分类问题中，对于产品的评分，存在一定的数值关系，一般情况下，我们认为评分为 5 星的商品要比评分为 4 星的商品好。而在交通工具的选择中，火车、汽车、飞机只是不同的交通工具。如果选择火车，则输出值为 1；如果选择汽车，则输出值为 2；如果选择飞机，则输出值为 3。那么 1，2，3 之间没有序列关系，不能认为输出值为 3 的要比输出值为 2 的好。相应地，基于逻辑回归，有许多改进的多分类模型。根据多分类数值是否有序列关系，多分类问题的模型可以分为定序逻辑模型和多值选择模型。而定序逻辑模型又可以分为累积比数模型、连续比例模型、相邻类别模型等。如有需要，读者可查阅相关书籍。

第三节 决策树

在根据特征属性对研究对象分类时，比如根据顾客的收入、注册时间、年龄、购买历史四个属性判断顾客是否购买某产品，可以选择将特征属性一并输入模型，如前面介绍的逻辑回归模型，也可以通过将特征属性逐一加入模型的方式完成分类。如图 6－2 左侧示例所示，在分类时逐一判断各特征属性，根据其取值范围对样本完成分类，或进入下一个特征属性的判断，直到所有样本都完成分类或者满足其他结束条件为止。整个分类决策过程可以用图 6－2 所示的结构来表示，这个结构很像从一个根生长出来的树，因此被称为决策树。

决策树（decision tree）是通过构造树结构来进行分类的方法，它是一种有监督的机器学习分类算法，即训练样本需要含有类别信息。图 6－3 为决策树的一般结构，决策树的一个分支节点代表一个特征属性，一个分支代表特征的某一个取值范围，而决策树最底部的叶节点代表一种类别。样本按照如下逻辑被划分到某叶节点，即类别节点。具体过程为：从根节点开始，将样本数据在相应特征属性上的取值与分支节点的范围进行匹配，按结果划分到下一个分支中，直至样本数据被划分到某个叶节点，得到最终的类别，作为模型的输出。

1. 信息熵

在图 6－2 所描述的示例中，可以发现建成决策树之后，依据模型进行决策的过程是

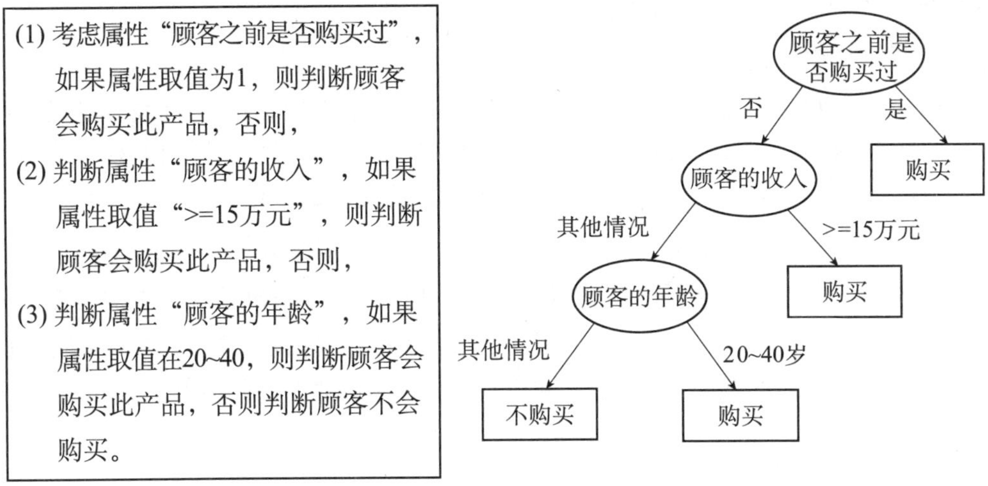

图 6－2　决策树示例图

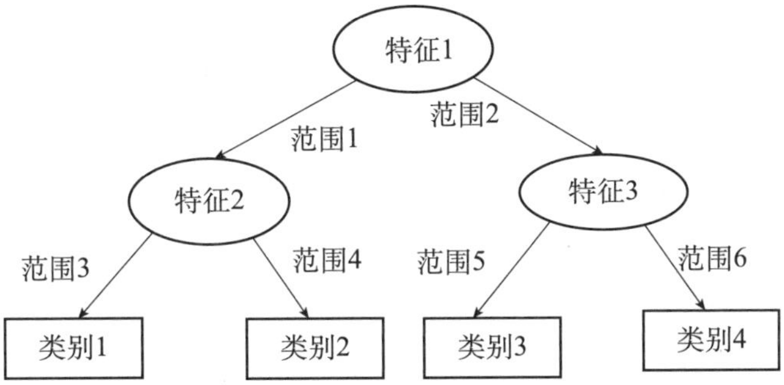

图 6－3　决策树结构图

很清晰的，它的难点在于如何基于样本信息构造分类效果最好、效率最高的决策树。比如，在图 6－2 的例子中，如果决策树中包含了特征“用户注册时间”（在示例中这个属性属于与购买决策无关的属性，且没有在最终的决策树中出现），因为若包含了这个不必要的节点，所构建的决策树会更复杂。具体而言，决策树构建过程中首先需要解决的问题是确定哪一个属性被优先选择是最有利于分类的。确定了属性之后，相应地如何确定属性的分支范围，才能构建一个表现好的决策树？通常一个在分类问题中表现好的决策树应该是它的一个分支中的样本尽可能都属于同一类别，尽可能“纯粹”。如在 6－2 所示的例子中，利用“顾客的收入”这个属性进行判断时，若顾客的收入大于 15 万元，决策树就将其类别判定为“购买”。如果“纯粹”，则意味着所有满足此条件的顾客应该都属于“购买”分类。当然在实际生活中，这样的情况是不可能出现的，在某个分支下样本纯度无法达到 100%，要想客观地衡量“纯粹”的程度，就需要引入信息熵和信息增益的概念。

在信息论中，熵（entropy）表示随机变量的不确定性。设 x 为离散型随机变量，有有限个（n 个）可能的取值，其取值的概率分布为：$P(x=x_i)=p_i(i=1,2,\cdots,n)$，那么

随机变量 x 的熵被定义为：

$$H(x)=-\sum_{i=1}^{n}p_i\log_2 p_i \tag{6.4}$$

由式（6.4）可以发现，熵只与 p_i 的取值有关，即只与分布有关，而与 x 的具体取值无关。熵越小，随机变量的不确定性就越小。以下结合一个基于 RFM 进行客户分类的示例，介绍熵的含义和计算过程。RFM 模型是电子商务领域中常用的衡量客户价值和客户创利能力的重要工具，它从客户的最近消费（recency）、消费频率（frequency）、消费金额（monetary）三个方面来衡量客户的重要程度。假设现在用 RFM 模型中的消费金额来对两个商家 A、B 的客户进行分析，商家 A 的高消费用户占比 30%，中消费用户占比 50%，低消费用户占比 20%，而 B 商家相应三个类别用户的占比分别为 5%，5%，90%。那么可以计算出这两个商家客户群体的熵：

$$H(\mathrm{A})=-(0.3\times\log_2 0.3+0.5\times\log_2 0.5+0.2\times\log_2 0.2)=1.485$$

$$H(\mathrm{B})=-(0.05\times\log_2 0.05+0.05\times\log_2 0.05+0.9\times\log_2 0.9)=0.569$$

从中可以看出，商家 B 的熵更小，即顾客在购买力方面的不确定性更小，回顾前面提到的具体数值可以发现，商家 B 的顾客里有 90%的属于低消费用户，这个群体占比较大，整体稳定，而商家 A 的顾客消费能力的不确定性更大。

除了单变量的信息熵，还可以定义条件熵，表述一个变量对另一个变量的不确定性的影响。假设有两个随机变量 x 和 y，n 为 x 可能的取值个数，m 为 y 可能的取值个数。$H(y\mid x)$ 称为条件熵，表示的是当已知随机变量 x 时 y 的不确定性，它的取值为：

$$H(y\mid x)=\sum_{i=1}^{n}p_iH(y\mid x=x_i) \tag{6.5}$$

其中 $H(y\mid x=x_i)=-\sum_{j=1}^{m}p(y_j\mid x_i)\log_2 p(y_j\mid x_i)$ 表示 x 取值为 x_i 时 y 的不确定性。

分类问题的本质是基于数据样本的特征判断其所属类别。相应地，信息熵衡量的是整体样本集合的不确定性，而条件熵可以理解为满足某些特征取值条件下的样本子集属于特定类别的不确定性。

2. 信息熵、不确定性与集合纯度

信息熵反映的不确定性可以从集合的纯度进行理解。例如，在计算商铺 A 和 B 关于顾客购买力的信息熵时，得到商家 B 的不确定性低，其所对应的三个类别用户的占比分别为 5%，5%，90%，从集合的纯度来看，商家 B 的顾客集合的纯度更高，有一个类别的顾客占据了集合的绝大部分。而在商家 A 的顾客集合中，各类别顾客占比较为平均，从集合的纯度来看，集合较为“混杂”，纯度低。在分类问题中，信息熵是度量集合纯度的常用指标，熵越小，纯度越高。

在分类任务中，好的分类结果是指能得到高纯度的样本集合。对应于决策树，按某属性分支进行分类后得到的样本纯度越高，决策树越好。例如，在图 6－2 中，当顾客“是否购买过”属性取值为 1 时，顾客便属于购买类，也就是说，满足此条件的样本子集纯度是 100%，意味着所构建的决策树是完全正确的。

3. 信息增益

了解了熵的概念之后，接下来介绍信息增益（information gain）。信息增益表示的是随机变量 x 的取值确定后，随机变量 y 的信息熵的变化，或者说随机变量 y 的不确定性减少的程度。对于分类问题而言，从信息增益的角度，可以理解为按特征 x 的取值将样本分类后，样本集合属于某个类别，这时 y 的不确定性减少的程度，也就是样本集合纯度增加的程度。显然每个特征针对于类别都可以计算相应的信息增益，不同特征对应的信息增益大小不同。例如，对一个群体判定性别，样本集合原始的信息熵是相同的。现在考虑根据“是否戴眼镜”和“是否穿裙子”两个特征分类，显然依据后者判断性别，得到的新集合纯度更纯，信息增益更大，表明用这个特征分类更好，是应该优先选择的决策树分类属性。下面介绍具体的计算方法。

由于信息增益表示的是集合纯度增加的程度，所以应该由两个状态（已知特征取值前后）样本集合纯度的差（即信息熵的差）计算得到。具体而言，对于训练集 D，A 是其中的一个样本特征，A 对于 D 的信息增益为集合 D 本身的信息熵与已知 A 时 D 的信息熵的差值，因此信息增益的公式为：

$$G(D,A)=H(D)-H(D\mid A) \tag{6.6}$$

设在分类问题中，特征属性 A 上有 n 个取值 $a_i(i=1,2,\cdots,n)$，根据条件熵的定义，$H(D\mid A)=\sum_{i=1}^{n}p_iH(D\mid A=a_i)$，代表依据 A 的不同取值分类，得到的样本子集纯度的加权和。具体来说，使用属性 A 对样本集进行划分，设 D_i 为 D 中所有属性 A 取值为 a_i 的样本集，这样将原有的样本集划分为 i 个子集，每个子集都可以计算相应的信息熵，$H(D\mid A=a_i)=H(D_i)$，代表各子集的类别纯度。为了能够加权求和，接下来设定概率 p_i。在已知数据集的情况下，随机变量 A 的取值的概率分布可以用该值出现的次数与总样本量的比值来近似，即

$$p_i=P(A=a_i)=\frac{|D_i|}{|D|} \tag{6.7}$$

其中 $|D_i|$ 表示样本集 D_i 中的样本数，由此信息增益可以写成：

$$G(D,A)=H(D)-\sum_{i=1}^{n}\frac{|D_i|}{|D|}H(D_i) \tag{6.8}$$

下面举例说明信息增益的计算过程。从信息增益的角度分析两个特征变量“顾客年龄”x_1、“顾客性别”x_2 对于购买决策 y 的影响，其中 x_1 被离散化为三个取值 $x_1^{(1)}$，$x_1^{(2)}$，$x_1^{(3)}$，x_2 有两个取值 $x_2^{(1)}$，$x_2^{(2)}$。取值对应的样本所属类别的统计信息如表 6-3 所示，例如表中第二行的数据 3^* 表示在年龄属性上，取值为 $x_1^{(1)}$ 的样本总数为 3，其中属于购买（称为正类）的样本数为 1，不购买（负类）的样本数为 2。其他行含义同理。

表 6-3 信息增益计算示例

y	正	负	总和
全部样本	8	10	18
$x_1^{(1)}$	1*	2*	3*
$x_1^{(2)}$	3	4	7
$x_1^{(3)}$	4	4	8
$x_2^{(1)}$	3	1	4
$x_2^{(2)}$	11	3	14

首先，计算全部样本集合的信息熵，对应于表中第一行数据，共两个类别，占比分别为$\frac{8}{18}$和$\frac{10}{18}$，根据信息熵的公式，可以得到：

$$H(y)=-\left(\frac{8}{18}\times\log_2\frac{8}{18}+\frac{10}{18}\times\log_2\frac{10}{18}\right)\approx 0.991\ 076$$

接下来计算信息增益。在计算之前，先观察表中年龄属性 x_1 的三个取值对应的样本所属类别分布，可以发现，按照取值 $x_1^{(3)}$ 进行划分时，样本在仅有的两个类别中分布数量相同，没有占优势的类别，也就是按此取值划分，很难判定顾客是否购买，因此可以预判，按照取值 $x_1^{(3)}$ 划分得到的子集纯度应该是很低的。

计算信息增益的过程包括两个主要步骤。首先，计算每个取值对应的子集 D_i 的熵（对应表 6-3 中第二行到第四行的数据）：

$$H(x_1^{(1)})=-\left(\frac{1}{3}\times\log_2\frac{1}{3}+\frac{2}{3}\times\log_2\frac{2}{3}\right)\approx 0.918\ 296$$

$$H(x_1^{(2)})=-\left(\frac{3}{7}\times\log_2\frac{3}{7}+\frac{4}{7}\times\log_2\frac{4}{7}\right)\approx 0.985\ 228$$

$$H(x_1^{(3)})=-\left(\frac{4}{8}\times\log_2\frac{4}{8}+\frac{4}{8}\times\log_2\frac{4}{8}\right)=1$$

计算结果也表明，$H(x_1^{(3)})$ 值最大，纯度最低。

然后，依据上述子集 D_i 的熵，计算属性 x_1 的信息增益。

顾客年龄 x_1 的信息增益有：

$$\begin{aligned}G(y,x_1)&=H(y)-\sum_{i=1}^{3}H(y\mid x_1^{(i)})\\&=0.991\ 076-\frac{3}{18}\times 0.918\ 296-\frac{7}{18}\times 0.985\ 228-\frac{8}{18}\times 1\\&\approx 0.010\ 44\end{aligned}$$

其中，$\frac{3}{18}$、$\frac{7}{18}$、$\frac{8}{18}$分别是年龄属性的三个取值对应的样本数量占总样本数量的比例。

同理，顾客性别属性 x_2 中每个变量的熵为：

$$H(x_2^{(1)})=-\left(\frac{3}{4}\times\log_2\frac{3}{4}+\frac{1}{4}\times\log_2\frac{1}{4}\right)\approx 0.811\ 278$$

$$H(x_2^{(2)})=-\left(\frac{11}{14}\times\log_2\frac{11}{14}+\frac{3}{14}\times\log_2\frac{3}{14}\right)\approx 0.749\ 595$$

顾客性别 x_2 的信息增益为：

$$
\begin{aligned}
G(y, x_2) &= H(y) - \sum_{i=1}^{2} H(y \mid x_2^{(i)}) \\
&= 0.991\,076 - \frac{4}{18} \times 0.811\,278 - \frac{14}{18} \times 0.749\,595 \\
&\approx 0.227\,774
\end{aligned}
$$

通过比较，发现对比年龄，性别的信息增益更大。若扩展到构建决策树时选择哪个属性为优先考虑属性，从信息增益的概念来看，信息增益越大，说明使用此属性进行划分能够有更好的效果，即更多相似的样本被划分到同样的分支或叶节点中，得到的子集纯度更高。对应于上例中年龄和性别两个属性，在判断顾客是否购买时，应该优先选择按照信息增益更大的性别对样本进行分类，这时效果更好。决策树的构建过程和方法将在后面详细介绍。

4. 常见的决策树算法

有多种方法可以完成对决策树的构建，实现分类，有些方法完全基于前面介绍的信息增益，而有些方法则针对其不足对信息增益进行了改进。下面对常见的决策树算法进行介绍。

(1) ID3

ID3 是较早出现的决策树算法，它以前面介绍的信息增益的值为依据，每次选择在当前状态下信息增益最大的属性为下一步的划分属性。

(2) C4.5

直接用信息增益作为分类依据有不足的地方，特别是当一个属性有多个取值的时候。例如极端情况，顾客编号为每个顾客的标识属性，即每个顾客都在这个属性下有不同的取值，如果基于此属性判定顾客是否购买某产品，该属性的信息增益将很大。因为按照顾客编号这个属性的取值对样本进行划分，每个顾客的编号都是唯一的，因此划分后每个样本子集里只有一个样本，相应的纯度是 100%，导致决策树很庞大的同时，对于新顾客（即新的编号）并不能进行正确分类，所以顾客编号虽然信息增益最大，但不是合格的分类依据属性。事实上，信息增益对于可取值数目较多的属性有偏好，不消除这种偏好会影响分类效果。因此决策树算法 C4.5 在算法 ID3 的基础上进行了改进，提出了增益率的概念，增益率的公式为：

$$
\mathrm{G\_ratio}(D, A) = \frac{G(D, A)}{H_A(D)} \tag{6.9}
$$

其中 $H_A(D)$ 是数据集 D 对于特征 A 的值的熵，它的取值为：

$$
H_A(D) = -\sum_{i=1}^{n} \frac{|D_i|}{|D|} \log_2 \frac{|D_i|}{|D|} \tag{6.10}
$$

n 依然为属性 A 可能的取值个数，如果取值个数越多，那么虽然式（6.9）中 $G(D, A)$

的值会增大，但对应的 $H_A(D)$ 也会增大，由此增益率会降低，从而消除了取值数量多的影响。

不过，增益率可能又会对属性取值个数少的属性有一定的偏好，因此，C4.5 算法并不是直接选择增益率高的属性，而是先看信息增益，找出信息增益高于平均水平的属性，再在这些属性中找到增益率高的属性，然后进行划分。

(3) CART

CART（classification and regression tree，CART）为分类与回归树，从名称中可以看出，这一决策树既可以应用于目标属性为离散型的分类问题，也可以应用于目标属性为连续型的回归问题。CART 算法假设决策树是二叉树，即分支节点只有两个分支（“是”与“否”），决策树作为分类树和回归树时分别有不同的生成原则依据。下面分别介绍。

当决策树作为分类树，即判别的结果是样本属于哪个类别（例如是否购买）时，依据基尼（Gini）指数的大小选择分类所依据的特征属性。对于一个数据集 D 来说，其基尼指数可以理解为从数据集中随机选取两个样本，两者属于不同类别的概率。因此有：

$$\text{Gini}(D) = 1 - \sum_{k=1}^{K} \left(\frac{|D_k|}{|D|}\right)^2 \tag{6.11}$$

其中 K 为样本集合 D 中样本的类别数。

与信息增益类似，可以通过基尼指数分析一个属性 A 的已知取值对于数据集 D 的纯度的影响。由于 CART 是一个二叉树，意味着属性 A 对应的分支只有两个，因此，根据属性 A 是否取值为 a 将数据集分为两个子数据集，设 A 属性取值为 a 的数据集为D_1，A 属性取值不为 a 的数据集为D_2，那么此时在属性 A 已知的情况下，数据集 D 的基尼指数就定义为：

$$\text{Gini}(D, A) = \frac{|D_1|}{|D|}\text{Gini}(D_1) + \frac{|D_2|}{|D|}\text{Gini}(D_2) \tag{6.12}$$

当 CART 作为分类树时，生成决策树的过程即为每次选择使得基尼指数小的属性和该属性上的某一取值（a）作为依据进行划分。注意，CART 与之前的决策树的不同之处在于，CART 是二叉树，每一次划分的时候，除了要选择属性，还要选择该属性的某一个值作为对该属性二分的依据。

当 CART 作为回归树，即判别的结果为具体的数值（例如产品销量）时，生成树的依据是回归树输出的预测值与实际值的误差平方和最小。CART 回归树建立的基本逻辑如下：对每个特征属性 A，遍历其所有可能的取值 $a_i(i = 1,2,\cdots,n)$ 分别作为切分点，依次按照样本在属性 A 上的取值大于等于或小于a_i，将原始样本集划分为两个子集，两个子集中的样本分别在目标属性上取值的均值便为模型在相应分支上输出的预测结果。这样就可以计算出按照当前切分点构建决策树进行预测时的误差平方和，基于误差的比较，最终选取使得误差平方和最小的变量和该变量的取值作为当前节点的划分依据。

5. 决策树的剪枝

在决策树的生成过程中，可能会为了得到更好的分类效果，提高每个分支下子集的纯度，这样很容易导致决策树的分支过多，虽然当前样本可以很好地分类，但是却导致过拟合，泛化能力下降，即对其他样本不能得到好的分类效果。“剪枝”是决策树为了解决可能的过拟合问题采用的方式，从剪枝与树生成的先后顺序来看，决策树的剪枝可以分为“预剪枝”与“后剪枝”。“预剪枝”是在决策树构建过程中剪枝，“后剪枝”是在决策树生成后，自底向上剪枝。

（1）预剪枝

预剪枝的思想是从空集开始增加分类属性节点，每次选择一个属性时，需要判断随着该属性被加入决策树，决策树在测试集上的表现（分类准确度）有没有变优，如果变优，则将该属性加入决策树。加入新节点的过程中，当满足如下三个条件时，决策树的构建就停止了。第一，决策树达到某个深度，即已经包含了足够多层的分支节点，为避免过拟合（即分析现有样本过细），不再继续划分；第二，当前节点分支下的样本数量小于某个阈值，这个分支下直接建立叶节点，不再继续划分，再划分将降低决策树的代表性，产生过拟合；第三，对于准确度的提升是否满足要求，如果没有满足，则停止构建。

（2）后剪枝

后剪枝的思想是先基于所有属性生成一棵完整的树，这棵树上最终叶节点的分类纯度是100%。然后自底向上假定某一个分支下面的子树被叶节点替代，计算此时在测试集中决策树的分类准确率有没有变化。如果分类准确率增加或者没有降低，则剪枝，用叶节点代替子树，叶节点的类别由相应样本集合中占多数的类别决定。

（3）预剪枝与后剪枝的比较

预剪枝思想直接，算法简单，然而在增加属性节点的过程中，可能该属性目前被加入决策树中没有使泛化能力增强，但是接下来其他一些属性的加入会增强此属性对泛化能力的贡献，而预剪枝会在其他属性被加入之前就把该分枝剪掉，所以预剪枝容易出现“欠拟合”的现象，对特征的学习不足，得到的决策树分类性能不高。后剪枝是生成整个决策树后才剪枝，因此其不容易出现该现象，但是所用时间要比预剪枝多，算法也更复杂。

除了考虑泛化能力外，也有剪枝算法同时考虑决策树的信息增益和树的复杂度（如树的节点个数），并作为决策树生成过程中的判断标准。

6. 决策树小结

总体来看，构造一个决策树主要分为三步：特征选择、生成树、剪枝。特征选择的目的是选取最有效地对数据集分类的特征。本部分介绍了信息增益、增益率、基尼指数作为评价有效分类的标准，虽然三种计算方法不同，但都衡量了某个特征对于数据集分类影响的大小。决策树的生成通常是以最大化信息增益、最大化增益率或者最小化基尼指数作为选择的特征，从根节点开始，递归生成决策树，不断将训练集进行分割。最后，为了防止过拟合，增强决策树的泛化能力，需要进行决策树的剪枝。

决策树的主要优点包括：易于理解并且在很多情况下可以进行可视化，比其他分类模型更为清晰地表述分类过程和结果；可以同时实现特征选择，即特征工程中介绍的嵌入式方法，在构建决策树的过程中同时完成了分类和特征选择；一般不需要对数据预处理；可以处理数值变量和分类变量（CART树）；可以处理多值分类问题；结果具有一定的可解释性。

但是决策树也存在一些缺点，包括：较容易过拟合；决策树不是很稳定，一个比较小的变异就可能产生一个不同的树；如果某一个分类在数据集中较占优势，生成的决策树就可能会有偏差，需要数据的平衡；决策树只能依据当前的标准选择最好的分类属性，但不能保证最后的整棵树是最优的。

第四节　贝叶斯算法

在基于特征属性对研究对象分类时，可以通过比较概率的大小来进行，考虑满足特征属性要求的样本属于不同类别的概率，将概率最大的类别判定为样本的类别。例如，顾客年龄为19岁，年消费额为3 000元，送货地点为北京市海淀区，顾客的职业属于学生的概率要大于属于公务员的概率。贝叶斯算法就是基于概率进行分类的算法，它会将上述顾客的职业判定为学生。

1. 贝叶斯概率

长久以来，人们将概率视为一种频率，认为概率是相同事物发生的频率大小，不同的人对同一事物概率的认知是相同的，就像不同的人掷硬币得到正反面的概率是相同的，即概率是客观的。基于对概率的客观频率认知，人们设计了随机样本的各种概率分布来描述客观世界，如均匀分布、正态分布、卡方分布、泊松分布、t分布等，并应用到不同的研究问题中。20世纪60年代，贝叶斯统计理论被创立，拓展了人们对于概率的认知。贝叶斯理论认为，人们基于自己已有的认知，对事物发生的可能性有自己的判断，这被称为先验知识。不同人得到的概率判断不同，即概率是主观的。比如，在没有了解产品的相关信息之前，某个决策者根据自己的经验认为该产品畅销的概率为70%，而另外一位高管的判断是60%。随着不断观察或收集到更多样本和结果，人们不断地修正对事物的认识，形成后验分布，这称为后验知识。

2. 贝叶斯公式

应用贝叶斯方法分类时，需要根据已知特征属性取值，获取样本属于各类别的概率，即后验分布的大小，通过比较概率大小判定样本最终所属的类别。接下来介绍这个后验分布的计算基础——贝叶斯公式。

贝叶斯公式的一般形式是：

$$P(A \mid B)=\frac{P(B \mid A)P(A)}{P(B)} \tag{6.13}$$

其中 $P(A|B)$ 代表当已知 B 发生时，事件 A 发生的概率，是 A 的后验概率；同理，$P(B|A)$ 是指当事件 A 发生时，事件 B 发生的概率。

在分类问题情景下可以这样理解贝叶斯公式。设共有 n 种可能的类别 $y=\{y_1,y_2,\cdots,y_n\}$，每个训练样本在 m 个特征属性中取值，为 $\{x_1,x_2,\cdots,x_m\}$，那么样本属于某个类别 y_i 的概率为 $p(y_i \mid x_1,x_2,\cdots,x_m)$，描述了样本的 m 个属性取相应值时，属于类别 y_i 的概率。样本最终被判定属于类别y_d，基于 y_d 是后验概率最大值对应的类别：

$$p(y_d \mid x_1,x_2,\cdots,x_m)=\max_{1\leqslant i\leqslant n} p(y_i \mid x_1,x_2,\cdots,x_m) \tag{6.14}$$

利用贝叶斯公式（6.13）中介绍的后验概率计算方法，可以将样本属于类别 y_i 的后验概率写成：

$$p(y_i \mid x_1,x_2,\cdots,x_m)=\frac{p(y_i)p(x_1,x_2,\cdots,x_m \mid y_i)}{p(x_1,x_2,\cdots,x_m)} \tag{6.15}$$

其中 $p(y_i)$ 指的是类 y_i 的先验概率，$p(x_1,x_2,\cdots,x_m \mid y_i)$ 指的是已知样本类别是 y_i 时，样本特征的各属性值 x 出现的概率，称为样本 x 相对于类别 y_i 的条件概率。从计算 $p(y_i \mid x_1,x_2,\cdots,x_m)$ 的式（6.15）中可以发现，等式右边的分母部分对于给定样本 x 是不变的，也就是说，在比较给定样本属于不同类别的概率时，这个值是不变的，因此不需计算。由此对于后验概率的比较，实际上是比较式（6.15）的分子的大小，即先验概率 $p(y_i)$ 和类条件概率 $p(x_1,x_2,\cdots,x_m \mid y_i)$ 的乘积。通常在有很多样本时，先验概率 $p(y_i)$ 可以用类别 y_i 在样本中的频率代替，即设 T 为全部样本，$|T|$ 表示样本量。设 $T_i=\{y=y_i\}$，代表属于类别 y_i 的样本，那么有：$p(y_i)=\frac{|T_i|}{|T|}$。类条件概率 $p(x_1,x_2,\cdots,x_m \mid y_i)$ 代表在类别为 y_i 的样本中，同时出现各特征属性值的概率。

为了更好地理解上述概念在具体的分类问题中是如何应用的，下面结合表 6－4 中的示例进行说明。表 6－4 中列出了若干个用于顾客分类的训练样本，包括这些顾客在各特征属性上的取值以及实际所属的类别。基于这些训练样本，目标是基于顾客 Z 的各属性值（年龄＜＝25、收入中等、是学生、以往没有购买过），判定他是否会购买。

表 6－4　贝叶斯计算示例

年龄（x_1）	收入（x_2）	是否学生（x_3）	以往曾经购买（x_4）	是否购买（y）
＜＝25	高	否	否	否
＜＝25	高	否	是	否
26～40	高	否	否	是
＞＝41	中	否	否	是

续表

年龄 (x_1)	收入 (x_2)	是否学生 (x_3)	以往曾经购买 (x_4)	是否购买 (y)
>=41	低	是	否	是
>=41	低	是	是	否
26～40	低	是	是	是
<=25	中	否	否	否
<=25	低	是	否	是
>=41	中	是	否	是
<=25	中	是	是	是
26～40	中	否	是	是
26～40	高	是	否	是
>=41	中	否	是	否

首先，可以计算出每个类别的先验概率 $p(y_i)$，通常会用类别 y_i 在所有样本集合中的频率来代替。观察表 6－4 的最后一列标明的样本类别，在 14 个样本中，属于“是”的有 9 个，属于“否”的有 5 个，于是本例中两个类别的先验概率分别为 $p(y_1)=\frac{9}{14}=0.643$，$p(y_2)=\frac{5}{14}=0.357$。然后，计算顾客 Z 在两个类别下的类条件概率 $p(x_1=\text{“}<=25\text{”}, x_2=\text{“中”}, x_3=\text{“是”}, x_4=\text{“否”} \mid y_i)$。

类条件概率的计算是后验概率计算的难点，因为各特征之间是否相关决定了不同的计算方法。在计算类条件概率的过程中是否考虑各特征之间的相关性产生了不同的贝叶斯算法，下面将做介绍。

3. 朴素贝叶斯算法

$p(x_1, x_2, \cdots, x_m \mid y_i)$ 表示的是某个类别下样本所有属性的联合概率，要想准确计算，需要确定各特征之间的关系。实际上，很难从有限的样本中估计各个特征之间的关系，因此为了避开这一问题，朴素贝叶斯算法假设所有属性之间是相互独立的，被称为“属性条件独立性假设”，即每个属性独立地对类别产生影响。那么就有

$$p(x_1, x_2, \cdots, x_m \mid y_i)=\prod\nolimits_{j=1}^{m} p(x_j \mid y_i) \tag{6.16}$$

由此便可以计算后验概率 $p(y_i \mid x_1, x_2, \cdots, x_m)$ 的分子部分。最后，在后验概率中选择 $\max\limits_{1 \leqslant i \leqslant n} p(y_i \mid x)$ 对应的类别，判定其为样本所属的类别。

继续完成表 6－4 中的示例。首先计算顾客 Z 的四个特征取值对于每个类别的类条件概率，即在特定类别的样本中属性值为某个值的样本比例。以类别为“是”即 y_1 为例，共有 9 个样本，其中在年龄特征 x_1 中取值“<=25”的有 2 个，即 $p(x_1=\text{“}<=25\text{”} \mid y_1)=\frac{2}{9} \approx 0.222$，同理可得 $p(x_2=\text{“中”} \mid y_1)=\frac{4}{9} \approx 0.444$，$p(x_3=\text{“是”} \mid y_1)=\frac{6}{9} \approx 0.667$，

$p(x_4=\text{“否”}\mid y_1)=\frac{6}{9}\approx 0.667$，于是顾客 Z 在类别“是”下的类条件概率为：

$$\begin{aligned}&p(x_1=\text{“<= 25”},x_2=\text{“中”},x_3=\text{“是”},x_4=\text{“否”}\mid y_1)\\&=0.222\times 0.444\times 0.667\times 0.667\approx 0.044\end{aligned}$$

同理，可以计算出顾客 Z 在类别“否”下的类条件概率约为 0.019。正如前面说明的，样本的类别判定在于比较式（6.15）的分子，在本例中，

$$p(y_1)p(x_1,x_2,\cdots,x_m\mid y_1)=0.643\times 0.044\approx 0.028$$

$$p(y_2)p(x_1,x_2,\cdots,x_m\mid y_2)=0.357\times 0.019\approx 0.007$$

即顾客 Z 各属性取值对于类别 1 的后验概率更高，被判定属于类别 1。

通过上述过程的介绍可以发现，贝叶斯算法的计算过程需要遍历样本，这在一定程度上影响了效率。在应用时，如果对于速度有较高要求，就可以根据已有样本将所有可能的属性取值组合起来，计算出所属类别的概率值并预先存储，有待预测的实例时，可以直接查询已有结果进行输出。当对速度没有很高的要求时，贝叶斯算法不需要提前训练，只需要有待预测样本时，遍历所有样本进行计算并得出结果。

朴素贝叶斯还有一个需要注意的问题，即如果待预测样本中某一个属性的值没有在某一个类别中出现过，即类别是 y_i 的样本中，第 j 个属性没有出现过 x_j 这个值，那么 $p(x_j\mid y_i)$ 为 0，$p(x_1,x_2,\cdots,x_m\mid y_i)=\prod_{j=1}^{m}p(x_j\mid y_i)=0$，意味着对于第 j 个属性取值为 x_j 的待预测新样本，无论其他属性的取值如何，都不会判定为属于第 i 类。为了避免这一现象，在估计概率时通常用式（6.17）所示的方法进行修正，即设 N 为样本集 T 中的类别数，设 N_j 为第 j 个属性的取值个数，那么 $p(y_i)$ 和 $p(x_j\mid y_i)$ 的取值为

$$\hat{p}(y_i)=\frac{|T_i|+1}{|T|+N},\ \hat{p}(x_j\mid y_i)=\frac{|T_{i,x_j}|+1}{|T_i|+N_j}\tag{6.17}$$

由此，即便 $|T_{i,x_j}|=0$，$\hat{p}(x_j\mid y_i)$ 也不等于 0，这样避免了如果有一个属性值没有在某一类别中出现过，但是其他属性都符合这一分类却没有被正确分类的情况。

4. 非朴素贝叶斯算法

正如前面提到的，朴素贝叶斯算法假设所有属性之间是相互独立的，但是在现实分类任务中，这样的假设很难实现，属性之间总有一些关联。为了对这一假设做一定的放松，基于朴素贝叶斯算法，产生了“半朴素贝叶斯”算法，这一类算法的基本想法是考虑一些比较强的属性之间的依赖关系，并不考虑全部属性之间的所有依赖关系。常见的方法有 SPODE 算法、TAN 算法、贝叶斯网等。

在 SPODE 算法中，假设有一个特征属性与其他所有特征属性有依赖关系，这个属性称为父属性，比如 x_1，那么依据属性值进行分类判断的概率公式为：

$$p(y\mid \boldsymbol{x})\propto p(y)\prod_{j=1}^{m}p(x_j\mid y,x_1)\tag{6.18}$$

对每个属性特征都进行上述计算，通过比较确认父属性之后，对后验概率进行修正。

TAN 算法将属性之间的依赖关系化为树形结构，将任意两个属性之间的条件互信息（代表相关性大小）作为两个变量之间的权重，然后利用最大带权生成树保留强相关属性的依赖性，经过依赖性确认后，再利用贝叶斯公式继续计算。

贝叶斯网利用有向无环图和条件概率表来计算属性之间的联合概率分布。贝叶斯网中的属性可以依赖不止一个属性。

5. 贝叶斯算法小结

贝叶斯算法的优点是过程简单，基于概率算法，容易理解；对于多分类问题或实时分类问题，贝叶斯算法有很好的表现；随着样本可能的分类的增加，算法效率依然有保障，复杂度并没有大幅度上升；如果现实中某一分类任务能够满足属性之间相互独立的假设，朴素贝叶斯算法就能够简单又快速地解决分类。

贝叶斯算法也有缺点，如贝叶斯算法的概率结果主要用于比较大小，真实值没有太多的意义，而且现实生活中能够满足条件独立性假设的问题很少，属性之间往往有共线性，如果考虑到所有属性之间的共线性，贝叶斯算法很难求出所有变量的概率分布。

第五节　k 最近邻算法

之前介绍的分类方法有一个共同的特点，都是根据已有的数据训练一个分类标准，当有新的数据时，将其与类别标准进行对比，可以得到新数据的分类结果。例如，在决策树中根据属性“顾客的收入>=15 万元”，则判断顾客会购买此产品。k 最近邻算法（k-nearest neighbor，KNN）与这些方法不同，它无须事先确定好分类标准，直接将新数据的特征属性与已有的数据进行对比，找到相近的样本，根据这些样本的表现判定新数据的类别。

1. 基本 k 最近邻算法

k 最近邻算法是一种直观的、基本的分类算法，它的思想是“物以类聚，人以群分”，已知一个训练集 T 和一个待预测样本 x ，算法在训练集 T 中找出与 x 距离最近的 k 个样本，这 k 个样本多数属于某一个类别，那么判定待预测样本 x 也属于这一类别。例如，比较新顾客的多个属性取值与已有样本集中属性取值的相近程度，选择最接近的 $k=5$ 个顾客，这 5 个顾客中有 4 个顾客都属于购买顾客样本类，则判断新顾客也属于此类。

这个算法比较“懒惰”，没有明显的模型训练过程，起始对样本没有任何计算，当有需要预测的样本时，才开始根据样本判断它所属的类别。相似的还有贝叶斯学习，但是贝叶斯学习根据速度要求既可以提前训练，也可以懒惰学习。

2. k 最近邻算法的三个基本要素

根据 k 最近邻算法的描述，想要找到 k 个最近邻，意味着需要确定三个基本要素：最近邻如何定义，即样本之间相似性的度量；取多少个最近邻，即数量 k 的选择；如何根据最近邻确定目标样本类别，即分类决策规则。当这三个基本要素确定后，模型就唯一确定了，即待预测样本的类别属性也唯一确定了。

（1）相似性的度量

样本的相似性一般基于样本间的距离进行度量。有许多常见的不同的距离计算方法，不同的距离可能会导致不同的分类结果。

欧几里得距离（欧氏距离）衡量的是欧几里得空间中两点间的直线距离，设两个有 n 个特征的样本 $x,y\in R^n, x=(x_1,x_2,\cdots,x_n), y=(y_1,y_2,\cdots,y_n)$，那么它们之间的距离定义为：

$$d(x,y)=\sqrt{(x_1-y_1)^2+\cdots+(x_n-y_n)^2}=\sqrt{\sum_{i=1}^{n}(x_i-y_i)^2} \tag{6.19}$$

在分类问题中，x_i，y_i 代表样本实例 x 和实例 y 在第 i 个属性特征上的取值，欧几里得距离衡量了两个样本的相似度。将欧氏距离的计算一般化，可以得到闵可夫斯基距离（闵氏距离）：

$$d_{mi}(x,y)=\sqrt[p]{\sum_{i=1}^{n}|x_i-y_i|^p} \tag{6.20}$$

显然，欧式距离是闵氏距离当参数 $p=2$ 时的特例。除了方差，还可以从绝对值的角度衡量距离，得到切比雪夫距离，它是用两个样本点之间差异最大的那个属性的距离来代表样本距离：

$$d_c=\max_i|x_i-y_i| \tag{6.21}$$

除此之外，还有曼哈顿距离，它衡量了样本在各个属性取值差异的均值，计算公式为：

$$d(x_i,y_i)=\frac{1}{n}\sum_{k=1}^{n}|x_{ik}-y_{ik}| \tag{6.22}$$

迄今为止，距离描述的是样本属性数值之间的真实距离，距离测量默认了不同的分量量纲相同，但这导致该计算方法在结果的大小上会受到数值较大的属性的影响，即该计算方法与特征属性单位之间有很大的关系。例如，从（年龄，年收入）两个属性评价顾客的相似性，顾客 A 取值为（25，100 000），顾客 B 取值为（40，200 000），如果在预处理阶段没有进行标准化处理，这两个顾客在年龄特征上的差异会远小于年收入特征上的差异，也就是说，顾客的相似性将会完全由年收入的大小来决定，从而导致年龄属性被错误忽略，影响分类结果。基于这样的问题，产生了标准欧式距离的计算方法。

标准欧氏距离的主要思想是对标准化后的特征数据计算距离。首先对原始样本数据按照特征进行标准化，使得标准化后的样本在各个特征上取值的数学期望为 0、方差为 1。同样对于两个实例 a 和 b，通过各个属性特征的取值得到向量（$x_{a1},x_{a2},\cdots,x_{an}$）和（$x_{b1},x_{b2},\cdots,x_{bn}$），第 k 个属性特征的标准差为 s_k，则它们之间的标准欧式距离为：

$$d(a,b)=\sqrt{\sum_{k=1}^{n}\left(\frac{x_{ak}-x_{bk}}{s_k}\right)^2} \tag{6.23}$$

虽然标准欧氏距离能够解决数据在量纲上的问题，但是它将实例的不同属性之间的差别同等看待，没有考虑相关性。而下面介绍的马氏距离在评价两个样本的距离时，考虑到了特性之间的相关性，同时去除了特征的不同量纲的影响。

马氏距离衡量了数据的协方差距离，借助如下符号进行距离计算。数据样本集中有 M 个样本，每个样本在各个特征上的取值形成向量 $X_1 \sim X_m$，其中协方差矩阵为 S，则任何两个实例 X_i 和 X_j 之间的马氏距离为：

$$d(X_i, X_j) = \sqrt{(X_i - X_j)^{\mathrm{T}} S^{-1} (X_i - X_j)} \tag{6.24}$$

在实际问题中，可以根据不同的研究要求选取合适的距离度量算法。同时应该注意到，不同的距离度量方法可能导致不同的结果。例如：有三个样本 $a(2,2)$，$b(6,2)$，$c(5,5)$，如果以欧式距离来算，样本 b 是样本 a 的最近邻，但是如果以切比雪夫距离来判断，则样本 c 是样本 a 的最近邻。

（2）最近邻数量 k

除了距离计算，显然最近邻数量 k 值的选择不同，k 最近邻算法分类的结果也会不同。极端情况，$k=1$，新样本的种类就由与其最接近的一个样本的类别决定；而 k 最大可以等于所有样本数量，则新样本的种类是训练集中占多数的种类。为了衡量不同的 k 值对于模型的影响，引入“近似误差”（approximation error）和“估计误差”（estimation error）两个指标。近似误差可以理解为对训练集的训练误差，估计误差可以理解为对测试集的测试误差。训练样本的数量较多，如果 k 值较小，训练样本就会被分割为很多区域，会按照更接近的样本进行类别判定，模型在近似误差上的表现较好。但是测试样本的数量通常是比较少的，k 值较小，只有很少几个样本被考虑在内，特别是如果这几个样本中有噪声数据，对于最终结果的影响会很大，增加了模型的估计误差。总之，当 k 较小时，估计结果对于训练样本很敏感，由于将样本集分为较多的区域而导致模型过拟合。

相反地，当 k 值较大时，减少了模型的估计误差，某个或某几个噪声数据很可能不会影响最终结果，但是增加了模型的近似误差，整个训练集被分为很少的区域，区域中距离待预测样本较远的训练样本也对结果产生了影响。因此，综上来看，选择合适的 k 值对于模型来说十分重要，通常 k 值都比较小，一般采用交叉验证法选取较优的 k 值。

（3）分类决策规则

对于分类决策规则，一般情况下都是选择多数表决法，即样本的 k 个近邻中，较多的样本属于某一类别，就判定待预测样本也属于这一类别。

3. 改进最近邻算法：kd 树的构造

在 k 最近邻的计算中，需要遍历一次所有的样本，找到最近的样本，但是当样本量很大时，这一方法十分耗时，那么是否可以先进行一定的处理，再计算样本的 k 个近邻呢？方法有很多，较常用的方法是构造 kd 树。

kd 树是一个二叉树，即树中每个节点只有两个分支。kd 树将具有 k 个特征的样本点进行划分，建立树状数据结构。从而在此基础上寻找最近邻时，快速遍历符合条件的样本，而不需要遍历所有样本。从空间来看，kd 树在构建过程中，根据已有的样本点，不断用垂直于某一坐标轴的超平面来对空间进行划分，划分成很多个 k 维超矩形空间，树的每一个节点都对应着一个超矩形空间。

构造 kd 树有很多方法，这里介绍其中一种平衡树的构造。假设样本集 $T=\{x_1,x_2,x_3,\cdots,x_N\}$，即有 N 个样本，其中 $x_i=(x_i^1,x_i^2,x_i^3,\cdots,x_i^k)$，即每个样本在 k 个特征上有取值。下面结合具体的示例，说明平衡树的构造过程。假设顾客分类样本数据集 T 有 7 个顾客数据样本。顾客有年龄和收入两个特征属性，这两个属性都做了离散化和规范处理，取值范围是从 1 到 8 的整数。样本集的具体信息为 $T=\{(1,8),(2,3),(5,7),(3,4),(6,5),(4,2),(8,6)\}$。

如前所述，kd 树是一个二叉树，一般基于公式 $l=j(\bmod k)+1$ 进行划分维度的选择。其中 j 为待划分节点在二叉树中的深度，二叉树的建立从根节点开始，对应 $j=0$，并依次增加；k 是样本的特征数量，在本例中 $k=2$；根据上述公式，可以计算出对于深度为 j 的节点，应该选择哪个维度 l 进行二叉树的切分，即选择 x^l 为切分的坐标轴。下面结合示例，具体介绍构造 kd 树的过程。

首先构造根节点，此时 $j=0$，相应地，$l=j(\bmod k)+1=1$，即以第一个属性 x^1 进行切分。进而计算所有样本在这一坐标轴上的取值 x_i^1 的中位数，得到对应的样本为x_t，则 x_t 为二叉树的根节点。在本例中，以第一个属性为坐标轴，即图 6-4 中的横坐标，各个样本在这个属性取值（横轴）的中位数是 4，对应的样本是（4，2）。如果中位数对应的样本有多个，或者有两个中位数时，任取一个样本作为根节点。

确定了根节点，即第一个切分点，即可以做垂直于坐标轴x^1且通过样本 x_t 的超平面，将 k 维空间划分为两个区域。在本例中，做过（4，2）且垂直于横轴的直线，将矩形 8×8 划分为两个区域，于是节点（4，2）的左节点包括样本{（1，8），（2，3），（3，4）}，右节点包括样本{（5，7），（6，5），（8，6）}，如图 6-4 所示。相应地，在 kd 树中意味着在根节点的基础上划分出了两个子节点，左节点对应的样本的 x_i^1 取值小于x_t^1，右节点对应的样本的x_i^1取值大于x_t^1。图 6-5 为 kd 二叉树中的根节点以及相应的分支。

之后，对左右两个区域继续进行切分。根据公式选择 x^l 为切分的坐标轴，计算对应的区域中所有样本在该坐标轴上取值的中位数，设对应的样本x_{tj}为下一个切分样本点。然后做垂直于坐标轴 x^l 并通过样本 x_{tj} 的超平面，将该节点再划分为两个区域，作为其左区域和右区域。在本例中，考虑左区域中的样本{（1，8），（2，3），（3，4）}，此时 $j=1,k=2$,则 $l=2$。以第二个属性即竖轴为坐标轴，在这一坐标轴上，左区域样本取值的中位数为 4，对应的样本为（3，4），于是（3，4）为根节点左侧区域的切分点。做过点（3，4）且垂直于竖轴的直线，将左侧区域 4×8 切分为两个区域，如图 6-4 所示。相应地，在图 6-5 所示的 kd 二叉树中，根节点左侧的分支节点确定为（3，4），其左侧子节点包含样本（2，3），右侧子节点包含样本（1，8）。

同理，对右节点也可以做类似分析。最后递归，直至所有新划分的区域没有样本时结束，即所有样本数据点都在某个切分线上。空间划分的过程也是 kd 树构建的过程，本例中最终得到了如图 6－5 所示的 kd 二叉树。

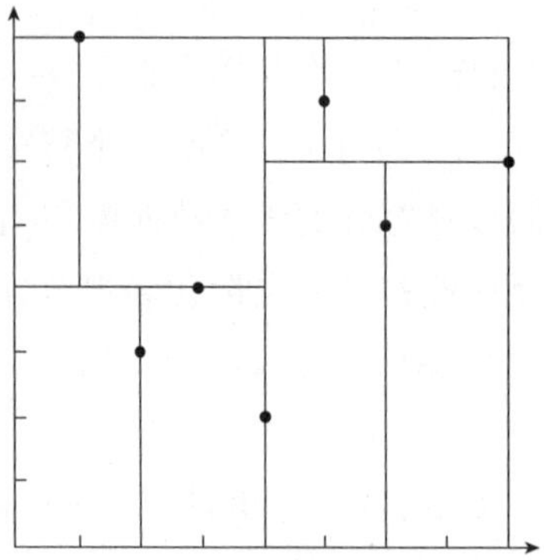

图 6－4　空间的划分

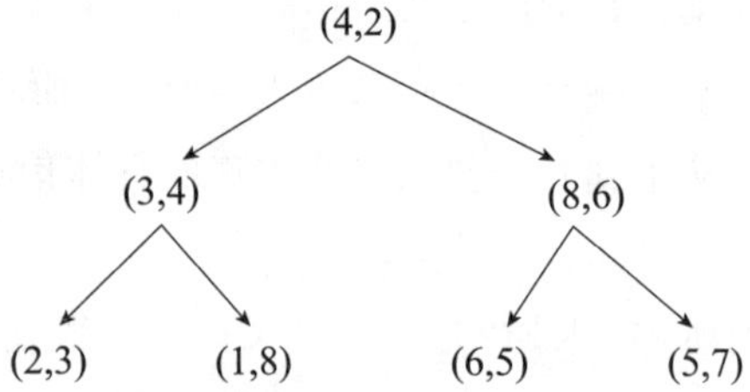

图 6－5　kd 树示例

之前提到过构造 kd 树可以加快搜索的速度，那么构造 kd 树后，如何搜索一个样本的近邻呢？这里以搜索 $k=1$ 最近邻即搜索与该样本距离最近的样本为例，结合示例介绍搜索过程。

首先，根据 kd 树找到待预测样本对应的叶节点。具体方法为：从根节点开始，依次根据划分规则找到一个叶节点，此节点所在的区域包含待预测样本对应的叶节点，则这个叶节点为当前最近邻节点。假设现在要寻找一个新样本（2.7，3.9）的最近邻，依据图 6－5 已经构建好的 kd 树，从根节点开始，得出该样本点落在叶节点（2，3）对应的区域内。

接下来，需要确认是不是最近邻。在 kd 树中将当前最近的叶节点递归地向上回退，看其父节点或父节点的其他子节点距离待预测样本是否比当前最近邻节点更近，如有，则更新当前最近邻节点。具体来说，以待预测样本为中心，以距离当前最近邻样本的距离为半径构造一个超球体，如果有节点比当前最近邻点更近，那么它一定落在超球体内，可以通过检查某一节点对应的区域与这一超球体有没有相交来判断。如图 6－6 所示，以 A 节点（2.7，3.9）为圆心，以其与当前最近邻（2，3）的距离为半径做圆，并回退节点（2，3）到其父节点（3，4），判断父节点（3，4）和父节点的其他子节点（1，8）是否距离 A 更近，结果发现节点（3，4）落在了圆中，于是更新当前最近邻节点为（3，4）。

继续向上回退，直至回退到根节点，递归结束，当前最近邻节点即为待测样本的最近邻节点。在示例中，继续后回退到（3，4）的父节点（4，2）和父节点的其他子节点（8，6），但是由于（3，4）距离 A 比（4，2）距离 A 更近，且（8，6）所在区域与该圆没有任何交点，当前最近邻被更新为（3，4）。由于将（3，4）再回退便已回退到根节点，故递归结束，得出 A 节点的最近邻节点为（3，4）。

可见基于 kd 树进行最近邻的查询时，不需要每次遍历所有样本计算距离，算法效率

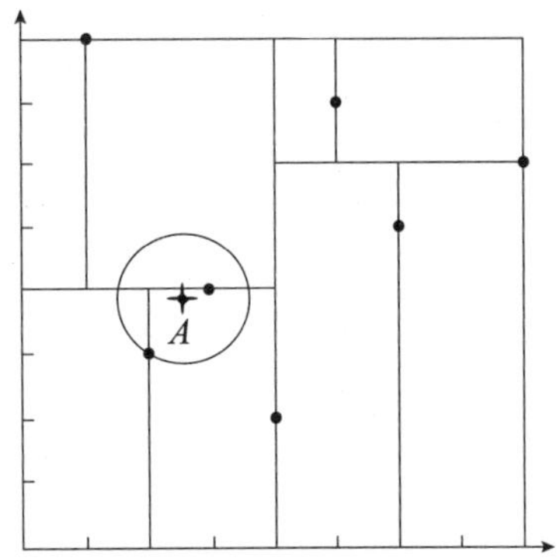

图 6-6　基于 kd 树分类

会得到提升。

4. k 最近邻算法小结

k 最近邻算法简单，易于理解，算法没有参数估计，不需要训练，所以速度快；如果 k 值的选择恰当，那么 k 最近邻算法对于异常值不太敏感，而且可以应用于多分类问题，也比较适合对一些稀有事件进行分类。

但是 k 最近邻算法也有一些缺点，它不能像回归模型那样能够解释哪个属性对于最终的结果影响较大，而且 k 值的选择是一个难点，很难直接找到最优的 k 值，一般会通过设置多个 k 值来不断比较的方式确定对于当前样本最优的 k 值。

第六节　支持向量机

支持向量机（support vector machine，SVM）是一种常见的监督式二分类算法，特别适合解决样本数量较少、特征维度较多及非线性的二分类问题，而且实践证明，此方法的准确率通常对比其他机器学习的方法高。在遇到商务数据分类时，特别是所描述的是非线性关系时，支持向量机是经常被采用的一种方法。

1. SVM 基本原理

图 6-7 中有两类节点，分别代表正负两种样本，现尝试用一个超平面将样本分类，使超平面的两侧分别为两类不同的样本。假设超平面表示为：

$$\omega^{\mathrm{T}}x+b=0 \tag{6.25}$$

这个超平面如果能够完成分类任务，则对给定的输入 x_i，$\omega^{\mathrm{T}}x_i+b$ 的结果与相应分类值 y_i 之间应存在如式（6.26）所示的关系，其中 n 为总的样本个数：

$$\begin{cases}\omega^{\mathrm{T}}x_i+b\geqslant 0, & y_i=1\\ \omega^{\mathrm{T}}x_i+b<0, & y_i=-1\end{cases},i=1,2,\cdots,n \tag{6.26}$$

图 6-7 中有三条直线都可以将两类样本分开，那么它们之间有优劣之分吗？或者说

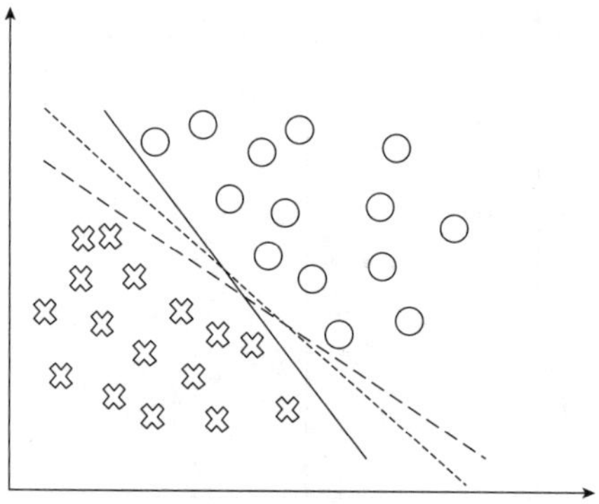

图 6-7 超平面图示

是不是存在最优的超平面呢？将这三条直线相比，我们直观上会认为中间的更好，因为它不仅可以将两类样本分开，而且与样本的距离较大，这样就能够接受一定程度上的样本取值波动，即样本数值发生些许变化，所属的类别并不会发生改变。实际上，支持向量机建立最优模型的基本逻辑是找到一个间隔最大的超平面，即样本点与其距离越大越好的超平面。某个样本点 (x_i, y_i) 与超平面的距离为 $|\omega^{\mathrm{T}} x_i + b|$，基于超平面的分类公式（6.26）中 $\omega^{\mathrm{T}} x + b$ 的取值与输出项的正负关系，可以定义式（6.27）所表示的点 (x_i, y_i) 到超平面的间隔：

$$\widehat{\gamma_x} = y(\omega^{\mathrm{T}} x + b) \tag{6.27}$$

而一个超平面的间隔则为所有样本 (x, y) 距离超平面的间隔中的最小值，超平面间隔，也被称为函数间隔，见式（6.28）：

$$\widehat{\gamma} = \min_x \widehat{\gamma_x} \tag{6.28}$$

根据上述间隔计算公式，可以发现当 ω, b 成倍变化时，间隔也成倍变化，但是 $\omega^{\mathrm{T}} x + b = 0$ 同 $k\omega^{\mathrm{T}} x + kb = 0$ 实际代表的是同一个超平面，因此需要消除这种倍数的影响。相应地，在支持向量机中，定义了几何间隔，公式为：

$$\widetilde{\gamma_x} = \frac{y(\omega^{\mathrm{T}} x + b)}{\|\omega\|} \tag{6.29}$$

根据式（6.28）找到几何间隔最小的值 $\widetilde{\gamma}$，支持向量机训练参数的目标就是最大化这个几何间隔，即

$$\max_{\omega, b} \widetilde{\gamma}_x = \max_{\omega, b} \min_x \frac{y(\omega^{\mathrm{T}} x + b)}{\|\omega\|} \tag{6.30}$$

直接求解几何间隔比较困难，通常会做一些不影响最终结果的变换，简化求解过程。通过调整 ω，b 的值使得函数间隔为 1，即最近的点距离超平面的距离为 1，超平面分类公式变为：

$$\begin{cases} \omega^{\mathrm{T}} x_i + b \geqslant 1, & y_i = 1 \\ \omega^{\mathrm{T}} x_i + b \leqslant -1, & y_i = -1 \end{cases}，即 y_i(\omega^{\mathrm{T}} x_i + b) \geqslant 1 \tag{6.31}$$

距离超平面最近的样本，即在函数间隔为 1 的直线上的样本，被称为“支持向量”

(support vector)，即图 6-8 中的实心样本。

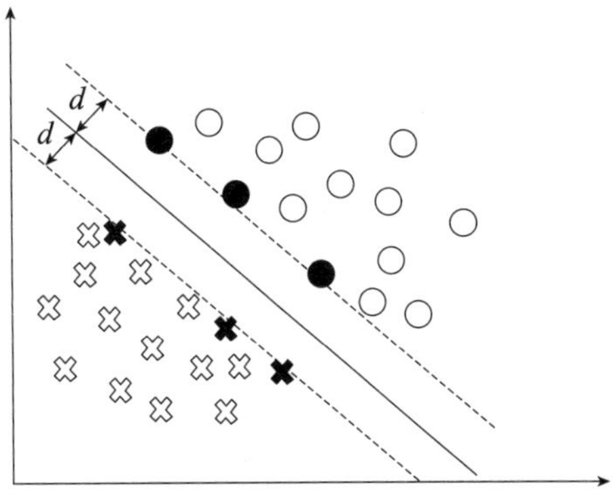

图 6-8　支持向量示例

因此，根据假设可以得出两个不同的类别到超平面的几何间隔为：

$$\widetilde{\gamma}=\frac{2}{\|\omega\|} \tag{6.32}$$

所以 SVM 的目标是找到最大的几何间隔，并使得分类准确，优化函数可以写成下式：

$$\max_{\omega,b}\frac{2}{\|\omega\|}$$

$$\text{s. t. } y_i(\omega^{\mathrm{T}}x_i+b)\geqslant 1 \tag{6.33}$$

最大化 $\frac{2}{\|\omega\|}$ 等价于最小化$\frac{1}{2}\|\omega\|^2$，因此可以将目标函数转换为：

$$\min_{\omega,b}\frac{1}{2}\|\omega\|^2$$

$$\text{s. t. } y_i(\omega^{\mathrm{T}}x_i+b)\geqslant 1 \tag{6.34}$$

式（6.34）即为 SVM 的基本型，它的目标函数是二次函数，且约束条件是线性的。求解上述最优解的不同方法对应 SVM 的不同算法，其中一种常见的方法叫作 SMO，通过引入拉格朗日算子 α 来解决对偶问题，以求解原问题的最优解。

上述求解过程中有些基本假设，比如样本是可以完全正确分开的，没有误分的情况，而且类别是线性可分的，用一个超平面就可以把所有样本分开。但是在现实生活的任务中，这种理想状况很难存在。首先，样本很难由一个超平面全部分类正确，也就是说，设定超平面后，有些属于某一侧类别的样本可能会在超平面的另一侧，相应地，在 SVM 求解中引入软间隔的概念；其次，通常线性可分的分类任务非常少见，相应地，在 SVM 中引入核函数，解决非线性分类问题，实际上，解决非线性分类是 SVM 的优势所在。下面将分别介绍这两部分内容。

2. 软间隔

如同前面所介绍的，在很多情况下，样本很难用一个超平面分开而不出现错误，而且如果用一个超平面分开，也有可能导致过拟合的现象。因此，可以允许一些样本分类不正确，如图 6－9 所示，落入两条虚线之间的样本代表不满足约束条件的样本。

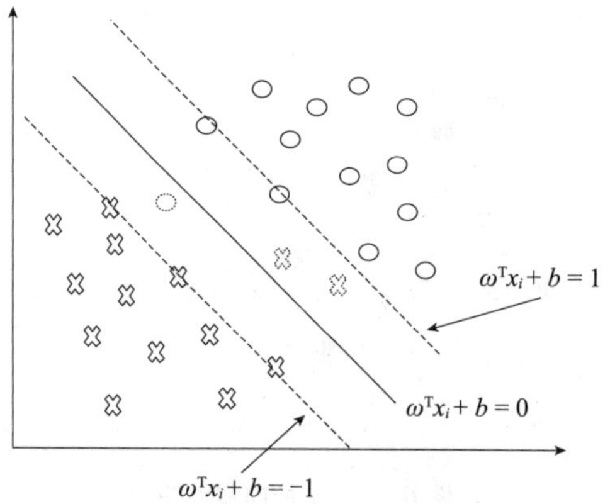

图 6－9　软间隔示意图

当所有样本都必须分类正确时，最大化的间隔被称为“硬间隔”，当允许一些样本分类错误时，相应的最大间隔被称为“软间隔”。引入松弛变量 ξ_i 衡量分类错误的程度，“硬间隔”要求：$y_i(\omega^T x_i + b) \geqslant 1$，引入松弛变量后，约束条件变为：

$$y_i(\omega^T x_i + b) \geqslant 1 - \xi_i \tag{6.35}$$

在上述公式中，可以看出 ξ_i 代表了样本被允许分类错误的程度，此值越大代表允许出错的程度越大。当然，为保证分类效果，分类错误程度越低越好。由此，在原有目标函数中增加惩罚项，目标函数变为：

$$\min_{\omega, b, \xi_i} \frac{1}{2} \| \omega^2 \| + C \sum\nolimits_{i=1}^{n} \xi_i \tag{6.36}$$

参数 C 可以理解为一个惩罚系数，调整样本不被分类正确的程度。虽然“软间隔”允许一些样本分类错误，但是这一类样本应该越少越好，当 C 取无穷大时，这一目标函数要求所有变量都分类正确，目标函数又变为最大化“硬间隔”，但是当 C 取一个有限值时，便有一些样本可以分类错误。因此“软间隔支持向量机”的目标函数可以理解为在最大化几何间隔的基础上，使得分类错误的样本尽可能少。

3. SVM 中的核函数

之前的部分都假设了样本是线性可分的，即可以找到一个超平面将样本分割，但是很多情况下，样本是不可线性分割的，SVM 用核函数来解决这一问题。核函数可以理解成一个映射函数，目的是将低维空间无法线性可分的样本，通过核函数映射到高维特征空间，最终在高维特征空间中构造出分离的超平面。如图 6－10 左图所示，原始样本在二维空间中不是线性可分的，即不存在一条直线可以分开两个类别的样本。解决思路是将样本映射到高维空间，如图 6－10 右图所示，样本增加一维，呈现在三维空间中。而三维空间中可以找到一个超平面将两个样本划分开，实现线性可分。

通过高维映射后，超平面变为：

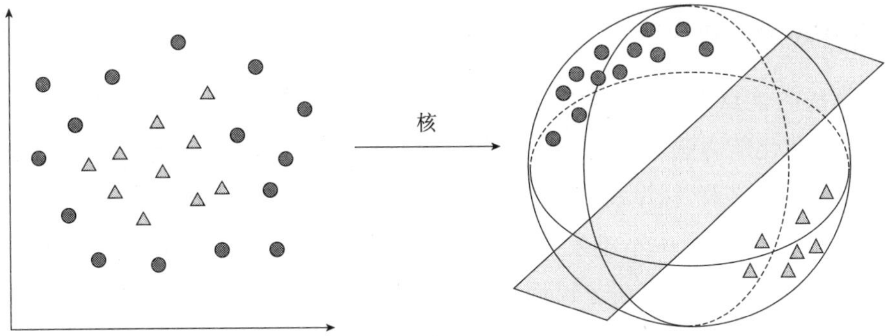

图 6-10　核函数示例

$$f(x)=\omega^{\mathrm{T}}g(x)+b \tag{6.37}$$

其中 $g(x)$ 为映射函数，表示原始样本经过映射后在新高维空间中的取值。相应地，目标函数和约束变为：

$$\min_{\omega,b}\frac{1}{2}\|\omega\|^2$$
$$\text{s.t. } y_i(\omega^{\mathrm{T}}g(x_i)+b)\geqslant 1 \tag{6.38}$$

同样借助对偶问题进行求解，对偶问题为：

$$\max_{\alpha}\sum_{i=1}^{n}\alpha_i-\frac{1}{2}\sum_{i=1}^{n}\sum_{j=1}^{n}\alpha_i\alpha_j y_i y_j g(x_i)^{\mathrm{T}}g(x_j) \tag{6.39}$$

在求解对偶问题时，需要计算 $g(x_i)^{\mathrm{T}}g(x_j)$，即两个向量在高维特征空间中的内积。如果空间维度很高的话，那么内积将很难计算，核函数由此产生。核函数可以理解为替代上述内积计算的函数，即希望找到核函数 k，使得在新空间的内积等于原始样本在核函数中的内积，即：

$$k(x_i,x_j)=g(x_i)^{\mathrm{T}}g(x_j) \tag{6.40}$$

这样就可以不用再计算高维空间上两个向量的内积，而是直接通过一个核函数对原始样本向量计算求解，那么对偶问题的目标函数可以写成：

$$\max_{\alpha}\sum_{i=1}^{n}\alpha_i-\frac{1}{2}\sum_{i=1}^{n}\sum_{j=1}^{n}\alpha_i\alpha_j y_i y_j k(x_i,x_j) \tag{6.41}$$

这样的核函数一定存在吗？怎样才能找到它呢？按照常理逻辑，首先确定映射函数，然后确定核函数。但在实际问题中，通常样本在原始空间中的分布情况是很难用函数明确表达的，进而，样本在高维映射空间内的分布和相应的映射函数更难确定。显然，不知道映射函数时，对应于映射函数的核函数如何选择更是无从得知。考虑到这些不可行性，在SVM 中确定核函数时，将这个过程反过来。先根据经验设定某个核函数，基于这个核函数，通过式（6.41）求解对偶问题，获得最终的模型。显然，核函数实际上确定了样本被映射到高维的分类效果，选择不同的核函数，意味着不同的分类效果，即直接影响着最终模型的性能。常用的核函数有线性核、多项式核、高斯核、sigmoid 核等。在实际应用中，一般会通过尝试不同的核函数，比较分类效果，确定适合当前问题的核函数。

4. SVM 算法的特点

SVM 算法的优点主要是它为一类广义的线性分类器，在小样本集上面有较高的准确率，而且泛化能力强，此外 SVM 不依赖于全部数据，对分类产生最终影响的只有支持向量，而大多样本并没有改变模型，因此其对样本的敏感度较低，容忍性较高。在 SVM 的介绍过程中不难发现，与逻辑回归类似，这是一种适合二分类的方法，对应多分类问题，通常采用在逻辑回归中介绍的二分类算法应用于多分类问题的策略来解决。

但是 SVM 也有一定的局限，如当数据量很大时，它的计算速度慢。另外，SVM 将样本映射到高维空间中，结果不具备解释性。此外 SVM 核函数的选择问题是另一个难点。

基于 SVM 良好的表现及其局限性，SVM 吸引了学者对其进行更深入的研究，对 SVM 的计算和推导过程做了扩展，例如对线性核的 SVM，基于梯度下降可以提高寻优计算速度。对于核函数的选取也有一定的技巧，例如，当样本量小于特征数时，可以选择线性核，如果效果不好，可以先对特征降维，再选择非线性核；当样本量大于特征数时，尽量选择非线性核。对于 SVM 的扩展还有 SVC（支持向量聚类）、结构化 SVM 等。

第七节　人工神经网络

第五章介绍了如何构建回归模型来进行预测。回归模型在一定程度上是简单有效的，它不仅可以进行数量预测，而且模型中的系数可以描述自变量对因变量的影响是否正向、是否显著。但是回归算法也有一定的局限性，如线性回归要求数据之间具有线性关系，非线性关系未必能找到恰当的函数进行转换，参数确定过程相对复杂等。数据挖掘中有很多其他方法可以进行预测，比较火热的就是人工神经网络（artificial neural networks，ANN）。

神经网络受到大脑中生物神经元的启发，由若干节点形成交互网络，根据已经收集的信息来学习训练网络，最终能够应用网络预测新的样本。神经网络可以理解为一种“黑箱”模型，而且只要训练数据量足够大，它就可以拟合出输入到输出之间的任意函数关系，突破了回归模型对函数类型的要求。神经网络比较强大，可以处理机器学习领域中的很多问题，具有线性和非线性学习算法的能力，在最近几年得到了迅猛发展，产生了很多不同类型的更加复杂的神经网络模型，如循环神经网络（recurrent neural networks，RNN）、卷积神经网络（convolutional neural network，CNN）等。这些神经网络不仅用于简单的数据计算，还能够用于文本、图片、视频、音频的计算，这些复杂神经网络的相关内容将在本章最后做简要介绍。本节将在介绍神经网络基本构成的基础上，介绍一个基本的神经网络 BP 算法，以建立对神经网络优化的基本认知。

1. 神经网络基本结构

图 6－11 所示的是一种最简单的神经网络，即单层神经网络，也称作感知器，它是人工神经网络中的一种典型结构，主要特点是结构简单。它是输入层和输出层两层神经元之间的连接。

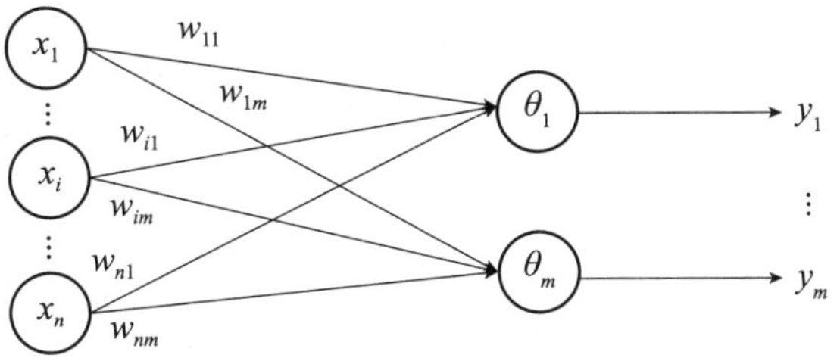

图 6－11　单层神经网络示意图

有了基本结构后，就可以针对具体问题建立相应的网络模型了。例如，现在需要针对不同产品特征预测其在不同客户群体中的销量，那么输出层 n 个输入节点，代表有 n 个属性特征描述产品，而输出层中有 m 个输出节点，表示要研究 m 个客户群体的销量。由此可以发现，研究问题一旦确定，网络的输入输出层节点的数量即被确定。另外，从图 6－11 中可以看到，输出层与输入层的连接上都有权重w_{ij}，表明在神经网络中节点的输入是与其相连接的各个输入节点的加权和。对于同一个特征x_i，连接到各个输出层，其权重是不相同的，因为输出层的神经元要完成不同特征识别的任务，可以近似理解为同一个特征对不同客户群体的影响是不同的。同时对于同一个输出节点 y_j 来说，不同输入特征的权重也不一样，可以近似理解为不同产品特征对同一个客户群体销量的影响不同。需要说明的是，这里的权重并不能像回归模型那样直接代表产品特征的影响力，这也是神经网络的一个缺点，缺乏较好的解释能力。

对于单层神经网络来说，它只能对输出层神经元的输出函数进行非线性处理，目标特征（输出层）与属性特征（输入层）之间的关系是用线性函数描述的，因此当相应关系是非线性问题时，单层神经网络不能达到很好的效果。为了解决这一问题，学者们后续提出了多层神经网络。多层神经网络的结构图如图 6－12 所示，它不仅包含两层，还在输入层和输出层之间加入了隐藏层。隐藏层的神经元可以对其输出函数进行非线性化设计，因此多层感知器可以处理非线性问题。隐藏层可以设置多个，实际上，两个隐藏层的神经网络就可以解决大多数复杂的分类问题。在如图 6－12 所示的网络中，每层神经元与相邻层的神经元相连，神经元之间不存在同层相连，也不存在跨层相连，这样的神经网络结构通常称为“多层前馈神经网络”。

对于分类来说，神经网络输出层节点对应于分类的各个类别，根据每个节点输出的概率判定所属类别，而对于预测问题，神经网络模型输出节点直接输出预测的连续型数值。

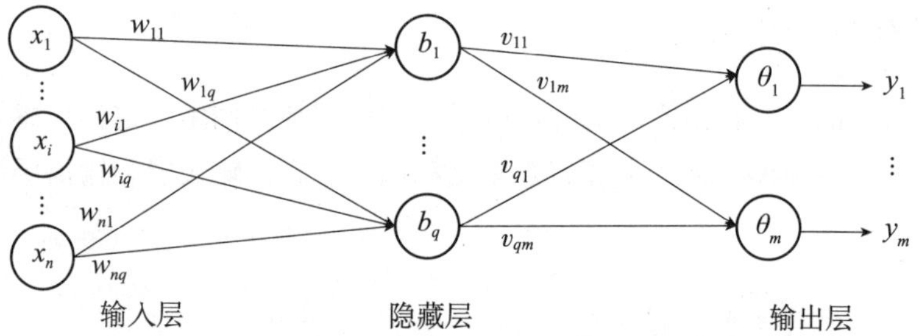

图 6-12　多层前馈神经网络

2. 神经元模型

接下来对单个神经元模型进行介绍，分析它是如何对接收的信息进行加工的。与我们人体大脑类似，神经网络中最基础的就是神经元，每个神经元与其他神经元相连，当它“兴奋”时，就会对周围神经元产生输出。如果某个神经元收到来自其他神经元的输入超过一个“阈值”，那么该神经元会被激活，产生输出，进而影响其他神经元。借鉴这样的思想，科学家们设计了基本的神经元模型，如图 6-13 所示。每个神经元接收来自外部的输入信号（可能是一个，也可能是多个），这些输入信号 x_i 通过带权重 w_i 的连接进行传递，将神经元接收到的信号总输入与神经元的阈值 θ 进行比较，如果大于阈值，则这个神经元被激活，通过激活函数 f 输出 y。

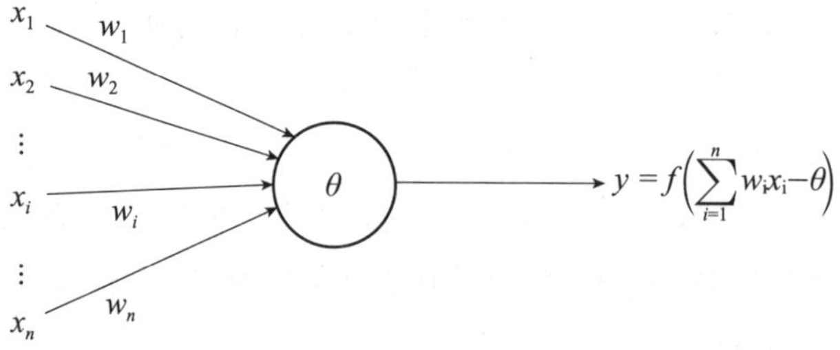

图 6-13　神经元示意图

从上述过程的描述中不难发现，如果神经元的总输入大于阈值，则表明此时神经元已经处于兴奋状态，并决定向下一个神经元传递信号，但是要传递多强烈的信号，需要激活函数（即图 6-13 中的 f）来确定。如果没有激活函数，那么每个神经元的输出其实只是上一层输入的线性组合，试想对于由这样的神经元组成的连接网络，无论添加多少个神经元、多少层神经网络，输出都是输入的线性组合。另外，网络中神经元的层数结构也会对网络性能产生很大影响。如前所述，对于仅有输入层、输出层的网络，即便输出层有激活函数，其拟合非线性关系的能力也是不足的。因此，在构建神经网络模型时，引入非线性函数作为激活函数，在输入层和输出层之间增加隐藏层，得到的神经网络可以逼近任意函数。在神经网络中常见的激活函数有 sigmoid 函数、tanh 函数和 relu 函数，下面分别进行介绍。

(1) sigmoid 函数

sigmoid 函数能够将取值为（$-\infty$，$+\infty$）的数映射到（0，1）之间，其表达式为

$$g(z)=\frac{1}{1+\mathrm{e}^{-z}} \tag{6.42}$$

函数示意图如图 6－14 所示。

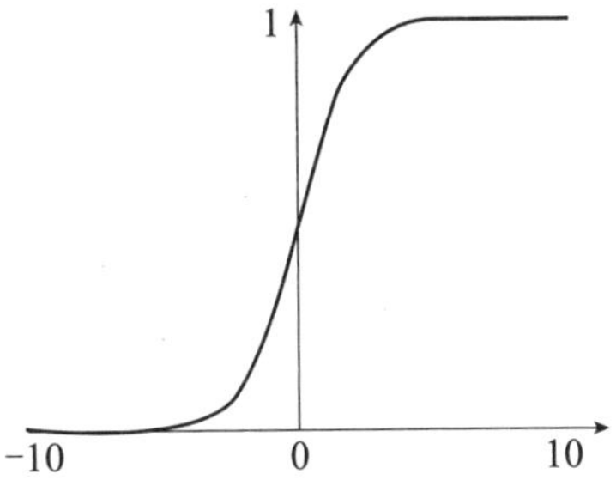

图 6－14　sigmoid 函数示意图

sigmoid 函数目前是神经网络领域中使用频率最高的激活函数，它便于求导，输出范围在 0 到 1 之间，适合在分类问题中用输出表示属于某类的概率。但是当神经网络的节点数量比较多、层数比较多、结果比较复杂时，sigmoid 函数也有一些缺点。第一，容易出现梯度消失。神经网络的训练建模的主要任务是确定网络参数，比如权重，常用的方法是反向传播梯度下降法（后面会做介绍），即将导数不断向前传递。但是如果激活函数使用 sigmoid 函数，而且网络的层数过多，那么常常会导致导数逐渐趋近 0，使得后续的权重无法被更新优化，特别是靠近输入层的权重优化速度通常都很慢。第二，相对来说，sigmoid 函数是一种幂函数，运算比较耗时，在梯度反向传播计算过程中涉及除法，影响算法效率。第三，从图 6－14 中可以看到，sigmoid 函数在输入处于－1 到 1 之间时，函数值变化敏感，超过这个范围时，函数值变化不明显，即输入值的较大变化无法在输出值中充分反映，影响了神经网络在某些时候的表现。

(2) tanh 函数

tanh 激活函数将取值为（$-\infty$，$+\infty$）的数映射到区间（－1，1），其公式为

$$\tanh(z)=\frac{\mathrm{e}^{z}-\mathrm{e}^{-z}}{\mathrm{e}^{z}+\mathrm{e}^{-z}} \tag{6.43}$$

tanh 函数示意图如图 6－15 所示。

对比 sigmoid 函数，tanh 函数的优势在于输入敏感范围区间较宽，同时在（0，0）附近与线性函数形式相近，训练相对容易。不过，在输入很大或者很小时，其导数值接近于 0，从而导致梯度很小，对于网络的权重更新非常缓慢，即也会存在梯度消失问题。同样，tanh 函数中的幂计算相对来说比较耗时。

(3) relu 函数

relu 函数又称修正线性单元，是一种分段线性函数，函数的公式为

$$g(z)=\begin{cases} z, z>0 \\ 0, z<0 \end{cases} \tag{6.44}$$

示意图如图 6－16 所示。

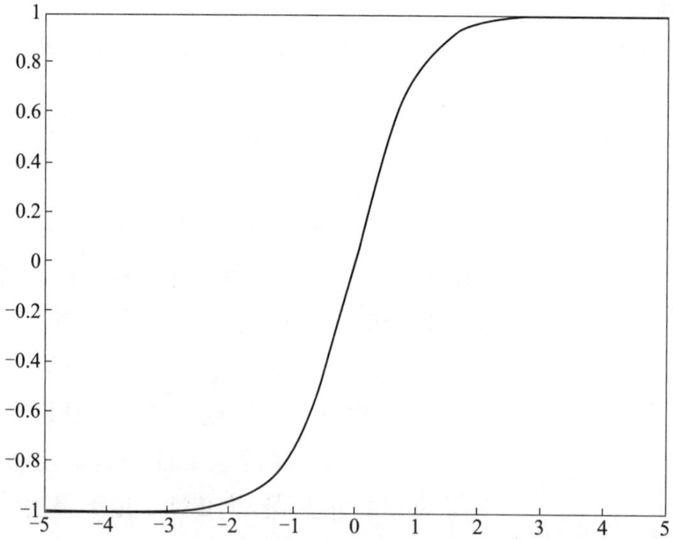

图 6-15 tanh 函数示意图

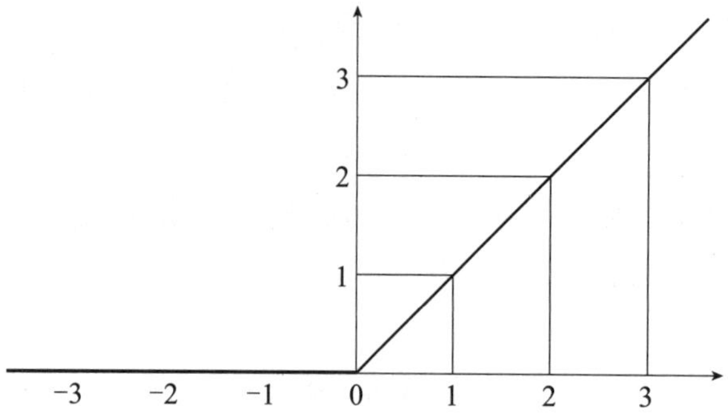

图 6-16 relu 函数示意图

relu 函数通过设计分段函数，解决了前两种激活函数中遇到的梯度消失问题，同时由于函数的计算方式比较简单，且函数在正区间的导数为 1，在负区间的导数为 0，所以后续的网络结构训练的过程中只需要判断输入是否大于 0，便可直接获得相应的导数，计算速度、收敛速度比前两种激活函数要快得多。但是使用 relu 函数可能会使某些神经元永远不会被激活，导致相应的参数永远不能被更新。

3. BP 神经网络

介绍完神经网络模型结构，了解了神经元的工作原理和激活函数，便可以利用神经网络建立模型，基于输入值得到相应的输出值了。图 6-17 所示的多层前馈神经网络包含一个输入层、一个（或多个）隐藏层和一个输出层，神经元通过带权连接建立从输入层到隐藏层、从隐藏层到输出层的联系。如果用这类网络对销量进行预测，则基于某个待预测产品的各项特征属性输入值x_i（$i=1, 2, \cdots, n$），按照图中所示的计算公式，便可以逐层计算每个隐藏层节点的输出b_h（$h=1, 2, \cdots, q$），进而得到输出层各节点的输出y_j（$j=$

1，2，…，m），即预测出该产品在各顾客群体中的销量。显然，在模型的计算过程中，网络中的参数（连接权重 w、v 和节点的阈值 θ）决定了预测的效果。那么如何根据已知的样本数据得到表现最好的神经网络模型？网络中的结构参数是如何训练得到的？以下介绍一种基本的神经网络——BP（Back Propagation）神经网络，重点介绍网络的训练即对参数的更新过程。

多层神经网络的学习能力要比单层的感知机强得多，但是在训练过程中也更加复杂。神经网络隐藏层的数量、每层节点数量等结构确定后，建模本质上就是确定网络的两类主要参数：神经元之间的连接权重和每个功能神经元激活阈值，目的是使得网络在样本中的分类或训练误差最小。BP 算法是其中的代表算法，算法的学习过程由取值从输入层到输出层的正向传播与误差的反向传播两个过程组成，是目前采用最多的神经网络训练方法。由于多层前馈网络的训练经常采用误差反向传播算法，人们也常把用 BP 算法训练的多层前馈网络直接称为 BP 神经网络。BP 神经网络如图 6－17 所示。

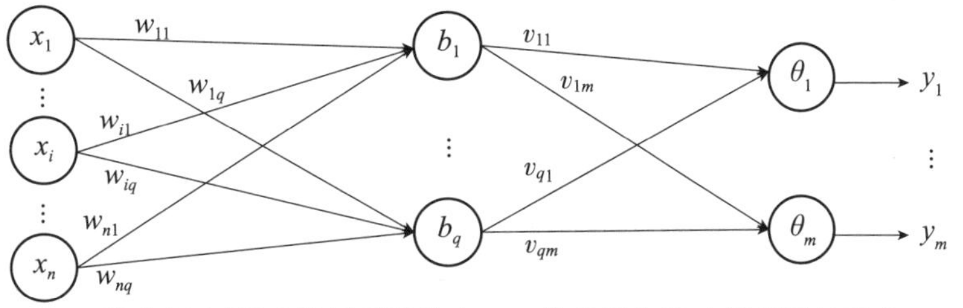

隐含层中第h个神经元的输出：$b_h=f\left(\sum_{i=1}^{n}w_{ih}x_i-\theta_{b_h}\right)$

输出层中第j个神经元的输出：$y_j=f\left(\sum_{i=1}^{q}v_{ij}b_i-\theta_{y_j}\right)$

图 6－17　BP 神经网络示意图

BP 算法属于有监督学习，即训练样本中包含目标属性的真实值。续前例，用图 6－17 的网络进行销量预测时，训练样本包括每个产品在各个特征属性上的取值，以及这个产品在各用户群体中的实际销量。实际值与网络模型的输出值之间的误差是算法进行参数调整的基础。BP 算法包括正、反两个传播过程，整个网络模型训练的流程如图 6－18 所示，其中实线箭头表示的正向传播是指将训练数据的特征值作为输入层节点的取值，在网络中根据权重和阈值，经过各隐藏层，直至计算到输出层得到输出结果，这是正向传播。计算网络的输出值与训练数据的真实值之间的误差，如果误差满足条件，则训练结束，当前网络为最优网络；否则启动虚线箭头表示的反向传播，根据误差调整权重参数。反向传播指的是为了达到误差最小，误差通过导数又从输出层反向传播到模型隐藏层，再到输入层，从后向前一层一层地更新连接权重、阈值等参数。更新后的网络利用训练数据再次启动正向传播，再次得到网络输出，计算误差，不断重复这个过程，直到误差不再减小或者模型效果满意为止。

依据前面介绍的预测问题评价标准，在神经网络训练时可以采用平均绝对误差、均方

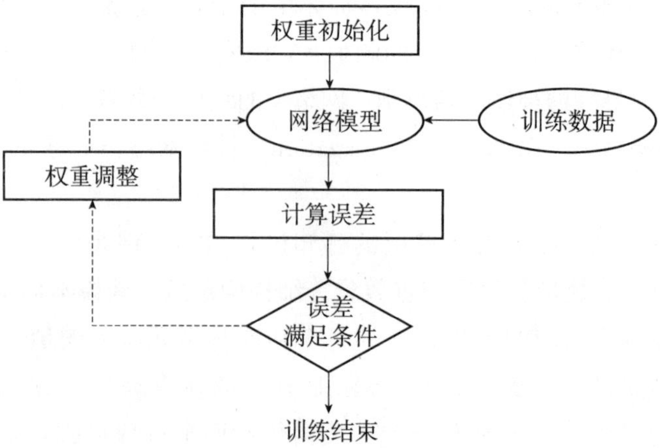

图 6－18　BP 网络训练流程图

误差等作为误差函数，进而基于误差对权重进行更新。

4. BP 神经网络特点

尽管本节以预测问题为背景对神经网络进行了介绍，但实际上神经网络不仅仅适用于预测问题，对于分类问题同样适用。另外，如前所述，拥有两层隐藏层节点的神经网络在理论上可以无限逼近任意连续函数，换句话说，可以拟合目标特征与属性特征之间可能存在的任何关系，胜任任何预测任务。当然，对比回归模型，神经网络中的输入节点对输出节点的影响无法用参数直接加以解释，但已经有许多工作从神经网络中抽取易于理解的符号规则，增加了神经网络的可解释性。

神经网络虽然通过反向传播算法可以使网络能够更好地训练，但仍然存在一定的问题。例如，导数会越来越接近 0，从后往前的传播的误差信号越来越弱，这可以根据前面讲解的设置不同激活函数进行一定的改善。除此之外，权重和网络结构的初始化有可能会导致训练过程收敛到局部最小值，无法得到最优网络及参数。对于这个问题，经常采取的应对方法有生成多个初始网络、模拟退火算法、引入随机因素、遗传算法等。

生成多个初始网络是指以基于多组不同的初始化权重和阈值，各自通过上述方法训练，将其中误差最小的网络模型作为最终的网络模型。这相当于从不同初始点开始搜索，这样可能导致各个模型陷入不同的局部最小中，从而尽可能地选择更接近全局最小值的模型。

模拟退火算法的思路是以一定的概率接受一个比当前最优解差的解，以期跳出这个局部最优解，达到全局最优解。接受次优解的概率随着模型建立时间的推移越来越小。当然，也有可能会跳出全局最优解。

引入随机因素是指在调整权重计算误差梯度时加入了随机因素，使得梯度可能不为 0，这样当陷入局部最优时，仍然有机会对参数进行调整，跳出局部最优，继续搜索下一个最优解。

利用遗传算法进行神经网络优化的基本思想是将网络结构和参数编码，不同编码代表不同网络结构和参数配置，利用遗传学中的复制、交叉、变异等基本操作，实现多个网络的生成，基于这多个网络进行训练，即参数的寻优，这样便不会被局部最优影响。对比其他方法，遗传算法不仅能够优化固定网络结构下的参数，还可以对参数进行优化，是应用非常广泛的神经网络优化方法。

随着神经网络的发展，如今的神经网络模型越来越多，应用领域也越来越广泛。前面介绍的前馈神经网络虽然强大，但对于图片、语音、文字、视频等这些存在空间和时间序列的复杂数据，就需要更加复杂的网络进行理解和处理。根据神经元之间连接情况的不同（是否全连接、是否同层连接、是否跨层连接）可以构建不同的神经网络模型，实现不同的功能，其中的代表包括循环网络、递归神经网络、卷积神经网络等。

第八节　分类和预测算法扩展

分类预测算法是机器学习中最常见的一类方法。这类方法在应用过程中都可能遇到数据不平衡的问题，同时，为了进一步提升算法效率，集成学习的思想也逐渐成为这类算法发展的一个重要方向。接下来将围绕这两个方面展开介绍。

1. 数据不平衡问题

当需要建立一个二分类模型对诸如某信用卡交易是不是欺诈行为进行判断时，收集的训练集中属于不同类别的数据量有很大偏差。比如，信用卡交易数据集中有 1 998 个正常交易和 2 个欺诈行为，这种现象被称为数据不平衡。如果不加处理直接建立模型，那么为了提高模型的准确率，该模型可以将所有样本都标为正例。在之前的例子里，建立一个模型来判断所有交易都是正常交易，分类的准确率达到 99.9%。这是一个相当高的准确率，但显然这不是该模型的初衷，建立欺诈识别模型的目的就是识别出小概率的欺诈行为。因此，对于不平衡数据集中的小概率事件，希望分类模型能够灵敏地识别到。这意味着，数据不平衡问题会影响最终模型的结果，所以需要对其进行处理。对于数据不平衡问题，通常有阈值移动、欠采样和过采样三种处理方法。

（1）阈值移动

正如前面逻辑回归部分所介绍的，实现二分类时，通常用输出值 $y=\omega^{\mathrm{T}}x+b$ 与某一阈值（例如 0.5）进行比较，如果输出值大于阈值，则预测为正例，否则预测为负例。通常设定阈值为 0.5，本质上是默认了总体样本取正例或负例的概率相同，即

$$\frac{y}{1-y}>1,\text{预测为正例}$$

当数据不平衡即正样本数和负样本数不同时，可以对上述判定规则进行调整。因为 y 的取值可以理解为样本 x 为正例的概率，所以如果假设训练集是总体样本的无偏采样，就

应该有：

$$\frac{y}{1-y}>\frac{|D^+|}{|D^-|}\text{，预测为正例}$$

其中 $|D^+|$ 为训练集中正样本的个数，$|D^-|$ 为训练集中负样本的个数。但是一般二分分类器根据与 1 的对比来判断正样本还是负样本，那么将上式进行变换，得到：

$$1<\frac{y}{1-y}\times\frac{|D^-|}{|D^+|}=\frac{\tilde{y}}{1-\tilde{y}}\text{，预测为正例}$$

通过比较 $\frac{\tilde{y}}{1-\tilde{y}}$ 同 1 的大小关系，判断在考虑正负样本分布的情况下待预测样本所属的类别，这种解决数据不平衡问题的方式叫作阈值移动。

(2) 过采样与欠采样

上述阈值移动方法得以实现的基本假设是训练集是真实样本的无偏取样，但这一假设很难实现。因此，还可以采用过采样和欠采样的方法来平衡数据集。欠采样是减少较多的那一类的样本，过采样是增加较少的那一类的样本，从而实现不同类别样本的均衡。

欠采样的时间花费较少，但是如果随机任意删除样本，就有可能损失样本中的重要信息。欠采样的代表性算法 EasyEnsemble 的主要思想是将数量较多的那一类样本随机分为几个子集，每一个子集和少的那一类样本整合起来作为训练数据集，分别训练多个分类器模型，这样在每个子分类器中实现了样本均衡，再利用集成学习算法得到最终的分类器。集成学习的思想稍后将做介绍。

相应地，过采样也不能简单复制少数类的样本，代表性算法 SMOTE 的基本思想是通过插值法产生新的少数类样本。例如，欺诈类样本较少，有 N 个，对于欺诈交易的一个样本 x_i，先在同类（即同属于欺诈类）样本中找到特征属性值与 x_i 相近的 k 个近邻，然后在 k 个近邻中随机选取一个样本，设为 x_{neari}，并随机生成一个［0，1］之间的数 δ，于是生成了一个新的欺诈类样本 x_{new}，为：

$$x_{new}=x_i+\delta(x_i-x_{neari})$$

将上述过程重复 N 次，即每个欺诈类样本都产生相应的新样本，原有欺诈类样本数量为 $|D^-|$，则新的样本集中含有数量为 $N\times|D^-|$ 的此类样本。

2. 集成学习

在对欠采样算法 EasyEnsemble 的介绍中提到了集成学习（ensemble learning）。集成学习的基本思想是通过构建和结合多个个体分类（学习）器来实现学习任务。如同俗语所言“一个好汉三个帮”，多个个体学习器首先基于各自的训练集完成各自模型训练的任务。当需要对新样本分类时，将新样本输入每个个体学习器，会各自产生一个分类结果，所有分类结果通过一定的方式整合，得到对样本的最终分类结果。从对集成学习的介绍中可以发现，它并不是一种新的分类算法，而是一种思想，而且通过前面的介绍可以发现，影响集成学习效果的关键因素有两个：个体学习器的选择以及对它们各自学习结果的整合方式（见图 6－19）。

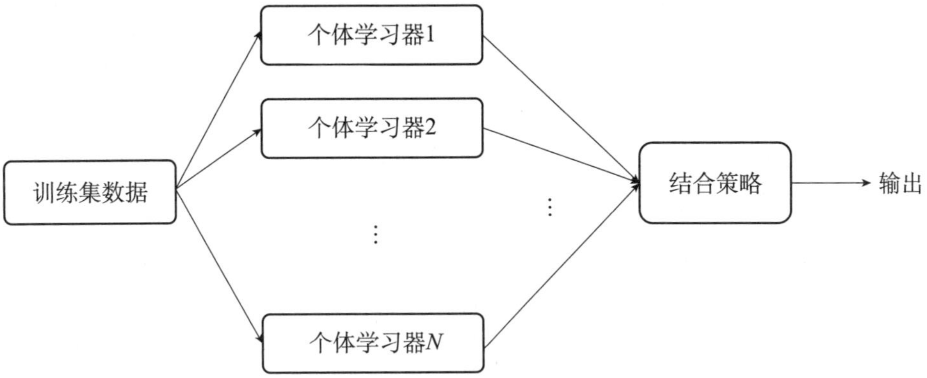

图 6－19　集成学习示意图

（1）个体学习器

集成学习根据个体学习器是否相同可以分为“同质”集成学习与“异质”集成学习。在同质集成学习中，个体学习器的类型是相同的，比如，可以都是决策树，此时个体学习器被称为“基学习器”，对应的算法称为“基学习算法”。异质集成学习由不同类型的个体学习器（被称为“组件学习器”）组成。比如，组件学习器中既有决策树，也有神经网络模型。

一般情况下表现比较差的分类器，即弱学习器，可以通过集成学习的方式组合在一起，整体获得较好的性能。但是在实践中，往往希望个体分类器尽可能少，因此倾向于选择表现较好的强分类器进行集成，这是对个体学习器的第一个要求：“好”，这能够提高分类的准确度。同时集成学习的另一个重要目的是提高泛化能力，即多个个体学习器应该有所不同，否则就失去了集成的意义，这是对个体学习器的第二个要求：“不同”。如前所述，异质集成学习组件算法各不相同，而对于同质的基学习器，可以用不同样本进行训练，实现基学习器的不同。如何让个体学习器“好而不同”是集成学习算法的主要目标。

（2）个体学习器的结果整合

如果集成学习解决的是预测问题，那么对各个体学习器的输出可以通过平均或者加权平均的方式整合为集成学习器的输出。如果个体学习器解决的是分类问题，那么一般通过投票法，每个个体分类器预测某样本类别，所输出的类别获得投票，在所有个体分类器中获得的投票占多数的样本获胜，个体分类器在投票时也可以被赋予不同的权重。

集成学习的性能通常要好于单个学习器，下面以分类问题为例进行简单证明。假设单个学习器的误差为 ε，则意味着输出值 y 与实际值 $\hat{y}$ 不一致，且 $P(y\neq\hat{y})=\varepsilon$，当对多个个体学习器进行整合时，假设采用少数服从多数的方式，集成学习的偏差为多数个体学习器分类不正确：$P(y \neq \hat{y}) = \sum_{k=0}^{T/2} \begin{pmatrix} T \\ k \end{pmatrix} (1-\varepsilon)^k \varepsilon^{T-k} \leqslant e^{-\frac{T}{2}(1-2\varepsilon)^2}$，显然，集成学习的误差呈指数下降。

(3) 迭代式集成学习 Boosting

集成学习有两种常见的方式：一类是迭代式集成学习 Boosting，一类是并行式集成学习 Bagging。一般情况下，当个体学习器彼此之间有较强的依赖时，Boosting 算法更好；而当个体学习器之间不存在强依赖时，可以使用 Bagging 算法。

Boosting 算法会按顺序训练个体分类器。先训练一个个体分类器，根据初步训练分类的结果，改变训练集合中样本的分布，使得后续进行分类的分类器聚焦在那些很难分类准确的样本上，直至达到要求。同时，在对个体学习器的结果进行整合时，通常使用加权投票机制代替平均投票机制，赋予分类效果好的分类器比分类效果差的分类器更大的权重。Boosting 算法组织训练时，当前个体学习器会受到前一个个体学习器的影响，其学习结果会影响后面的学习训练，所以是一种迭代类的集成方式。这类算法的学习主要关注的是降低偏差，因此它能基于泛化性能相当弱的学习器构建出很强的集成效果。

(4) 并列式集成学习 Bagging

Bagging 是一种并行式集成学习算法，其基本假设是个体学习器彼此是独立的，对各个独立训练的个体学习器的结果进行整合。当然个体学习器之间的相互独立很难做到，Bagging 的思路是使它们的训练样本集合尽可能不同，那么得到的个体学习器也具有较大的差异。Bagging 算法将数据集分成几个子集，但是如果原始数据量不大，每一个基学习器只训练部分数据，则它们都无法充分学习样本特征，从而导致每一个基分类器都没有很好的表现。在这种情况下，可以通过自助采样法扩建训练集，即每次选中一个样本后，还把这一样本放回样本集中，以便后期它还可能被选中，当然，样本子集之间可以有交叠。

随机森林是一个典型的 Bagging 算法，在很多任务中都有很好的表现。它的基分类算法是决策树算法，除了利用 Bagging 算法中的自助采样法获取不同的训练子集，随机森林还在决策树选取特征分支的层面尽可能产生不同的基分类器。在随机森林中每一个决策树作为基分类器，在原始样本的特征集中随机选出 k 个属性作为初始的特征子集（即每个基分类器处理的初始特征不同），基于不同的训练样本，各决策树单独训练，每次在随机分配的 k 个属性中以信息增益变化最大的作为分类属性，这样构建出了包含不同属性特征节点和分支的决策树。随机森林在生成的过程中进行了随机样本的选择和随机特征的选择，使其不轻易陷入过拟合。随机森林的优点还体现在每一个基分类器中，剩下的样本可以用来辅助剪枝，进一步避免过拟合。

习题

6.1　试分析 SVM 对噪声敏感的原因。

6.2　试分析基于不同划分标准（信息熵、信息增益、基尼指数）的决策树算法。

6.3　试下载一个数据集，并用本章所讲的不同分类算法进行试验比较。

6.4　利用图 6-4 构建好的 kd 树，求点 $x=(2.6, 7.5)$ 的最近邻点。

6.5　运用朴素贝叶斯对鸢尾花数据集进行分类，显示分类结果和性能。

第七章　数据挖掘聚类与关联规则模型

在商务数据分析中，除了分类预测的两类常见的问题外，还有其他一些问题。例如，电商平台在经营过程中积累了大量交易信息，尽管产品有一些类别标签，但不同类别的产品在交易过程中存在连续性，即大量顾客会同时购买几种商品，他们产生购买行为的决策过程是相似的。如果能将同时购买的产品聚在一起，设计导购流程，就会提高顾客满意度和产品销量。在没有分类标签的前提下根据相似性实现对样本的聚合，便是“聚类”问题。另外，想要基于交易信息进行产品推荐，发现诸如“购买了A产品的顾客通常也会购买B产品”这类规律模式，可以借助关联规则挖掘。本章将介绍这两种数据分析模型。

第一节　聚类

对研究对象进行分类能够提高经营活动的有效性并降低相关成本，例如，对于某一化妆品公司，针对消费能力很强的女性群体可能会主要推送高端系列，并且强调其品牌效应和明星效应。针对消费能力较弱的女性群体可能会推送中低端系列，并且主要强调其性价比、功效等。但是在很多时候无法准确了解对象所属类别，因此现实生活中的很多问题需要在不知道样本具体类别的情况下，将相似的样本聚成一类，针对不同的类别进行不同的处理。

1. 聚类概念

聚类就是按照某个特定标准（如距离远近、相似程度）把一个数据集分割成不同的类或簇。分割原则是同一个类或簇内的数据对象尽可能相似，同时不在同一个类或簇中的数据对象尽可能不同。换句话说，属于同一个类的数据尽可能聚集到一起，不属于同一个类的数据尽量分离。在商务领域，最为常见的聚类问题就是顾客聚类问题，通过计算各个顾客之间的相似度，将顾客聚类，按照顾客特征将相似的顾客聚合成一簇（类）。另处，聚类的结果本质上是将已有的大量数据浓缩成若干类，并用集体特征替代类（簇）内样本特征。在顾客聚类的问题中，可以将集体特征代替组内每个人的特征进行管理，这样既能有针对性地满足不同客户群的需求，又可以避免“一对一”管理产生的高昂成本。

从处理的结果来看，聚类和分类都是把一个数据级分割成不同的类，但是其分割方法却大不相同。

聚类（clustering）通常是无监督学习。在进行聚类的时候，事先并不知道每个类别的特点、每个样本的类别，也不需要使用训练数据进行学习，只需要计算出各个训练样本之间的相似度或距离，然后按照相似程度或距离远近，将数据集分成若干类。同时，在聚类完成之后才能知道每个类到底具备什么特征。例如，给定一群顾客，事先我们只知道顾客的特征信息（如性别、年龄、收入情况、网购频率、退货频率等），不知道顾客的类别。利用聚类可以将顾客中相似的分为一类，并通过观察同类顾客的特点，事后为这一类顾客贴标签，比如年轻的、低收入的、热衷网购的人可能被划为一类，但在聚类之前，我们并没有规定一个具有低龄、低收入和热衷网购属性的类，聚类方法的具体原理将在后面介绍。

分类（classification），如同前面所介绍的，通常是有监督学习。在进行分类前，需要指明每个训练样本所在的类别，也就是要告诉分类器“什么数据特征会被分到哪个类”。在这个前提下，分类器会从它得到的训练集中进行“学习”，从而具备对未知数据进行分类的能力。举例而言，对于同样的一群用户，不同的是，我们事先已经知道，特征取值为年轻的、热爱网购但没有太多收入的样本属于“学生”类别；而年龄较大、家境殷实并且会线上线下结合购物的样本属于“白领”。我们假设给定的顾客只有这两类人，而且训练样本中也标明了各个样本属于“学生”还是“白领”，那么分类问题就是去发现给定的两类人的特征，然后判断一个新的目标顾客属于“学生”还是“白领”，并将之归类。

聚类分析是依据相似性进行的，那么如何度量两个对象之间的相似性呢？该如何判定两个顾客是不是应该聚为一类呢？距离计算是最为常见的相似度度量方法，通常的对象 O_i，O_j之间的相似度记为 $sim(O_i, O_j)$，测量距离记为 $d(O_i, O_j)$，则一般用 $sim(O_i, O_j) = 1/(1+d(O_i, O_j))$ 得到相似度。如同在“k 最近邻算法”章节中的介绍，常见的距离计算方法有欧式距离、曼哈顿距离、马氏距离等多种，可以根据不同样本特点、不同聚类需求进行选择。对象的距离计算对于聚类算法的过程十分重要，直接影响着算法的有效性。通过这些方法，便可以得到两个对象之间的相似度（距离）。

因为聚类处理的样本数据中没有相应所需的类别，也就是说，完成聚类之前并不清楚应该聚成几类，因此，如何确定聚类的类别数以及通过怎样的方式实现聚类有不同的方法，以下将介绍几种常见的聚类算法。

2. K-Means 聚类

K-Means 聚类是最常见且最简单的一种算法，事先指定聚类数量 k，按照相似程度将全部样本聚为 k 类，并用每一类中所有样本的某项属性的均值来代表该类的属性值。算法的具体步骤如下：

第一步，根据聚类的类别数量要求，随机指定 k 个点作为各类别的中心点（称为质心），初始化质心的属性值可以完全随机，也可以在观察数据特征后人为规定属性值；

第二步，计算每个样本数据点到质心的距离，数据点距离哪个质心最近就划分到哪一类中；

第三步，计算更新后的类的质心。

重复第二、三步，直到每一类质心在迭代后变化不大为止。

下面将举一个简单的例子来展示 K-Means 聚类的运算过程。现有 14 个潜在客户的月收入（单位：千元）情况，如表 7-1 所示（已经升序排列），下面用 K-Means 算法根据客户的收入将客户分为三个群体，以便进行产品推广。

第一步，因为要分成三类，随机选择三个点 $C_1=1$，$C_2=20$，$C_3=40$ 作为质心，计算各个潜在客户到质心的距离，结果见表 7-1。

表 7-1　K-Means 聚类示例表

潜在客户	月收入	到质心的距离		
		$C_1=1$	$C_2=20$	$C_3=40$
Q1	1	0	19	39
Q2	3	2	17	37
Q3	5	4	15	35
Q4	8	7	12	32
Q5	9	8	11	31
Q6	11	10	9	29
Q7	12	11	8	28
Q8	13	12	7	27
Q9	37	36	17	3
Q10	43	42	23	3
Q11	45	44	25	5
Q12	49	48	29	9
Q13	51	50	31	11
Q14	65	64	45	25

第一次迭代时，每个样本数据选择距离最近的质心所在的类为自己的当前类别。于是，Q1、Q2、Q3、Q4、Q5 属于第一类，Q6、Q7、Q8 属于第二类，Q9、Q10、Q11、Q12、Q13、Q14 属于第三类。

第二步，根据已经完成的聚类，计算第一次迭代后新的质心，其为各个类中样本在属性上的均值。例如，目前属于第一类的样本为顾客 Q1～Q5，他们的月收入的均值是 5.2，由此更新得到 $C_1=5$，$C_2=12$，$C_3=48$。

第三步，再次计算各个客户与新质心的距离，见表 7-2：

表 7-2　K-Means 聚类示例表

潜在客户	月收入	到质心的距离		
		$C_1=5$	$C_2=12$	$C_3=48$
Q1	1	4	11	47
Q2	3	2	9	45

续表

潜在客户	月收入	到质心的距离		
		$C_1=5$	$C_2=12$	$C_3=48$
Q3	5	0	7	43
Q4	8	3	4	40
Q5	9	4	3	39
Q6	11	6	1	37
Q7	12	7	0	36
Q8	13	8	1	35
Q9	37	32	25	11
Q10	43	38	31	5
Q11	45	40	33	3
Q12	49	44	37	1
Q13	51	46	39	3
Q14	65	60	53	17

第二次迭代后，Q1、Q2、Q3、Q4 属于第一类，Q5、Q6、Q7、Q8 属于第二类，Q9、Q10、Q11、Q12、Q13、Q14 属于第三类。

第四步，计算第二次迭代后新的质心为 $C_1=4$，$C_2=11$，$C_3=48$，再次计算各个客户与新质心的距离，如表 7－3 所示：

表 7－3　K-Means 聚类示例表

潜在客户	月收入	到质心的距离		
		$C_1=4$	$C_2=11$	$C_3=48$
Q1	1	3	10	47
Q2	3	1	8	45
Q3	5	1	6	43
Q4	8	4	3	40
Q5	9	5	2	39
Q6	11	7	0	37
Q7	12	8	1	36
Q8	13	9	2	35
Q9	37	33	26	11
Q10	43	39	32	5
Q11	45	41	34	3
Q12	49	45	38	1
Q13	51	47	40	3
Q14	65	61	54	17

第三次迭代后，Q1、Q2、Q3 属于第一类，Q4、Q5、Q6、Q7、Q8 属于第二类，Q9、Q10、Q11、Q12、Q13、Q14 属于第三类。

第五步，计算第三次迭代后新的质心为 $C_1=4$，$C_2=11$，$C_3=48$，此时发现质心点对比上一轮没有发生变化，意味着聚类结束。最终聚类结果为 Q1、Q2、Q3 属于第一类，Q4、Q5、Q6、Q7、Q8 属于第二类，Q9、Q10、Q11、Q12、Q13、Q14 属于第三类。

观察聚类结果后可以发现，第一类潜在客户月收入在5千元以下，可以视为低收入人群；第二类潜在客户月收入在5千元至1万元之间，可以视为中等收入人群；第三类潜在客户月收入高于一万元，可以视为高收入人群。根据月收入进行聚类后，可以有针对性地对潜在客户推荐不同价位的产品。

在K-Means方法的介绍中可以发现，初始质心的选取会影响聚类结果和效率。在不能充分了解原始数据的情况下，可以多次随机初始化质心进行聚类，然后选择聚类结果最好的一个。另外，计算质心采用的是均值。由于均值容易受到离群点的影响，在处理有较多离群点的数据集时聚类效果较差，因此可以用中位数来代替均值计算质心，相应地，此时算法叫作K-Medians，但是由于中位数的取得需要先将数据集排序，因此算法速度比K-Means慢。

由于均值十分容易计算，故K-Means聚类方法操作简便，聚类速度快，适合较为简单的聚类场景。但是同样受制于均值的局限性，该算法很容易受离群点的影响，而且需要提前设定K值的大小，通常在多次参数设定后，结合研究问题，确定最好的聚类结果对应的K。

3. 基于密度的聚类方法

DBSCAN（density-based spatial clustering of applications with noise）是一种典型的基于密度的聚类算法，与K-Means方法相比，该方法不需要事先知道需要将样本集分为几类。顾名思义，可以看到，DBSCAN方法是基于密度进行聚类并考虑噪声。它的核心思想是，根据密度判定密切联系的样本属于一类，不属于任何一类的样本称为噪声。密度具体衡量的是在设定的取值范围内样本的数量，由此算法中有两个重要参数衡量密度：r代表取值范围，MinPts代表最少样本数量。在DBSCAN算法中，根据数据密度，将样本点分为以下三类：

核心点：以此点为中心，在半径r内含有超过MinPts数量的点；

边界点：在半径r内，点的数量小于MinPts，但是与某个核心点的距离小于指定半径；

噪音点：样本中既不是核心点也不是边界点的点，即与其他数据有显著差异的样本。

将样本点分类之后，接下来就需要设定对样本聚类的标准。在DBSCAN算法中，点与点之间的关系用密度可达进行描述。假设p为核心点，如果数据点q在p的指定半径内，那么q从p直接密度可达。对于一串数据点p_1，p_2，…，q，假如p_i从p_{i-1}直接密度可达，那么q从p_1密度可达。由定义可知，p_i均是核心点。聚类的目标是属于同类的样本尽量相似，相应地，在DBSCAN中一个类内的所有点彼此之间应该是密度可达的。

基于以上概念，算法的步骤如下：

首先，以半径r、最少样本数量MinPts两个参数判断样本集合中的核心点。

然后，随机找到一个核心点，找到所有与其密度可达的核心点，这些点构成一类。

而对于每一个边界点，将其归为半径 r 内最近的核心点所属的类。

将已有类别的点从集合中删除，在集合中随机找到下一个核心点继续前面的步骤，直到给所有可能的点赋予了类别。

最后，不属于任何一类的点称为噪声点。

DBSCAN 具有以下特点：该方法形成的聚类形状可以是任意形状，不再局限于圆形，并且能够识别出噪声点，极大地减小了噪声点（离群点）对聚类结果的影响。但是该方法也有不足之处，主要表现在以下几方面：（1）对于特征数量较多的高维样本数据不适用；（2）如果样本集的密度不均匀、聚类间距差相差很大时，聚类质量较差。

4. 层级凝聚聚类（HAC）

基于计算不同样本点的相似度，层次聚类通过创建一棵有层次的聚类树实现了聚类，如图 7－1 所示。每一个原始样本点是这棵树的最低层节点，代表每个样本点都是一类，而树的顶层是一个节点，代表所有样本点是一个类别，树的中间层节点代表这个节点下面的样本被聚合成了一类。构建层次聚类的算法分为两类：自上而下和自下而上，下面介绍自下而上的一种聚类算法——层级凝聚聚类（HAC）。

HAC 的核心思想是相近的样本（样本集）可以合并成一类。自下而上，HAC 首先将每个数据点视为一个单一的类，然后计算所有类之间的距离，将两个具有最小距离的类合并成为一个类。然后继续计算目前所有类之间的距离，将最近的两个类进行合并，直到所有的类聚合成为一个类为止，从而完成了聚类树。在聚类树的基础上，决策者根据需要选择最终的聚类。例如，根据顾客的相似性自下而上，逐层构建完成了如图 7－1 所示的聚类树。如果想把所有顾客聚成两类，则选择包括前四个顾客的类别 1 和后三个顾客的类别 2。如果想要把顾客聚类成更多类别，则可以选择类别 11、12、21 和只包括顾客 7 的类别。

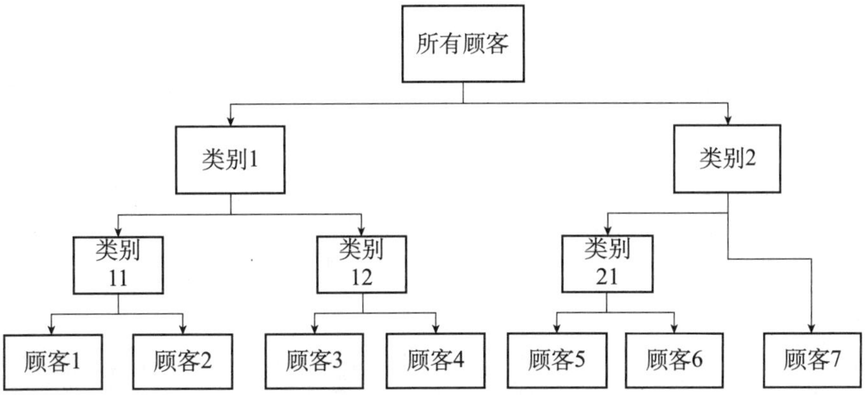

图 7－1　HAC 聚类树

层次聚类法的关键是计算类间距离，有几种常用的方法，包括 Single Linkage（两个类别中距离最近的两个点之间的距离作为类间距离），Complete Linkage（两个类别中距离最远的两个点之间的距离作为类间距离）和 Average Linkage（计算两个类别中的每个数据点与其他所有数据点的距离，将所有距离的均值作为类间距离）。在这三种方法中，前两种受到极值的影响比较大，后面一种虽然计算量比较大，但更为合理。

5. 聚类效果评价指标

上文介绍了几种常见的聚类方法。在将方法应用于具体问题时，需要一些能够评价聚类效果的指标，这样就可以比较不同聚类方法效果的差异，以及不同参数下算法的表现。

（1）轮廓系数

对于一个聚类任务，最佳的聚类效果就是，同一个类内的样本尽可能相似、分布紧密，不同类之间的样本尽可能有区别、互相远离。轮廓系数便是描述类内密集程度和类间区别程度的评价指标，其计算方法如下：

$$s=(b-a)/\max(a,b) \tag{7.1}$$

其中 a 表示同一类内各个数据点到彼此间距离的均值，b 表示同一类内各个点到距离该类最近类的所有点的距离的均值，s 取值在 [−1，1] 之间。如果 s 接近 1，则代表聚类的效果合理，设想同类样本点完全相同的极端情况，即 $a=0$，则 $s=1$；若 s 接近 −1，则代表聚类结果无效，设想聚类极端错误，将完全相同的样本点聚类到了不同的类别，即 $b=0$，则 $s=-1$。

（2）熵

在前面决策树的介绍中曾经提到过熵。熵（entropy）可以描述一个集合的纯度，即集合中样本属于同一类的程度。沿用这个思想，可以用熵衡量聚类的效果。对于聚类的每一个簇，首先计算数据的类分布，根据簇中大多数样本的特点判定该簇的类别，进而基于式（7.2）计算各个簇的类分布：

$$P_{ij}=\frac{m_{ij}}{m_i} \tag{7.2}$$

其中 m_i 表示簇 i 中所有对象的个数，m_{ij} 表示簇 i 中属于其他类（如类 j）的对象的个数。如图 7－2 所示，我们可以认为 cluster1 实际上就是对于“×”形状这一类的顾客的簇，那么“△”不应该属于这一类，$m_i=6, m_{ij}=1, P_{ij}=\frac{1}{6}$。同理，cluster2 实际上是属于“○”这一类的顾客的簇，那么“△”和“×”形状代表的顾客属于两个其他的类别，需要计算两个相应的分布。

使用熵的计算公式得到每个簇的熵之后，再根据每个簇的熵的加权和计算簇集合的总熵。对于图 7－2，我们可以得到 $e_1=-\frac{1}{6}\log_2\left(\frac{1}{6}\right), e_2=-\left\{\frac{1}{6}\log_2\left(\frac{1}{6}\right)+\frac{1}{6}\log_2\left(\frac{1}{6}\right)\right\}$，$e_3=-\frac{1}{4}\log_2\left(\frac{1}{4}\right)$，得到整个聚类划分的簇的熵 entropy$=\frac{6}{16}e_1+\frac{6}{16}e_2+\frac{4}{16}e_3$。

（3）纯度

评价标准纯度（purity）是指正确聚类的个体数占总个体数的比例，其式为（7.3），其中 N 表示总个体数，W_k 表示第 k 个聚类簇，C 代表个体集合，C_j 即第 j 个簇。

$$\text{purity}(\Omega, C) = \frac{1}{N}\sum_k \max_j |W_k \cap C_j| \tag{7.3}$$

例如，在图 7-2 所示的顾客聚类示例中，根据前面介绍的聚类算法，我们将顾客聚成了三类，其中不同的形状代表不同类型的顾客，第一个聚类正确的有 5 个，第二个聚类正确的有 4 个，第三个聚类正确的有 3 个。根据纯度的计算方式，我们可以得到 purity$=\frac{5+4+3}{16}=0.75$。其中，purity 越大表示聚类准确性越大。

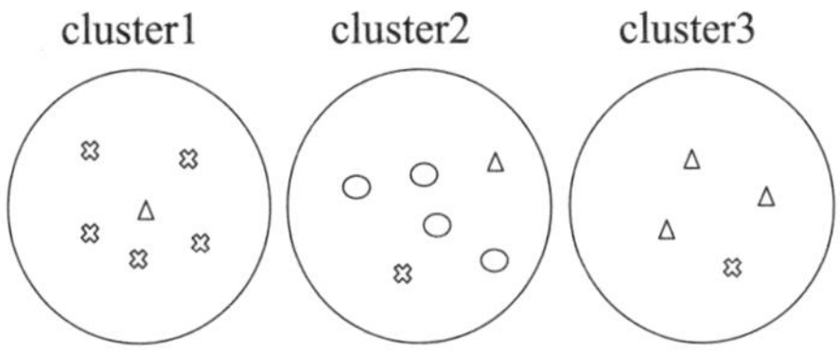

图 7-2　纯度计算示意图

（4）其他外部指标

在样本点的类别已知的情况下，可以根据聚类结果与原有类别的差异程度评价聚类效果。假设样本集合实际类别信息为 C，K 是聚类结果，指标通过成对比较样本点的类别信息是否一致进行评价。有些样本在实际类别分类 C 中属于一类，在聚类结果 K 中也属于一类，这些样本的对数为 a。而有些样本在 C 中不属于一类，在 K 中也不属于一类，这些样本的对数为 d。显然，前面这两种情况代表了聚类是正确的。相应地，b 表示在 C 中属于一类，但在 K 中不属于一类的样本对数，而 c 代表在 C 中不属于一类但在 K 中属于一类的样本对数，显然后两种情况代表了聚类是不正确的。根据上述四种情况，得到以下几种度量指标：

Jaccard 系数：

$$\text{JC} = \frac{a}{a+b+c} \tag{7.4}$$

FM 指数为：

$$\text{FMI} = \sqrt{\frac{a}{a+b} \cdot \frac{a}{a+c}} \tag{7.5}$$

Rand 指数为：

$$\text{RI} = \frac{a+d}{a+b+c+d} \tag{7.6}$$

上述性能评价指标的取值范围为［0，1］，值越接近 1，意味着聚类结果与真实情况越吻合。

第二节　关联规则

美国著名的连锁超市沃尔玛在多年前做出了看似离谱的决策：将尿布与啤酒摆放在相邻货架。事实证明，这个决策促进了男性消费者对两种物品的购买，大大提高了沃尔玛的收益。但这究竟是为什么呢？原来是妈妈们会叮嘱丈夫下班后为孩子购买尿布，而丈夫可能会在购买尿布的时候顺便购买自己想要的啤酒。从产品自身特征类别来看，尿布与啤酒是很难有关联的。这个基于购买信息得到的购物推荐，被称为“购物篮分析”的案例，正是基于“关联规则”产生的。

关联规则的应用非常广泛。电商平台会为购买了衬衫的消费者推荐领带，是基于“购买了衬衫的人会购买领带”的规则进行的推荐；道路交通禁止酒驾，是基于“酒驾的司机会发生交通事故”的规则；医生安排患者进行的各种检查，是基于过去病例中症状和病因之间的规则做出的决策。关联规则是数据挖掘和知识发现的常用工具，是在商务背景中进行产品推荐的重要依据。运用关联规则算法进行合理的规则判断对于增加推荐的成功率大有裨益。

1. 关联规则的基本概念

从大规模数据集中寻找事物间隐含关系的过程被称为关联规则学习（association rule learning）或关联分析（association analysis）。关联规则可以表示成一个蕴涵式 $R:X\Rightarrow Y$，其中 X 和 Y 分别称为关联规则的先导和后继，且 $X\cap Y=\varnothing$。关联规则可能包含多个属性关系，一个规则的输出属性可以作为另一个规则的输入属性出现。接下来结合具体示例解释关联规则中的一些术语。

假设某电商平台在消费者的购买信息中存在如表 7-4 所示的交易记录，也被称为购物篮数据。TID 表示购买记录的编号，Items 表示消费者在本条购买记录中购买的商品。数据分析的目的是希望能够通过以往的顾客购买数据，对顾客的购买搭配进行挖掘，以此进行有效率的推荐。

表 7-4　用户交易记录

TID	Items
1	A，B，C，E
2	B，D
3	B，C
4	A，B，D
5	A，C
6	B，C
7	A，C
8	A，B，C，E
9	A，B，C
10	B，D

在规则的构建过程中，需要如下基本概念。

项：构成规则的最小单位。比如，交易记录中的一个物品 A 就是一个项。

项集：包含若干项的一个集合叫作项集（itemset），含有 k 个项的项集称为 k-项集。比如，{A，B} 为一个 2-项集，{A，B，C，E} 为一个 4-项集。

事务：是指在某次事件或某次交易中发生的所有项目的集合。比如，{A，B，C，E}（TID 为 4）、{B，D}（TID 为 2）均为一个事务。

事务集：所有的交易记录构成了事务集。比如，表 7－1 中的 10 条事务构成了一个事务集。

2. 关联规则常用评价标准

根据基本概念的描述，表 7－4 中的示例可以总结出形式为 $X \Rightarrow Y$ 的多个关联规则，例如 A⇒B 等，表示购买了 A 商品会同时购买 B 商品。但并非任意构建的规则都是正确的、有代表性的，需要一些标准评价关联规则。

（1）置信度（confidence）

置信度是衡量关联规则是否正确的重要指标之一，评价的是项集 Y 在包含项集 X 的交易中出现的频繁程度。项集 X 对项集 Y 的置信度为：

$$\text{Confidence}(X \Rightarrow Y) = \frac{P(X \cap Y)}{P(X)} = \frac{\text{同时包含 } X\text{、}Y \text{ 的事务数}}{\text{包含 } X \text{ 的事务数}} \tag{7.7}$$

其中，$P(X \cap Y)$ 为 X 和 Y 同时出现的事务的概率，$P(X)$ 为 X 出现的事务的概率。在购物篮情景下，$P(X \cap Y)$ 为同时购买了 X 和 Y 的交易数量；$P(X)$ 为购买了 X 的交易数量。置信度越高说明在出现 X 的事务中 Y 同时出现的可能性越大，也就是说，规则 $X \Rightarrow Y$ 越准确。在实际问题中，一般会设定项集的最小置信阈值即最小置信度，高于最小置信度的项集才会被选择。

只有置信度一个指标衡量关联规则存在局限性。对于表 7－4 所示的数据，规则 $\{E\} \Rightarrow \{C\}$ 的置信度为 $\text{Confidence}(E \Rightarrow C) = \frac{P(E,C)}{P(E)} = \frac{2}{2} = 100\%$。这条规则的置信度为 1，说明是正确的规则，但这是否意味着这是一条可以保留的规则呢？观察表 7－4 中所有的事务，可以发现含有 E 的交易只有两条，也就是说，虽然规则是正确的，但基于它所做的推荐缺乏代表性，不能满足大多数交易的需要。因此，还需要用支持度对规则进行评价。

（2）支持度（support）

支持度是衡量关联规则是否有代表性的重要指标之一。它指的是某项规则在给定数据集中的频繁程度。项集 X 对项集 Y 的支持度为：

$$\text{Support}(X \Rightarrow Y) = P(X \cap Y) = \frac{\text{同时包含 } X\text{、}Y \text{ 的事务数}}{\text{数据集总事务数}} \tag{7.8}$$

支持度越高，说明含有 X、Y 的事务数越多，意味着规则对更多的数据有意义，是更有代表性的。在实际问题中，一般会设定项集的最小支持度，高于最小支持度的项集才会被选择。续前例，规则 $\{E\}\Rightarrow\{C\}$ 的支持度为 $\text{Support}(E\Rightarrow C)=\frac{2}{10}=20\%$，说明规则并没有很高的代表性。

3. 关联规则挖掘基础：频繁项集与强规则

基于支持度和置信度，可以对满足条件的关联规则进行新的命名。高于最小支持度的项集是“频繁的”，数据集中频繁出现的项集构成的集合称为频繁项集。在频繁项集中构建的规则才有代表性。在频繁项集构成的规则中，置信度高于给定阈值的所有规则称为强规则。

频繁项集具有两个鲜明的特征，这两个特征是挖掘各个频繁项集的基础：

如果一个集合是频繁项集，则组成它的所有子集都是频繁项集。

如果一个集合不是频繁项集，则它组成的所有超集都不是频繁项集。

基于这两个特征，关联规则可以通过以下步骤产生：首先，产生频繁项集：找出所有支持度大于最小支持度的项集，即为频繁项集；其次，产生强关联规则：从上一步发现的频繁项集中生成满足最小置信度的强关联规则。

由于从频繁项集中发现关联规则所涉及的内容较为固定，因此，大部分常用算法的重点都在于完成第一个步骤，也就是如何挖掘频繁项集，这也是关联规则的生成中最为耗时的一个步骤，因为如果要一一计算每个可能的项集的支持度，计算量是非常大的。下面我们介绍常见的关联规则算法。

4. 关联规则挖掘算法 Apriori

Apriori 算法是用于发现频繁项集的常用算法。该算法的中心思想在于其生成频繁项集的方式，也就是从 k -项集产生（$k+1$）-项集的过程，是一种逐层搜索的迭代方法。这个过程分为以下两个步骤：

合并：频繁 1 -项集很容易直接得到，然后从频繁 k -项集开始找出频繁 $k+1$ -项集，将频繁 k -项集中的每个项集两两合并，合并的条件是两个项集中有 $k-1$ 个元素是相同的（在 $k=1$ 时，$k-1$ 可以理解为空集），以 $k-1$ 个项为基础，加入两个项集中各自不同的元素，得到了 $k+1$ -项集。

筛选：对于上一步生成的所有 $k+1$ -项集，筛选出大于最小支持度的项集，这些项集就构成了频繁 $k+1$ -项集。

下面通过表 7-1 中的数据来举例说明 Apriori 的思路。设定最小支持度为 20%，最小置信度为 75%。

首先，进行数据表的第一次扫描，找出所有的 1 -项集，见表 7-5：

表 7-5 Apriori 算法 1-项集示例

项集	计数
{A}	6
{B}	8
{C}	7
{D}	3
{E}	2

由于最小支持度为 20%，共有 10 条记录，所以最小支持度计数为 2，表 7-5 中的全部1-项集都满足最小支持度，继续向下产生频繁项集，基于 1-项集找出所有的 2-项集，并得到它们的计数，见表 7-6：

表 7-6 Apriori 算法 2-项集示例

项集	计数
{A，B}	4
{A，C}	5
{A，D}	1
{A，E}	2
{B，C}	5
{B，D}	3
{B，E}	2
{C，E}	2

根据非频繁项集的超集一定不是频繁项集的特性，过滤掉小于最小支持度的项集，筛选出频繁 2-项集（见表 7-7）：

表 7-7 Apriori 算法频繁 2-项集示例

项集	计数
{A，B}	4
{A，C}	5
{A，E}	2
{B，C}	5
{B，D}	3
{B，E}	2
{C，E}	2

依次合并筛选下去，得到频繁 3-项集和频繁 4-项集，分别如表 7-8 和表 7-9 所示：

表 7-8 Apriori 算法频繁 3-项集示例

项集	计数
{A，B，C}	3
{A，B，E}	2
{A，C，E}	2
{B，C，E}	2

表 7-9 Apriori 算法频繁 4-项集示例

项集	计数
{A, B, C, E}	2

至此，产生频繁项集的过程结束。下面介绍强关联规则的产生步骤。根据挖掘出的频繁 4-项集，构造关联规则并计算其置信度（此处只构造前导为 3-项集、后继为 1-项集的规则）：

规则 1：{B，C，E} ⇒ {A}（2/2=100%）

规则 2：{A，C，E} ⇒ {B}（2/2=100%）

规则 3：{A，B，E} ⇒ {C}（2/2=100%）

规则 4：{A，B，C} ⇒ {E}（2/3=66.7%）

规则 1、规则 2、规则 3 满足最小置信度，因此，由表 7-6 挖掘出的前导为 3-项集、后继为 1-项集的强关联规则为：

"同时购买了 B、C、E 商品的用户会购买 A"

"同时购买了 A、C、E 商品的用户会购买 B"

"同时购买了 A、B、E 商品的用户会购买 C"

5. 关联规则挖掘算法 FP-growth

作为一个挖掘频繁项集的算法，Apriori 在一定程度上减少了产生频繁项集的时间，提高了算法的运行效率。但是，Apriori 每一次生成 k-项集时，仍需要计算每个项集的支持度，根据支持度来发现频繁项集，这就会导致需要反复扫描事务集，因此在数据量巨大时，它的计算量仍然过大。

为了解决这个问题，后续有学者提出了 FP-Growth（frequent pattern growth）算法。该算法基于 Apriori 算法，采取了分治的策略，将事务集排序后有规律地存储在一个频繁模式树里。在生成树之后无须访问事务集，只需访问部分树结构即可，事务集在整个过程中只需被扫描两次。因此，FP-Growth 算法极大地降低了计算量。

在了解 FP-Growth 算法之前，我们先来理解几个术语。

频繁模式树（frequent pattern tree，FP-Tree）：如图 7-3 所示，FP-Tree 通过链接来连接相似的元素，它由一个标记为"根"（root）的根节点、一组子节点和一个包含频繁 1-项集的项头表（header table）组成。前缀子树中的每个子节点都包含三个部分：项的名称、项出现频次的计数以及节点链接。节点链接（以虚线表示）指向 FP-Tree 中有相同项名称的下一个节点，如果没有下一个节点，则为空。包含频繁 1-项集的项头表也包含两部分：项的名称（item）以及节点链接的头部（head of node-links），该链接指向 FP-Tree 中包含该项的第一个节点。

前缀路径（prefix path）：在 FP-Tree 中，介于所查找的项与根节点之间的所有节点形成的每一条路径都是一条前缀路径。比如，图 7-3 中 m 的前缀路径为 {f，c，a} 和 {f，

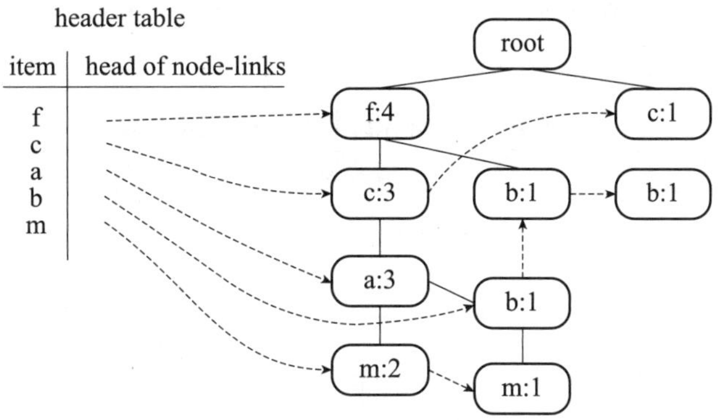

图 7-3　FP-Tree 示意图

c，a，b}。

条件模式基（conditional pattern base，CPB）：条件模式基是以所查找项为结尾的前缀路径的集合，前例中两个路径组成的集合便为条件模式基。

接下来具体介绍 FP-growth 算法实现的过程。FP-Growth 算法通过以下三个步骤更加高效地发现频繁项集。

第一步，构建项头表。第一次数据扫描删除小于最小支持度的 1-项集，找出频繁 1-项集，并按照项集出现的计数降序排列，完成项头表的构建。

第二步，构建 FP-Tree。第二次数据扫描完成如下步骤：

（1）过滤：对数据集中每个事务过滤掉非频繁项集，筛选出频繁项集，即直接删除各个事务中不属于频繁 1-项集的项。

（2）排序：多个事务拥有相同的频繁项集时，可以将它们合并为一个事务，并将次数写为计数即可。由于每个事务都是一个无序集合，而集合中的 {A，B} 和 {B，A} 会被记成两个不同的频繁项集，但它们实际上是同一个频繁项集，因此，为避免此情况发生，将筛选后的频繁项集按照项出现的计数进行降序排列。

（3）创建路径：在构建树时，从删选排序后的频繁项集中，读入每个项集并将其添加到一条已经存在的路径中，如果该路径不存在，则创建一条新路径。具有相同前缀的路径可以共用，对频繁项集进行降序排列后可以共享更多前缀路径，这也是排序的另一个重要原因。

第三步，使用 FP-Tree 挖掘频繁项集：从 FP-Tree 中获得条件模式基，自底向上地对项头表中的每一项找到其对应的条件模式基，记录其计数。条件模式基的计数为该路径上这一项的计数。根据这些条件模式基，分别对每一个频繁 1-项集都构建一个条件 FP-Tree，根据计数，挖掘含有此 1-项集的频繁项集。

下面，仍然以表 7-4 的数据为例，实践 FP-Growth 算法挖掘频繁项集的思路。为了更直观地看出每一步的筛选，在此处设定最小支持度为 40%，用计数项表示为 4，即至少有 4 条事务中含有某项集。

首先，进行第一次数据扫描，找出频繁 1 -项集 {A}，{B}，{C}，将它们按照降序排列，构建项头表（如表 7 - 10 所示）：

表 7 - 10　FP-Growth 频繁 1 -项集项头表

项头表
(B∶8)
(C∶7)
(A∶6)

然后，对数据集中每个事务过滤掉非频繁项集，筛选出频繁项集，并根据项头表将原始数据集重新排序，如表 7 - 11 中的第一条记录中项 E 不是频繁项集，需要删除。

表 7 - 11　FP-Growth 排序示例

TID	Items	排序后的频繁项集
1	A，B，C，E	B，C，A
2	B，D	B
3	B，C	B，C
4	A，B，D	B，A
5	A，C	C，A
6	B，C	B，C
7	A，C	C，A
8	A，B，C，E	B，C，A
9	A，B，C	B，C，A
10	B，D	B

接下来，构建 FP-Tree，从根节点开始，依次读取排序后的每一条事务，将其添加到一条已经存在的路径中，如果该路径不存在，则创建一条新路径，具有相同前缀的路径可以共用，从而得到图 7 - 4 所示的 FP-Tree。

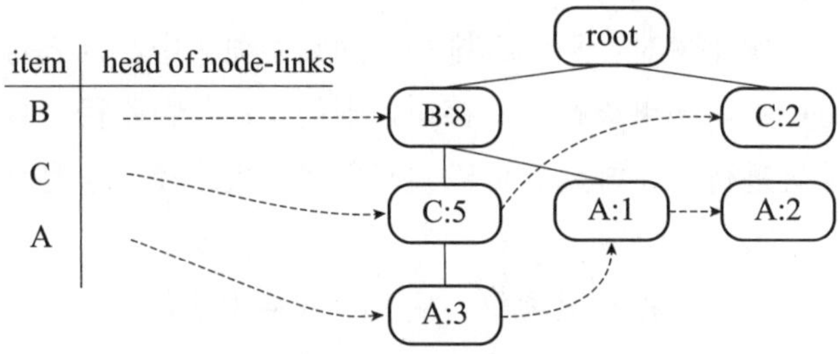

图 7 - 4　FP-Tree 示例

构建好 FP-Tree 之后，首先要从项头表的底部项依次向上挖掘。对项头表中的每一项，找到其对应的条件模式基，记录其计数。在本例中，首先从 A 进行挖掘，在 FP-Tree 中一共有三条前缀路径，其计数为该前缀路径上这一项（即 A）的计数，得到所有的条件模式基（如表 7 - 12 所示）：

表 7-12　条件模式基示例

Items	条件模式基
A	{(B∶3,C∶3),(B∶1),(C∶2)}
C	{(B∶5)}
B	{}

利用上面获得的条件模式基，分别对每一个频繁 1-项集都构建一个条件 FP-Tree。对于 A 而言，条件 FP-Tree 如图 7-5 所示：

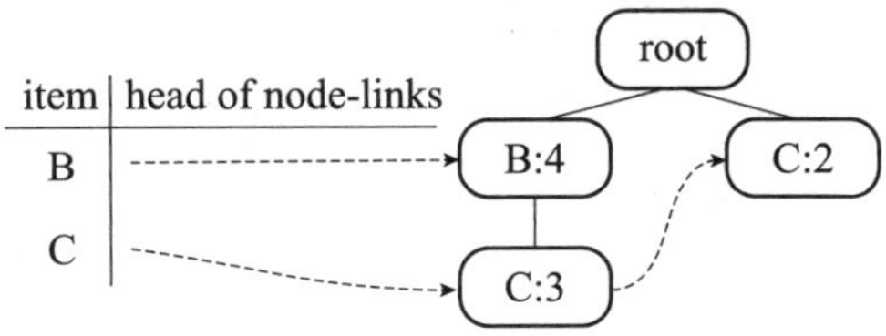

图 7-5　条件 FP-Tree 示例

根据构建的条件 FP-Tree，很容易得到频繁 2-项集{{B∶4,A∶4}，{C∶5,A∶5}}。由于条件 FP-Tree 中含有多个项，故需要进一步做递归挖掘，看是否包含更大的频繁项集，我们可以再根据图 7-5 的条件 FP-Tree 挖掘{(B,A),(C,A)}的条件模式基。根据图 7-5 所代表的条件 FP-Tree 的条件模式基如表 7-13 所示：

表 7-13　条件 FP-Tree 条件模式基示例

Items	条件模式基
B，A	{}
C，A	{(B∶3)}

因为没有满足最小支持度的条件模式基，所以得到 A 的最大频繁项集为频繁 2-项集{{B,A},{C,A}}。而 C 的条件 FP-Tree 如图 7-6 所示。

C 的条件 FP-Tree 只有一个元素项，因此，得到 C 的最大频繁项集为频繁 2-项集{{B∶5,C∶5}}。

综上所述，最终得到频繁项集为{{B,A},{C,A},{B,C}}。

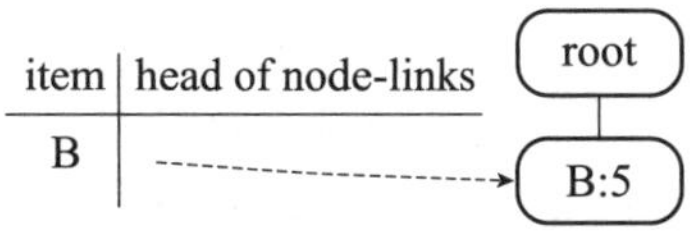

图 7-6　条件 FP-Tree 示例

6. 关联规则挖掘算法 ECLAT

Apriori 算法和 FP-Growth 算法按照水平数据格式对事务进行了整理，即把数据集中的项划归到每个事务下，如表 7-4 所示。而另一种关联规则算法——等价类变换（equivalence class transformation，ECLAT）算法则采用了不同的思路：把数据集中的事务划归到每个项下，这种格式被称为垂直数据格式，例如基于表 7-4 的购物篮记录，统计每个项出现在哪些购买记录中，整理得到了如表 7-14 所示的信息。

表 7-14 适合 ECLAT 算法的购物篮数据

Items	TID
{A}	{1，4，5，7，8，9}
{B}	{1，2，3，4，6，8，9，10}
{C}	{1，3，5，6，7，8，9}
{D}	{2，4，10}
{E}	{1，8}

ECLAT 算法主要利用的是倒排的思想，生成一个统计每一项在哪些事务中出现的倒排表。算法挖掘频繁项集的步骤可以分为以下几步：

首先，扫描数据库，将数据从水平数据格式转换成垂直数据格式，每一项的支持度计数即为每一项出现的 TID 的总数。

其次，通过取交集，利用频繁 k-项集来产生频繁 $(k+1)$-项集。

假设支持度计数为 2，则表 7-14 中每个项都是频繁的，这些项两两组合进行交集运算，共运算 10 次，得到表 7-15 中的 2-项集及相应信息。

表 7-15 ECLAT 算法的 2-项集示例

项集	TID
{A，B}	{1，4，8，9}
{A，C}	{1，5，7，8，9}
{A，D}	{4}
{A，E}	{1，8}
{B，C}	{1，3，8，9}
{B，D}	{2，4，10}
{B，E}	{1，8}
{C，D}	{}
{C，E}	{1，8}
{D，E}	{}

在表 7-15 中，{A，D}、{C，D} 和 {D，E} 不满足支持度要求，不属于 2-项频繁项集。接下来基于频繁的 2-项集 {{A，B}，{A，C}，{A，E}，{B，C}，{B，D}，{B，E}，{C，E}}，构造候选 3-项集。取这些 3-项集的任意两项对应的 2-项集进行交集运算，得到表 7-16 中的 3-项集及相应信息。

表 7-16 ECLAT 算法的 3-项集示例

项集	TID
{A，B，C}	{1，8，9}
{A，B，D}	{4}
{A，B，E}	{1，8}
{A，C，E}	{1，8}
{B，C，D}	{}
{B，C，E}	{1，8}

根据支持度阈值，得到频繁 3 -项集 {{A，B，C}，{A，B，E}，{A，C，E}，{B，C，E}}，最终得到频繁 4 -项集 {A，B，C，E}。

ECLAT 算法的核心在于其存储数据的格式不同，迭代产生频繁项集的方式没有太多变化。在采用垂直数据格式之后，从频繁 k -项集产生（$k+1$）-项集的过程变为取交集的过程，因此，相对于前面两个算法来说，这种方式显然更为简单方便。ECLAT 算法只需要扫描一次数据库，很适合用关系型数据库表示和实现。但是这种方式在交易数据集很长的时候会出现大量消耗内存和计算时间的问题，需要谨慎选择。

7. 关联规则的其他评价标准

支持度和置信度是挖掘频繁项集、衡量强关联规则的两个重要指标。但两个指标评价的范围是有限的，在多个关联规则的支持度和置信度都相等的时候，应该如何选择更合适的关联规则呢？还有另一个问题值得进一步思考：仅凭支持度和置信度两个指标，真的能够成功过滤掉不合适的关联规则吗？

下面看一个“数据说谎”的案例。表 7－17 的数据显示了某段时间内消费者购买 A 品牌手机和购买 B 品牌手机的交易记录汇总，共有 1 000 条数据，根据这些数据我们想知道购买 A 品牌手机和购买 B 品牌手机的关联关系。

表 7－17　关联规则评价指标示例

	购买 A 品牌手机	不购买 A 品牌手机	行总计
购买 B 品牌手机	350	400	750
不购买 B 品牌手机	150	100	250
列总计	500	500	1 000

假设最小支持度为 30%，最小置信度为 60%。在此将购买 A 品牌手机视为 X，将购买 B 品牌手机设为 Y，计算支持度和置信度：

$$\text{Support}(X \Rightarrow Y) = \frac{350}{1\ 000} = 35\% > 30\%$$

$$\text{Confidence}(X \Rightarrow Y) = \frac{350}{500} = 70\% > 60\%$$

这条关联规则的支持度和置信度都能够满足阈值条件，因此找到强关联规则：“购买 A 品牌手机的人会购买 B 品牌手机”。但仔细思考一下现实情况，购买 A 品牌手机的消费者会在很短的时间内同时购买 B 品牌手机吗？这似乎是不成立的。实际上，上面的计算得出：购买 A 品牌手机的人中购买 B 品牌手机的概率为 70%；而在整个数据集中，购买 B 品牌手机的概率为：

$$P(Y) = \frac{750}{1\ 000} = 75\% > 70\%$$

这恰恰说明了购买 A 品牌手机的行为抑制了对 B 品牌手机的需求，这可能更符合实际。

从上例中可以看出，仅仅利用支持度和置信度来判断不能完全滤掉不合适的规则，这两个指标并不能完全满足我们的需求，在关联规则的评价方面，还需要一些新的评价标准帮助我们做出正确的决策。下面介绍一些除了支持度和置信度以外，经常被使用的评价指标。

(1) 提升度

提升度（Lift）表示 X 的出现对 Y 的出现的概率产生了多大影响，提升度可以理解为对依赖或相关关系的度量。提升度的计算公式为：

$$\text{Lift}(X\Rightarrow Y)=\frac{\text{Confidence}(X\Rightarrow Y)}{\text{Support}(Y)}=\frac{P(Y\mid X)}{P(Y)}=\frac{P(X\cap Y)}{P(X)\cdot P(Y)} \tag{7.9}$$

当 Lift=1 时，表示 X 和 Y 相互独立，二者之间没有影响；当 Lift>1 时，表示 X 的出现对 Y 的出现是有提升的，该规则优于随机选择；当 Lift<1 时，表示 X 的发生和 Y 的发生是互斥的。而在上面的例子中，购买 A 品牌手机和购买 B 品牌手机显然是互斥的。在实际的数据挖掘过程中，我们希望提升度越大越好，一般当提升度大于 3 时，认为该关联规则是有价值的。

提升度受零事务的影响较大，零事务（null-transaction）指的是不包含任何考察项集的事务。在上面的例子中，零事务可以理解为既没有购买 A 品牌手机也没有购买 B 品牌手机的人。上例中的零事务占比较小，但在实际应用中，零事务的占比往往较大，即式（7.9）中分母较小，就会使得计算出的提升度明显增大，出现一定的偏差。

(2) χ^2 系数

χ^2 系数与 χ^2 分布有关，是检验两个变量是否相关的一个指标。χ^2 系数的应用是通过假设检验进行的。首先做出 H_0 假设：X 事件与 Y 事件独立。基于这个假设，计算出 χ^2 系数，根据得到的 χ^2 系数、自由度以及置信度查表，决定是否拒绝原假设。χ^2 系数的定义为：

$$\chi^2=\sum_{i=1}^{k}\frac{(O_i-E_i)^2}{E_i}=\sum_{i=1}^{k}\frac{(O_i-np_i)^2}{np_i} \tag{7.10}$$

其中，O_i 表示观察值，也就是数据集中的实际值；E_i 表示期望值，是根据原假设 H_0 计算得出的；n 是总频数；p_i 代表的是期望概率。期望频数 E_i 等于总频数乘以期望概率。下面依旧根据购买 A 品牌手机与 B 品牌手机的例子对这个指标加以理解。以（购买 A 品牌手机，购买 B 品牌手机）为例，实际值 $O_i=350$，在所有数据中，购买 B 品牌手机的概率为 75%（=750/1 000），而购买 A 品牌手机的总频数为 500，所以期望值 $E_i=500\times 75\%=375$。

(3) Kulc

Kulc 表示两个反方向的关联规则，是其置信度的均值。Kulc 避开了支持度的计算，因此不会受零事务的影响。Kulc 值的计算公式为：

$$\text{Kulc}(X,Y)=\frac{\text{Confidence}(X\Rightarrow Y)+\text{Confidence}(Y\Rightarrow X)}{2} \tag{7.11}$$

(4) 不平衡比

不平衡比（imbalance ratio，IR）用于衡量关联规则中两个项集的不平衡度。如果 X 和 Y 两个方向的规则是平衡的，则 IR 为 0；否则，两者的差越大，IR 也就越大，两个项集越不平衡。在实际问题中，不平衡比经常与 Kulc 同时使用。其计算公式为：

$$\mathrm{IR}(X,Y)=\frac{|\mathrm{Support}(X)-\mathrm{Support}(Y)|}{\mathrm{Support}(X)+\mathrm{Support}(Y)-\mathrm{Support}(X\cap Y)}=\frac{P(Y\mid X)}{P(X\mid Y)} \tag{7.12}$$

其他常用的评价指标还有最大置信度、全置信度、cosine、leverage 等。根据不同场景和不同需求选择合适的评价指标，对筛选出理想的关联规则是非常有帮助的。有兴趣的读者可以根据自己的需求进行尝试。

习题

7.1　假设数据挖掘的任务是将八个点聚类成三个簇，$A(2,10)$，$B(2,5)$，$C(8,4)$，$D(5,8)$，$E(7,5)$，$F(6,4)$，$G(3,1)$，$H(4,9)$。其中距离函数是欧几里得距离，假设初始选择 B，E，G 三个点为每个聚类的中心，请用 K-Means 方法进行聚类分析。

7.2　层次聚类方法有几种不同的计算距离的方式，试根据本章表 7-1 的示例用不同的距离进行聚类，并分析不同计算方式的特点和适用情况。

7.3　已知交易记录数据库中有九条交易记录（事务），设定最小支持度为 20%，最小置信度为 60%，利用本章提到的三种算法找到所有的频繁项集，并产生关联规则。

ID	Items
1	A，B，E
2	B，C
3	A，C
4	A，C
5	A，B，C
6	B，D
7	A，B，D
8	B，C
9	A，B，C，E

第八章　社会网络分析模型

之前介绍的各种数据分析方法的基本逻辑都是根据研究对象自身的特征属性进行分析，例如根据顾客的性别、年龄、住址、浏览记录、购买记录等对顾客进行购买预测。除了自身属性，顾客之间的关系也可以帮助我们了解其行为倾向，比如，他们的邻居有没有购买，他们的朋友是不是顾客。

基于关系，可以对研究对象进行相关的分析。例如，我们喜欢与好朋友选择一样的选修课，再如，如果好友买了一本参考书，我们就不会再购买。另外，关系这个角度增加了对研究对象的认识。只看论坛内容发布者自身的信息，无法了解他话语的影响力，而了解代表其网络关系的关注者、粉丝数等信息有利于对其影响力进行更好的分析。社会网络分析模型就是从关系角度描述和分析研究对象的一种数据分析模型。

第一节　社会网络分析基本概念

社会网络是由多个点（行动者）和各点之间的连线（行动者的关系）组成的。节点可以是组织、公司、个人、网络 ID，也可以是文章、词语等。而关系可以是互为朋友、贸易、合作、收发消息、互相关注等。构建出社会网络后，基于信息学、数学、心理学、计算机等多学科的融合理论和方法来理解网络的属性、规律、特点、传播情况的分析方法叫作社会网络分析（social network analysis，SNA）。社会网络分析最早是在对社会关系结构的分析和关注中提出的，随着其他领域科学家对其研究的日益深入和完善，社会网络已经形成了较为完整的理论、方法和技术，并在多个领域（包括商务数据分析领域）得到了广泛应用。

1. 基本结构

社会网络图由节点和边组成，如图 8－1 所示。一般情况下，边表示节点之间的某种关系，边有不同的划分标准。边可以按照是否有权重来划分。例如，图 8－1（a）和（b），对比（a），（b）中边的权重代表关系的重要程度，在具体场景中可以代表合作的频率、距离的远近、相似的程度等。边也可以分为有向和无向，无向边通常意味着两端的节点关系是平等的，例如朋友、合作等；而有向边的方向通常代表两节点之间存在行为关系，比如关注、传播、购买等，如图 8－1 中（a）和（c）分别代表无向图和有向图。

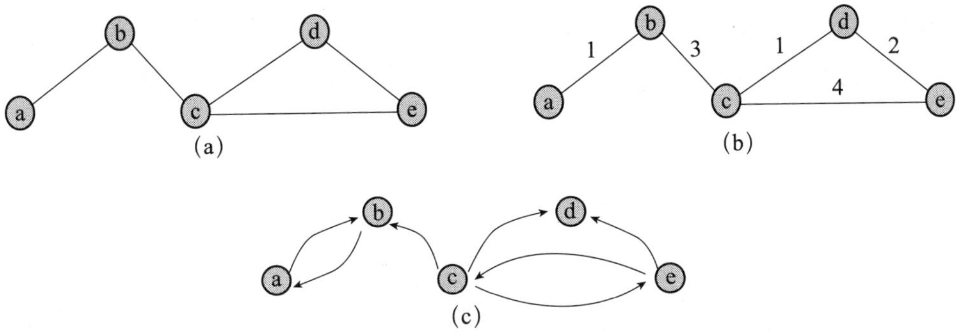

图 8－1　社会网络图不同类型的边

在商务问题分析场景下，点代表行动者，例如一个顾客、一种产品，而各点之间的连线表示了行动者之间的关系，例如顾客和产品之间的关系。社会网络可以从多种角度描述商务关系。例如，从情感因素角度，网络可以表示顾客喜欢、不喜欢哪些产品等；从相似关系角度，网络可以表示产品之间、顾客之间的相似程度；从行动关系角度，网络可以表示顾客购买了产品、浏览产品、在产品评论区留言等；从顺序关系角度，网络可以表示顾客购买产品、浏览产品的先后顺序等；从匹配关系角度，网络可以表示广告位与客户、会场酒店订位的信息。

2. 网络的表示

网络的表示有多种方式，没有一种固定的画法。图 8－2 中画了三个网络，虽然节点布局、图形整体形状有很大差异，但如果按照节点和节点间的关系进行一一对应，这三个图之间实际上是等价的。

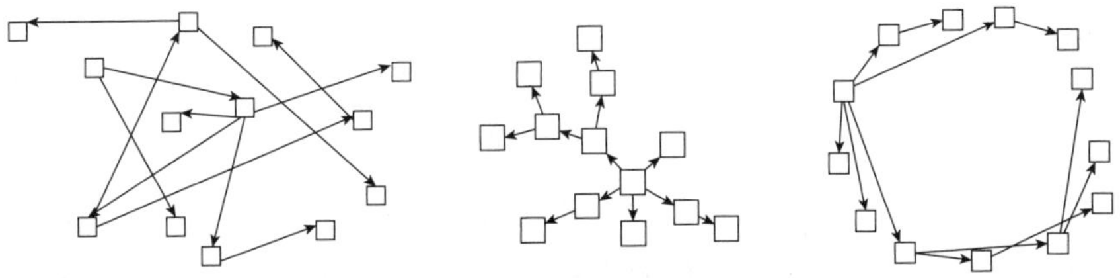

图 8－2　网络的多种画法

由上述示例可以发现，用画图的方法表示网络结构容易产生混淆，而且不利于进行相应的计算。因此很多时候，人们用矩阵来表示网络，例如在图 8－3 中，将图 8－1 所示的网络用矩阵表示出来。可以发现，对于无向网络，相应的矩阵为对称矩阵，而有向网络对应矩阵则不对称。同时，有权重的网络用矩阵表示时，相应位置的元素是连接的权重。

3. 路径

社会网络具有连接性，从而具有传播性。例如，在社交网络中，一个节点通过中间几个节点和相连的边将某一信息传递给图中的另外一个节点，这个传播过程可以用路径表

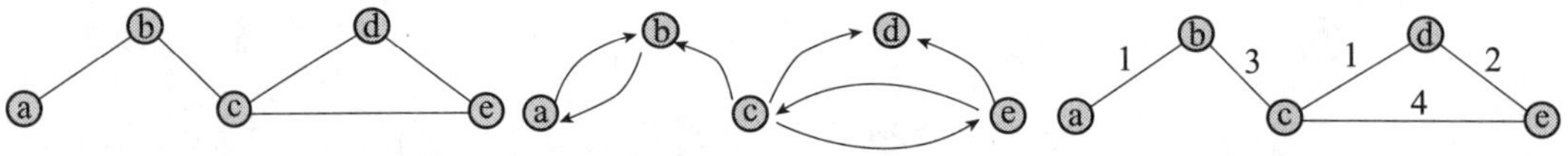

	a	b	c	d	e
a		1			
b	1		1		
c		1		1	1
d			1		1
e			1	1	

	a	b	c	d	e
a		1			
b	1				
c		1		1	1
d					
e			1	1	

	a	b	c	d	e
a		1			
b	1		3		
c		3		1	4
d			1		2
e			4	2	

图 8-3　网络的矩阵表示

示。路径（path）是一个有序节点集合，序列中任意两个相邻节点之间都有一条边相连，当然路径从另一角度可以定义为连接这些点的边的集合。

例如，在图 8-1（a）中，从节点 a 到节点 e 有多种路径（a—b—c—e）、(a—b—c—d—e）或（a—b—c—d—c—e）等，因此能看出路径也可以包含重复的点，一般情况下，不包含重复的点的路径，我们称之为简单路径。

在进行商务数据分析时，可以借助路径描述产品的购买顺序、网页的点击顺序，从中可以发现用户的一些因果性或者周期性行为，从而进行购买时的商品推荐或者优惠活动设计等。

4. 距离

两个节点之间最短路径的长度称为两个节点之间的距离，如图 8-1（a），从节点 a 到节点 e 有多个路径，其中最短路径为（a—b—c—e），那么两个节点的距离为 3。一个网络中所有节点的路径中距离的最大值被称为直径，衡量的是最远的两个节点之间的最短距离，即衡量任意两点之间信息传递所需的最长步骤。

基于距离可以评估网络中信息、风险等传递的效率，比如小世界理论。小世界理论又称为六度分隔理论，认为世界上任何两个人之间只有六个人的间隔，也就是说，可以通过很短的朋友路径，联系到世界上几乎所有人，路径终端的人很可能和你毫无共同点。这个理论主要表达的是任何两个素不相识的人，通过一定的方式，总能产生必然联系或者关系。六度分隔理论对商务活动网络的分析也有启发。商务网络中各参与者密切联系，相应的交易风险、金融风险的传播速度也非常快。

基于距离，可以分析某个特定网络的大小。例如，有一位高产出的科学家 Paul Erdos，一生发表过 1 500 篇文章，以此人为起始节点，用连线代表科学家们的合作关系，可以得到合作网络。这个网络中任意节点与起始节点的距离，被称为 Erdos number，大多数科学家的 Erdos number=4 或 5。与此类似，以一位高产电影演员 Kavin Bacon 为起始节点构造的合作网络中，演员的 Bacon number 平均为 2.9。由此可见，电影界合作网络会更小，即节点联系更加密切。

5. 连通图与连通分量

给定一个图，如果图中任意两点之间都有路相通、有路径到达，则称此图为连通图。图 8－4 左图为一个连通图，右图不是一个连通图。

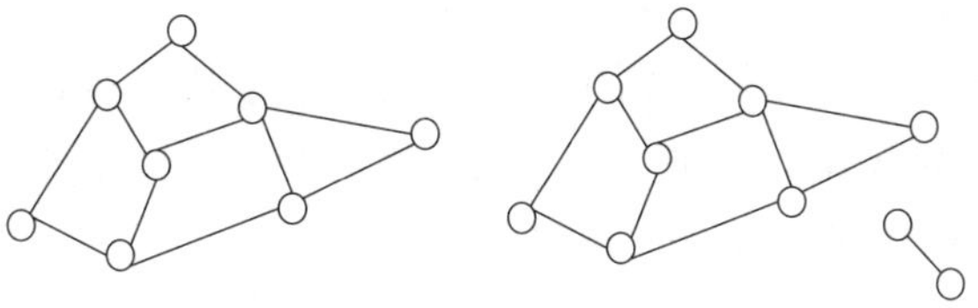

图 8－4　连通图与非连通图

连通图衡量了网络的传递性，若网络整体是一个连通图，那么任意两个点都可以找到路径相联系。当一个无向图不连通时，总能找到构成它的若干最大连通子图，称之为一个连通分量，或称为连通分支。例如，图 8－4 中左图是右图的一个连通分量，右图有两个连通分量。如果一个有向图是连通的，即任意两点双向都有路径，则称这个有向图为强连通图。

在描述用户共同购买某一商品的网络中，网络节点为顾客，边表示两个顾客共同购买了指定产品，那么可以根据连通图发现有共同爱好的顾客子图。由于每个顾客个性化推荐代价较高，可以对整个连通子图制定相同的策略进行推荐。例如，根据社会网络图识别出一个连通子图都购买了某一相机，那么可以同时为他们推荐某一镜头。

6. 割点、桥、结构洞

连通性衡量了一个网络中节点彼此的连接程度，但在网络中不同节点和不同边对连通性的贡献是不一样的。下面介绍一些可以来衡量一个点或者一条边的重要程度的概念。割点衡量的是节点的重要性。若一个图去掉某一个节点后，图的连通分量会增加，即原有的连通分量被破坏，某些节点之间无法建立联系，那么这个节点称为割点。桥衡量的是边的重要性。若一个图去掉某一条边后，图的连通分量会增加，则这条边称为桥。

割点是图中十分重要的点，同样桥是很重要的边，它们在一定程度上掌控着整个网络信息的流向。在现实生活中有很多这样的例子，例如，一个学生 B 目前的社交圈为学校的同学和教师(以节点 A 代表)，某一天 B 听闻一个同乡 C 在某公司实习，并介绍 B 也成功进入了该公司实习，那么 B 又认识了一个新的社交圈，而公司的人没有再与其他同学和老师认识的，那么 C 节点即为割点，如果没有 C，那么 B 只认识学校的同学和教师，不会认识公司的其他人，相应的 B—C 边为桥，如图 8－5 所示。在这个网络中，F 和 G 也是割点，在网络中是重要的节点。

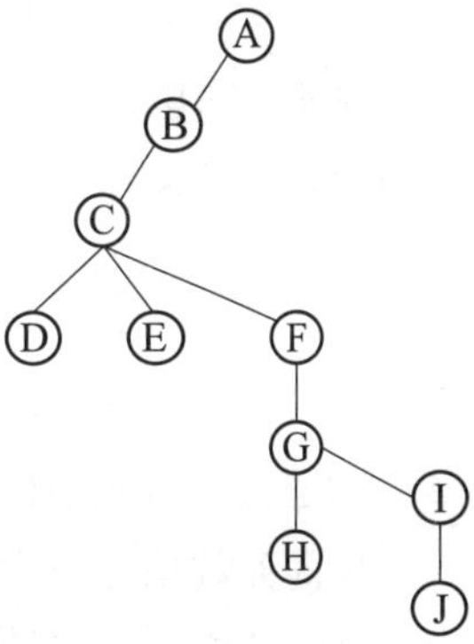

图 8－5　割点与桥

结构洞指的是社会网络中某个或某些个体和有些个体发生直接联系，但是与其他个体之间不发生直接联系，即某些部分的连接是稀疏的，从网络整体看好像网络结构中出现了洞穴。例如，在图 8-5 中，节点 C 与 B、D、E、F 分别有联系，而节点 D、E 只与 C 有联系，C 就处于结构洞。处于结构洞的位置能够为其占据者获取“信息利益”和“控制利益”提供机会，从而比网络中其他位置上的成员更有优势。

割点、桥、结构洞都是社会网络图中比较重要的点或边，有着很重要的作用，例如利用社会网络关系制定营销策略时，可以利用结构洞、割点的概念发现重要的节点，突破这些节点进行营销，更利于信息的快速广泛传播。

第二节　社会网络的度量方法

在前面的描述中可以看到，组成网络的各个节点并不是同等重要的，网络的拓扑结构决定了一个节点的重要程度。例如，如果两个节点之间没有路径，那么信息就不能从一个节点流向另一个节点；如果一个节点处于整个网络的边缘，那么这个节点的重要性低于网络的中心节点，等等。这些都是从网络的拓扑结构中得到的。本节将对常见的度量方法进行介绍。

1. 网络规模和密度

网络的规模和密度是度量网络特性比较直接的指标。网络规模指的是网络中包含的节点个数，节点个数越多，网络规模越大。网络密度指的是一个网络中各个点之间联系的紧密程度，在同样的网络规模下，节点之间的连线越多，该图的网络密度越大，意味着网络对其中节点的态度、行为产生的影响就越直接，传播速度就越快。相应地，密度反映了节点在网络中的社会资本，以及信息或资源在节点之间扩散的速度。它的具体定义如下：设一个网络有 n 个节点、m 条边，那么网络的规模即为 n，当边是无向边时，网络中最多能有 $\frac{n(n-1)}{2}$ 条边，则网络的密度为：

$$\rho=\frac{m}{n(n-1)/2} \tag{8.1}$$

显然 ρ 越接近 1，网络密度越大，而当 $\rho=1$ 时意味着网络中每个节点都彼此相连，网络为完全连接网络。如果边是有向边，那么网络中最多有 $n(n-1)$ 条边，网络密度为：

$$\rho=\frac{m}{n(n-1)} \tag{8.2}$$

网络规模定义较简单，是重要的评价指标，例如，计算图的某些属性时，要把网络规模考虑进去，否则指标的值不能直接比较大小。

在商务数据分析中，密度指标也会经常出现。例如，在一个共同购买的网络中，节点为商品，两个节点之间的边衡量了两个商品被同时购买过，网络的密度越大，在一定程度上说明了这些商品越相似。

2. 中心性

中心性衡量了一个点或点集在网络中的地位和重要性，例如，一个点连接的边越多，它在网络中可能越重要，比如，它可以控制信息的流动。有几种常见的中心度度量点和网络的中心性，分别为度（degree）中心性、中间（betweenness）中心性、接近（closeness）中心性和特征向量（eigenvector）中心性。这些中心度衡量的角度不同，下面详细介绍。

（1）度中心性

为了衡量一个节点的重要性，首先想到的可能是这个节点在网络中与多少个节点相连，这个属性称为节点的度或中心度（degree）。从计算角度来看，一个节点的度为以这个节点为一个顶点的边数，衡量的是一个个体在网络中的权力，是在网络分析中刻画节点中心性的最直接的度量指标。一个节点的度越大，说明它在网络中越重要。例如，在消费者商品网络中，若商品之间有网页推荐链接时形成一条边，那么一个商品的度中心性越大，这个商品越受欢迎、越重要。具体而言，度中心性包括绝对点度中心度和相对点度中心度（标准化中心度）以及网络的度中心势。

绝对点度中心度即为与这个点直接相连的其他点的个数，见式（8.3），其中 N_i 表示编号为 i 的节点，n 表示网络总节点的个数，x_{ij} 表示节点 i 和 j 之间是否存在边，若有边，则为 1，否则为 0。

$$C_D(N_i) = \sum\nolimits_{j=1,\ j\neq i}^{n} x_{ij} \tag{8.3}$$

但是节点的绝对中心度不仅与节点的重要性相关，也与网络的规模有关系，有 100 个节点的网络中度为 10 的节点与有 30 个节点的网络中度为 10 的节点的重要程度是不同的，所以标准化中心度的引入可以消除网络规模变化对度中心性的影响。网络中最大可能的度数是网络的节点数目减 1，描述了该节点与网络中所有其他节点都相连的情况。由此，相对点度中心度即为该点的绝对中心度与最大可能度数之比，见式（8.4），从而可以根据此值比较不同网络中节点的重要性。

$$C'_D(N_i) = \frac{C_D(N_i)}{n-1} \tag{8.4}$$

网络的度中心势衡量一个网络是在多大程度上围绕某个特殊点构建起来的。它的基本思想是：首先找到网络中节点的最大中心度，即得到 $C_{Dmax} = \max C_D(N_i)$；然后计算C_{Dmax}与其他节点的中心度的差值，进而得到所有差值的总和，即式（8.5）的分子部分；之后，考虑理论上差值最大的情况是节点组成了星形网络（一个节点的度是 $n-1$，其他 $n-1$ 个节点的度是 1），此时差值总和达到最大 $(n-1)(n-2)$，即式（8.5）的分母部分；将两者相除，得到了绝对中心势。绝对中心势越大，意味着网络越依赖于某个特殊节点。

$$C_D = \frac{\sum\nolimits_i (C_{Dmax} - C_D(N_i))}{(n-1)(n-2)} \tag{8.5}$$

同样考虑到网络规模，将绝对中心势的分子和分母都除以（$n-1$），可以得到式（8.6）所示的相对中心势。

$$C'_D=\frac{\sum_i(C'_{Dmax}-C'_D(N_i))}{n-2} \tag{8.6}$$

前面所讨论的度的计算都是基于无向网络的，由于有向网络中的边存在方向，所以在有向网络中，度又分为出度和入度。出度（out-degree）指的是从某节点出发指向其他节点的连接个数；而入度（in-degree）指的是从其他节点出发指向某顶点的连接个数。例如图 8－6 中节点 1 的出度为 3，入度为 1；节点 2 的出度为 2，入度为 1。

度中心性的优点是直观，容易度量，容易理解。例如，在图 8－7 的无向图中，在 v_1 所在的连通分量里面，v_1 比 v_2 的度大，所以 v_1 比 v_2 更重要。它的缺点在于它是一个局部特征，不能反映节点在网络中整体的重要性。同样在图 8－7 中，点 v_0 在这个图中是一个割点，是连通三个连通分量的重要节点，但是它的度只有 3，而点 v_1 的度为 5。从度来看，v_1 比 v_0 大，但割点 v_0 显然要比 v_1 更重要。所以度衡量的是一个局部的特征，不能衡量全局的重要性。

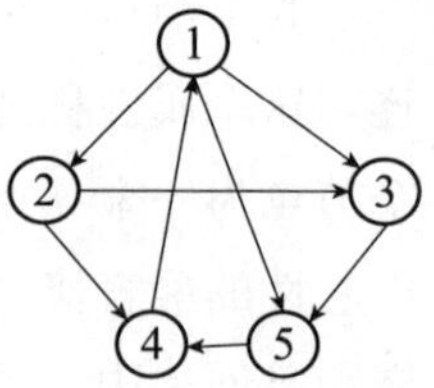

图 8－6　有向图的出度与入度

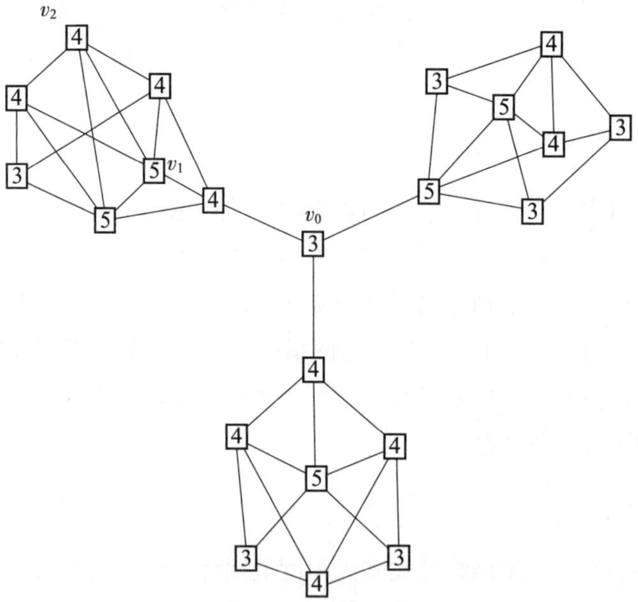

图 8－7　无向图实例

（2）中间中心性

考虑信息在网络中的流动，如果很多点与点之间的消息交流（最短路径）都要经过某一点，那么这一点在网络中很重要，这个点在一定程度上控制了网络中信息的传递。中间中心性便是衡量某节点对其他节点控制程度的指标，与度中心性类似，也分为点的绝对中间中心度、点的相对中间中心度和网络的中间中心势。

点的中间中心度评价的是通过某个点的最短路径数，显然这个数值越高，意味着相应节点在整个网络中对其他节点的控制程度越高。如果一个点位于其他点对的最短路径上，那么这个点就具有较高的中间中心度。具体来说，假设点 j 和点 k 之间存在的最短路径条数用 g_{jk} 表示，点 j 和点 k 的全部最短路径中经过第三个点 i 的数目用 $g_{jk}(i)$ 表示。点 i 能够控制这两个点的交往能力用 $b_{jk}(i)$ 表示，那么有：$b_{jk}(i)=\frac{g_{jk}(i)}{g_{jk}}$，即通过点 i 的最短路径占所有最短路径数量的比重，比重越高，显然节点 i 越重要。于是点 i 在整个网络中的绝对中间中心度为：

$$C_{ABi}=\sum_{j}^{n}\sum_{k}^{n}b_{jk}(i),j\neq k\neq i,j<k \tag{8.7}$$

与其他绝对指标类似，点的绝对中间中心度不仅与网络的拓扑结构相关，也与网络的具体规模有关系。为了消除网络规模的影响，引入点的相对中间中心度，即用绝对中间中心度除以网络中去掉该节点后假设其他节点全部相连的边数，如式（8.8）所示：

$$C_{RBi}=\frac{C_{ABi}}{(n-1)(n-2)/2} \tag{8.8}$$

结合点中心度的极端情况理解指标的意义。若一个网络为全连通的，任意两个节点都不需要经过第三个节点来传递，那么网络中每一点的绝对中间中心度均为 0。而如果一个网络为星形网络，则中间节点的中间中心度为 1，所有节点间的联系都要经过此节点，其他节点的中间中心度为 0。

与网络的度中心势类似，网络的中间中心势衡量了整个网络的中间性，它的计算方法为：

$$C_B=\frac{\sum_{i=1}^{n}(C_{RBmax}-C_{RBi})}{n-1},C_{RBmax}=\max C_{RBi} \tag{8.9}$$

显然，星形网络的中间中心势为 1，即这个网络由一个掌控全部传递渠道的节点和其他边缘节点构成，完全连通图的中间中心势为 0，网络中所有节点都是平等的。因此，网络的中间中心势衡量的是一个图在多大程度上围绕一些掌控资源（信息）流动的节点构成。

与结构洞的例子相似，当我们利用社会网络进行推广营销时，可以着重选择中间中心性高的节点，因为这些节点可以控制信息的流动，其他节点之间的交流需要经过这一节点。

（3）接近中心性

接近中心性衡量的是一个点在网络中距离其他节点的距离。它的基本逻辑是，一个点与其他节点越接近，它会越快地、越不依赖于其他节点传递信息，这个节点也越重要。接近中心性也分为点的绝对接近中心度、点的相对接近中心度和图的接近中心势。

如果一个点与网络中所有其他点的距离都很小，那么这个点就具有较高的接近中心度，计算公式如下：

$$C_{ACi}=1/\sum_{j=1}^{n}d_{ij} \tag{8.10}$$

其中 d_{ij} 代表的是点 i 到网络中节点 j 的最短距离。在同一个网络中，C_{ACi} 越大，意味着相应的节点到其他节点的最短路径之和越小，节点越重要。显然，网络节点数越小，C_{ACi} 越大，为了去除网络规模的影响，将绝对接近中心度进行修正，得到了相对接近中心度，见式（8.11）。

$$C_{RCi}=(n-1)\times C_{ACi} \tag{8.11}$$

网络的接近中心势衡量了整个网络的接近中心性，它的计算公式为：

$$C_c=\frac{\sum_{i=1}^{n}(C_{RCmax}-C_{RCi})}{\frac{(n-1)(n-2)}{2}},C_{RCmax}=\max C_{RCi} \tag{8.12}$$

接近中心性衡量了一个节点传递信息的便利性，接近中心性高的节点可以更方便地将信息传递出去，在利用社会网络进行营销推广时也可以考虑这个衡量标准，即找到中间中心性高的节点进行推广。在商务活动常见的选址问题中，接近中心性是很重要的参考指标，值越高的节点到其他地点的距离越近，可以将其设定为商铺或中心仓库地址。

（4）特征向量中心性

一个节点的重要性既取决于其邻居节点的数量，也取决于其相连的邻居节点的重要性，与重要的节点有联系的节点应该也比较重要。特征向量中心性（eigenvector centrality）正是基于这样的思想来判定节点的重要性。一个点虽然连接的节点数量少，但是它所连接的节点的影响力较大，在这种情况下，此节点的重要性可能超过另一个拥有大量平庸的邻接点的节点。特征向量中心性可以理解为邻居节点重要性加权求和的结果，以图 8－8 为例，记 c_i 表示节点 i 的重要性，那么 i 节点的重要程度 c_i 的计算公式为式（8.13）。

$$c_i=w_{ji}\times c_j+w_{ki}\times c_k+w_{li}\times c_l \tag{8.13}$$

著名的谷歌 pagerank 算法是特征向量中心性的一个变种算法，在此我们以 pagerank 算法为例，介绍特征向量中心性的计算方法。作为搜索引擎，谷歌需要根据关键词，在搜索结果中呈现重要的网页。而面对几十亿的网页数量，如何衡量网页的重要性，是搜索领域非常重要的问题。在 pagerank 算法被提出之前，人们利用网页的入链数（类似于有向网络的入度，入链数表示有多少其他网页指向此网页）来进行网页排名，一个网页的入链数越多，该网页越重要。而 pagerank 算法除了考虑入链数，还考虑这些网页的质量，结合入链数和网页质量共同决定网页排名。下面通过一个实例来解释 pagerank 算法和特征向量中心性的计算。

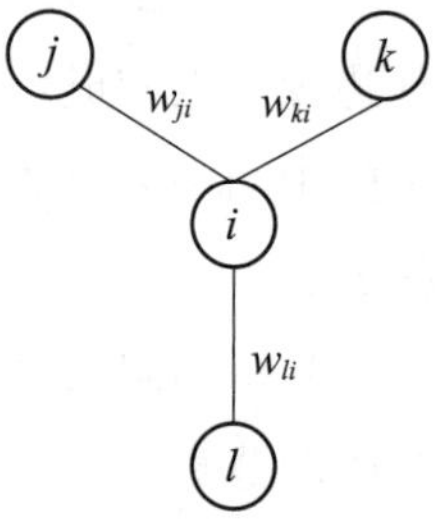

图 8－8 特征向量中心性示例

在现今的电子商务平台中，平台会根据顾客的浏览记录、购买记录等对顾客进行商品的推荐，建立推荐网页的指向关系。如图 8－9 所示，各个商品通过推荐关系构建了有向网络图，箭头表示推荐关系。例如，当顾客浏览商品 A 时，平台会向顾客推荐商品 B、C、

D。同样当顾客浏览商品 B 时，平台会向顾客推荐商品 A 和 D。pagerank 算法的基本过程是，在网络中每个商品的初始 pagerank 值相同，通过不断递归计算，商品的 pagerank 值会随着每一轮的计算而不断更新，收敛后得到每个商品最终的 pagerank 值，也是商品的重要程度值。

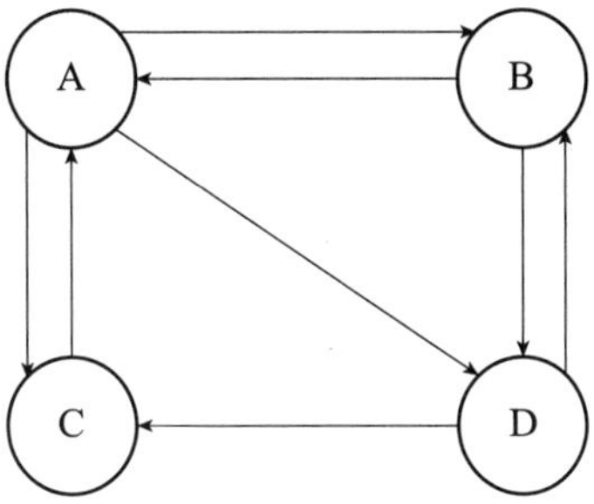

图 8-9 商品推荐网络

在图 8-9 中，商品 A 有两条入链，三条出链；B 有两条入链，两条出链；C 有两条入链，一条出链；D 有两条入链，两条出链。假设初始时，一个用户浏览某个商品时，跳转到它推荐的其他商品的概率是相同的，例如 A 有三条出链，分别指向 B，C，D，那么从 A 跳转到 B，C，D 的概率均为 1/3。设某网络图共有 N 个商品，那么便可以建立一个 $N \times N$ 转移矩阵 M，其中 M 的第 i 行第 j 列表示的是从商品 j 跳转到商品 i 的概率，例如包含四个节点的图对应的转移矩阵为：

$$M=\begin{pmatrix} p_{A\to A} & p_{B\to A} & p_{C\to A} & p_{D\to A} \\ p_{A\to B} & p_{B\to B} & p_{C\to B} & p_{D\to B} \\ p_{A\to C} & p_{B\to C} & p_{C\to C} & p_{D\to C} \\ p_{A\to D} & p_{B\to D} & p_{C\to D} & p_{D\to D} \end{pmatrix}$$

上例中的转移矩阵即为：

$$M=\begin{pmatrix} 0 & 1/2 & 1 & 0 \\ 1/3 & 0 & 0 & 1/2 \\ 1/3 & 0 & 0 & 1/2 \\ 1/3 & 1/2 & 0 & 0 \end{pmatrix}$$

设初始时每个商品的 pagerank 值均为 $1/N$（N 表示节点的个数），那么可以形成 $N\times1$ 矩阵 P，第 i 行表示的是第 i 个节点的 pagerank 值，上例中初始 pagerank 矩阵 P_0 为：

$$P_0=\begin{pmatrix} 1/4 \\ 1/4 \\ 1/4 \\ 1/4 \end{pmatrix}$$

在更新的过程中，每个商品基于当前的 pagerank 值，针对其他商品指向本商品的入链所传入的权值求和，越多的其他商品指向本商品，本商品的重要性越高，由此得到新的

pagerank 值。在本例中，第一轮迭代后各个节点的 pagerank 值为：

$$P_1 = M \times P_0 = \begin{pmatrix} 0 & \frac{1}{2} & 1 & 0 \\ \frac{1}{3} & 0 & 0 & \frac{1}{2} \\ \frac{1}{3} & 0 & 0 & \frac{1}{2} \\ \frac{1}{3} & \frac{1}{2} & 0 & 0 \end{pmatrix} \times \begin{pmatrix} \frac{1}{4} \\ \frac{1}{4} \\ \frac{1}{4} \\ \frac{1}{4} \end{pmatrix} = \begin{pmatrix} 9/24 \\ 5/24 \\ 5/24 \\ 5/24 \end{pmatrix}$$

M 中第一行表示的分别是其他节点转向商品 A 的概率，P_0 表示的是每一个商品的 pagerank 值，也就是每个商品的重要程度，对应项相乘值为商品 A 新的 pagerank 值。由特征向量中心性的计算公式（8.13）计算。

由此可知，这是一个递归过程。因此：

$$P_2 = M \times P_1 = \begin{pmatrix} 0 & \frac{1}{2} & 1 & 0 \\ \frac{1}{3} & 0 & 0 & \frac{1}{2} \\ \frac{1}{3} & 0 & 0 & \frac{1}{2} \\ \frac{1}{3} & \frac{1}{2} & 0 & 0 \end{pmatrix} \times \begin{pmatrix} \frac{9}{24} \\ \frac{5}{24} \\ \frac{5}{24} \\ \frac{5}{24} \end{pmatrix} = \begin{pmatrix} 15/48 \\ 11/48 \\ 11/48 \\ 11/48 \end{pmatrix}$$

不断递归有：

$$P_n = M \times P_{n-1}$$

P_n 最终会收敛于：

$$\begin{pmatrix} 3/9 \\ 2/9 \\ 2/9 \\ 2/9 \end{pmatrix}$$

得到了最终的 pagerank 值。不过为了 pagerank 值最终收敛，必须保证网络图是连通的，即从任意节点可以经过网络图跳转到任意节点，现实推荐网络中不能保证满足这一点，例如节点 1 只能跳转到节点 2，3，4，或者网页 2，3 不能跳转到网页 1，那么不会得到最终收敛的 pagerank 值。因此有很多 pagerank 算法的变体，感兴趣的同学可以自行查找。

（5）四种中心性的关系

很显然，如果某个节点在四种中心性上取值都很大，则说明这是网络中非常重要的节点，在不考虑成本的情况下，是进行营销推广的首要选择。如果在四种中心性中有的指标取值大，有的取值小，那么这样的节点重要性如何？下面我们做简单讨论。

度中心性衡量的是网络中节点的局部中心指数，测量的是一个节点在网络中与多少节点联系、节点自身的联系能力，但是没有考虑它能否控制其他节点。度中心性大但是中间中心性小，说明一个节点虽然与很多其他节点相连，但是其他节点之间的通信都不通过它。度中心性大但是接近中心性小，说明这个节点虽然和很多节点联系，但是远离整个网络的核心位置，可能落在了一个网络边缘的集群中。度中心性大但是特征向量中心性小，说明节点虽然和很多节点都有联系，但是其所连接的节点都不重要。显然，如果依赖度中心性的大小选择进行营销的重点推广用户，就会对与其直接连接的一部分用户产生营销效果，但总体网络效果要看其他指标的表现。

中间中心性衡量的是一个节点在多大程度上位于其他两个节点之间，即多少节点对的最短路径经过这一节点，聚焦的是这个节点的控制能力。中间中心性大，但度中间性小说明这个节点虽然联系的节点不多，但是其他节点的交流都需要经过它，它很可能是网络中的结构洞，例如图 8－7 中的v_0。构建营销传播网络时这样的节点非常重要，是能够将产品推广至新消费群体的重要途径。中间中心性大但接近中心性或者特征向量中心性小，是十分少见的情况，说明这个节点可能垄断了少数节点到大多数节点的联系，虽然很多联系都必须经过它，但是它远离整个网络图的核心部分，消息一旦经过它传到了核心位置，它就没有那么重要了。

接近中心性考虑的是一个节点在多大程度上不受其他节点的控制。接近中心性大但是数中心性小，说明虽然这个节点直接相连的少，但是它距离大多数节点都很近，可能它的某个邻居是一个核心节点。选择这样的节点进行营销成本较低，可以通过其对核心节点的联系实现更大规模的营销。接近中心性大但是中间中心性小，说明这个节点虽然距离其他节点都很近，但是其他节点之间的联系也很密切，节点并不重要。例如，在一个完全图中，虽然其中任意节点的相对接近中心度为 1，但是它们的中间中心性均为 0，即其他节点信息交流不需要经过该节点。接近中心性大但是特征向量中心性小，即该节点虽然与其他节点的距离近，但是该节点不重要，因为跟它连接的节点传播能力有限，不是重要节点。

特征向量中心性不仅衡量了节点的度，还衡量了与节点相连的其他节点的重要程度，一个节点和越重要的节点连接，该节点越重要。特征向量中心性大但是度中心小说明这个节点虽然连接的节点少，但是连接的节点都很重要。例如在网页排名中，虽然一个网页被很少的页面直接指向，但指向它的都是很重要的网页。特征向量中心性大但是中间中心性小说明该节点和很多重要的节点相连，但是其他节点的连接不需要通过这个节点，这也不是一个重要节点。

第三节　社会网络的性质

除了根据指标评价网络中节点的重要性外，社会网络还有一些重要性质，这些性质从不同角度刻画了网络的特点。

1. 同质性

我们和自己的朋友之间往往会有很多相同的特点，通常不像是从一个人群中随机抽取出来的人，总体上看，朋友之间的很多观念和习惯有相似之处。同质性衡量的便是网络中节点之间的相似性，它体现出的思想可以理解为“物以类聚，人以群分”。

社会网络的同质性是解释社会网络形成的最基本的概念之一。社交网络在形成之初，节点之间建立联系的原因大都因为相似，即我们会选择与相似的人结为朋友，这个过程被称为选择（selection），比如在兴趣社团中很容易结交到朋友。而在社交网络的发展过程中，相互联系的节点会互相影响，变得更加相似，这个过程被称为影响（influence），比如会受到朋友的影响而购买某种商品。选择和影响被认为是社会网络形成的基本机制。

基于社会网络的同质性，可以预测一些节点的行为。如果与一个节点相近相连的节点大多数都是某一行为，那么这个节点也倾向于这一行为。在商务数据分析场景中，当我们预测一个人是否会购买某一款商品时，构建社会网络图，节点代表用户，连接表示两个用户同时购买过一款商品。假设需要预测某一个人是否会购买一个新商品，如果和这个人对应的节点相连的很多节点都购买了这一商品，那么我们可以认为该用户购买的可能性较大。

基于社会网络的同质性，可以干预某些节点的决策。比如，在一个社区内，公布本社区居民的平均用电量与公布全国平均用电量相比，前者更容易促进电量的节约，这是因为人们认为自己和居住在一个社区内的居民有更多的相似性，在用电量方面也更愿意与本社区的居民相近。

2. 三元闭包

在同质性的讨论中提到，依据同质性可以预测节点的表现，那么是否也可以预测网络中边的表现？三元闭包理论提供了一种可能，它的最初意思指的是在一个社交圈，若两个人有一个共同的朋友，那么这两个人在未来成为好朋友的可能性就会提高。

“三元闭包”名称的由来源于如图 8－10 所示的简单示例。一个人 A 在社交媒体软件或网站中与 B 和 C 分别建立了联系，那么 B 和 C 一段时间后建立联系的可能性比完全孤立的两个人建立联系的可能性更大。B—C 边在该三角形结构中为起到闭合作用的第三条边，因此被称为“三元闭包”。

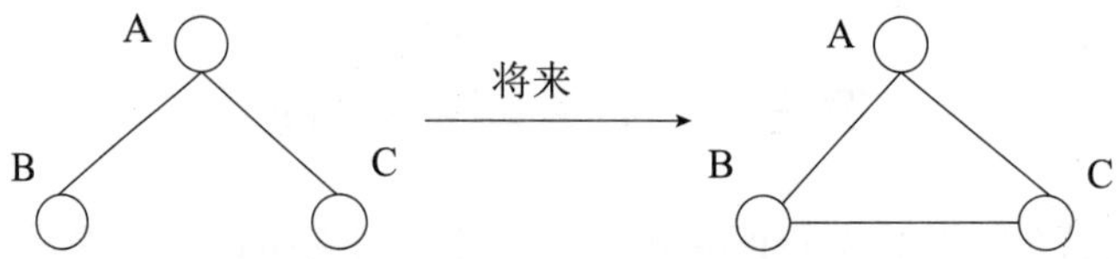

图 8－10　三元闭包理论图示

三元闭包虽然解释的是社交关系，但在其他领域也得到了广泛应用，例如利用三元闭包解释共享知识平台中用户的合作编辑行为并预测未来合作关系的产生。而很多社交商务平台推出了推荐好友的功能，本质上也是意图在好友之间建立新的闭包。基于三元闭包原理，新闭合产生的可能性是比较大的。

虽然产生新闭合关系的可能性比较大，但实际上并不是所有可能的关系都实现了闭合，正如推荐好友也会有一定的失败比例。而电商平台在进行营销时，应该格外关注那些号召力强、善于建立新闭包的节点。聚集系数（clustering coefficient）就是评价节点凝聚力，即号召他人积极参与的能力高低的指标。

$$\text{网络中节点 A 的聚集系数} = \frac{\text{与 A 相邻的节点对数中相互有联系的节点对数}}{\text{与 A 相邻的所有可能的节点对数}} \tag{8.14}$$

3. 强弱关系

前面提到的社会网络图中的每一条边都没有区别，但是在现实生活中，不同的关系可能有不同的频度和强度，用联系强度来表示。例如，在社交网络中，用户之间存在的联系的密切程度有很大差异。再如，将产品作为节点，如果两个产品被一起购买过，则彼此之间建立连接，由此形成的网络被称为共同购买网络。基于大量销售记录可以发现，产品被一起购买的频率有很大差别，也就意味着共同购买网络中连接强度有差异。

4. 平衡网络

除了强度以外，节点之间的连接还可以用正负向进行描述。图 8－11 描述了三个公司之间的关系，它们之间的关系有两种：一种是合作，标为“＋”；另一种是竞争，标为“－”。那么一般意义下，三个节点之间的关系可能有以下四种情况：

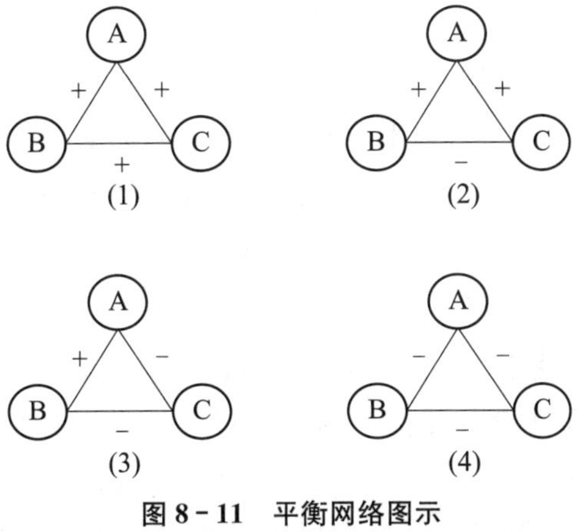

图 8－11　平衡网络图示

在图 8－11（1）中，三个公司相互合作，彼此之间的联系都是正向的，这显然是一个平衡关系，而且这种关系较为稳定。

当有一个负号、两个正号时，如图 8－11（2）所示，A 与 B、C 公司分别合作，但是 B 与 C 存在竞争关系，这是一个不稳定状态，每个公司都有自己的出发点改变其他两个公司之间关系的状态。比如 A 会在其中起到调和作用，使得 B 和 C 变成合作关系，也有可能 B 或者 C 公司通过加强与 A 的关系，使得 A 与另一个公司成为敌人，即可能会变成图 8－11(3）所示的情况。

图 8－11(3）也是一个很常见的情况，两个公司的关系比较好，但是都不愿意与另一个公司合作。

图 8－11(4）所示的三个关系均为负号的时候也具有不稳定的因素，很有可能其中的两个节点会联合起来和第三个节点成为敌人，而联合的节点之间的关系成为合作关系，即变为图 8－11(3）中的情况。

根据上述推理，称由一个或三个“＋”形成的三角关系为平衡关系，由零个或两个“＋”形成的三角关系是不平衡关系，结构平衡理论认为，不平衡三角关系是心理压力和心理失调的缘由，人们在关系中会试图减少这种不确定因素，因此在现实社会中，不平衡关系比平衡关系少。

正负关系也是商务网络分析中的重要部分。例如，现在很多软件不仅支持用户收藏，还支持用户选择不感兴趣的。这样可以基于用户群体的选择建立软件商品的平衡网络，如果大部分消费者对某连接对应的两个产品的喜好相同，则连接为正，否则为负，进而可以应用这个网络进行软件产品推荐。

5. 网络级联

越来越多的产品具有网络性，例如社交网络、购物经验共享平台等，使用的人越多，产品对使用者的效用就越高。那么新事物刚产生时是如何在网络中扩散的？再如人们已经有了习惯使用的产品，新产品如何在客户群体中进行营销效果更好？网络级联是解释新事物在网络中进行传播的重要概念。

（1）创新网络中的个人决策

在一个社会网络中，有 A、B 两类事物可能被人们采纳，B 是旧的，即人们一直在使用的，而 A 是新鲜事物，开始只吸引了几个愿意尝鲜的支持者。为方便解释，在此做如下假设：假设 A 和 B 是竞争关系，即每个人不会同时使用二者，类似于微信的广泛使用带来了 QQ、MSN 等社交通信应用的没落。

假设某两个相邻的人使用 A，两人都得到回报 a；若都使用 B，两人都得到回报 b；若两人使用的不一样，则都没有回报，而且假设从一种选择换到另一种选择没有其他成本。

因此，网络中的顾客需要考虑所有邻居选择的综合结果后再做决策。如在图 8－12 中，顾客 V 有若干个邻居，p 为与顾客 V 联系的人中使用新产品 A 的比例，d 为顾客 V 所有联系人的数量。也就是说，顾客 V 的邻居选 A 的数量为 pd，那么 V 选 A 的回报为

pda，而类似地，选 B 的回报为 $(1-p)db$。显然对于 V 而言，如果 $pda \geqslant (1-p)db$，即若 $p \geqslant b/(a+b)$，则选 A 好；否则，选 B 更好。因此，在网络级联中定义门槛 $p=b/(a+b)$。

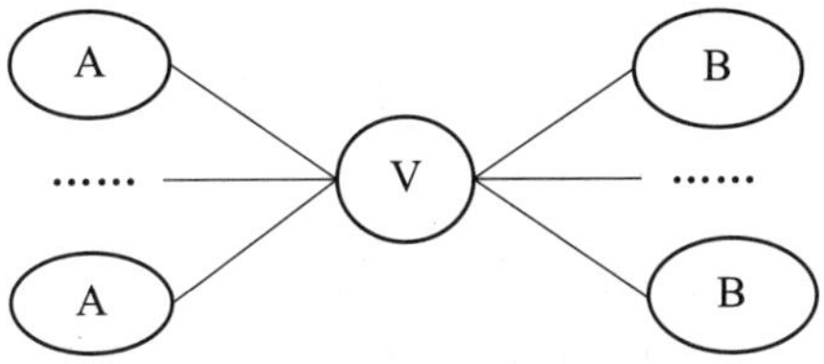

图 8-12　网络级联中的个人决策

(2) 新事物在网络中的传播过程

当有新事物出现时，如图 8-13 所示，总会有一些喜欢冒险创新的人（用标号 1 和 2 的节点表示）会率先尝试，而对于其他仍在使用旧事物的人而言，考察其邻居采用新事物的比例是否达到了门槛 p，如果达到，则他会放弃 B，转用 A，否则继续采用 B。在图 8-13 中，假设 $p=0.4$，对于用户 3 和 4 而言，邻居中使用新事物的比例为 2/3，超过了门槛 0.4，他们会使用新产品，从而新产品完成了在整个网络中的传播，称之为实现了完全级联。

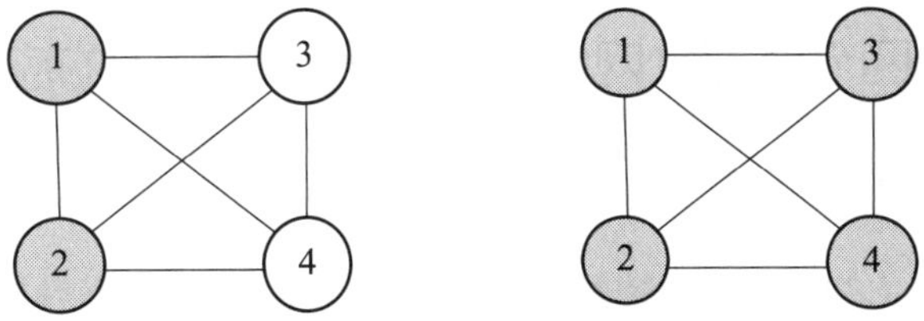

图 8-13　新事物在网络中的传播过程

(3) 传播中的阻碍

虽然图 8-13 中实现了新产品在整个网络中的扩散，但在现实中更常见的是如图 8-14 所示的情景。续前例，门槛依然是 0.4，节点 1、2 代表最先使用新产品的用户，节点 3 和 4 在第一阶段扩散中决定使用新产品，用户 5 随后在第二阶段扩散中使用新产品。但用户 5 的邻居节点 6 和 7 使用新产品的比例是 1/3，无法达到门槛值 0.4，他们会继续使用旧产品，新产品没有在全网络广泛使用，扩散遇到了阻碍。

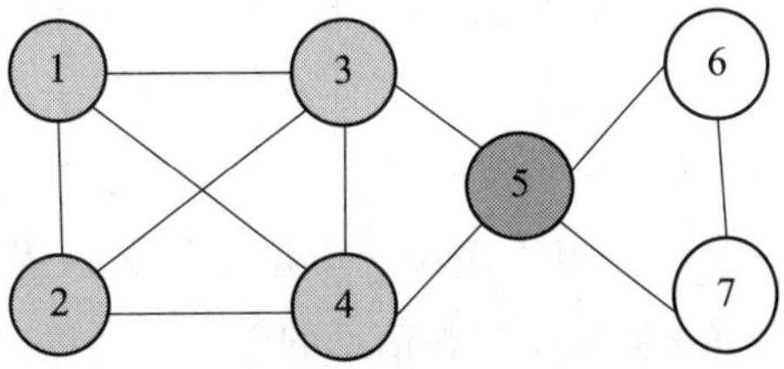

图 8-14　一个不能形成完全级联的例子

阻碍新产品扩散的原因从直观上看是使用旧产品的某些群体联系比较紧密。通常用聚簇衡量阻挡级联的因素，其定义如下：一个节点集合是密度为 r 的聚簇指的是其中每个节点至少有占比为 r 的网络邻居也属于这个节点集合。由此定义可以看到，在图 8-14 中，节点 5、6、7 组成的局部网络是密度为 2/3 的聚簇。聚簇衡量了节点在一个区域内部连接的密集程度，往往是基于同质性形成的。聚簇成为扩散的障碍，从外部难以进入。

从聚簇的角度解释新产品的扩散，如果剩余网络中包含一个密度大于 $1-p$ 的聚簇，则这个初用节点集不能形成对新产品的完全级联。同理，如果一个初用节点集不能形成一个完全级联，则剩余网络一定包含一个密度大于 $1-p$ 的聚簇。在图 8-14 的例子中，$1-p=0.6$，而剩余网络聚簇为 2/3，所以新产品无法形成完全级联。

总结而言，面对旧事物的存在，新事物扩散的程度受三个因素的影响：新事物的优势、网络结构，以及初用节点的选择。第一个因素决定了门槛值的高低，如果想要促进新事物的扩散，增大其对比优势，将会减少门槛值，从而有利于扩散，而后两个因素决定了扩散中剩余网络的聚簇密度的大小，适当地选择初用节点，能够分化旧事物群体。例如，在图 8-14 中，除了节点 1、2 外，对节点 6 或者 7 进行适度的营销，使它们能够成为率先使用的用户，将会使得新产品在整个网络中得到广泛使用。

第四节　社会网络分析在商务问题中的应用

1. 基于社区识别的推荐

当网络中某些节点之间的关系特别紧密时，可以认为这些节点构成了一个次级团体，这样的团体在社会网络分析中被称为凝聚子群或社团、社群。围绕凝聚子群的分析主要包含子群成员之间的连接性和可达性、关系密度等。例如，根据可达性，如果一个子群成员节点之间的距离不是太大（不超过 n），就可以将其识别为 n-派系；根据连接性，如果一个子群中每个节点都至少与除了 k 个节点之外的其他节点直接相连，也就是子群中任意节点的度数都不小于（$n-k$），就可以将其识别为 k-丛。社区（子群）识别有很多算法研究，感兴趣的读者可以自行探索。

子群（社区）反映的是网络中个体行为的局部特征及其相互之间的关联关系，有很多应用场景，例如，个性化营销往往需要很多成本，但是可以通过识别整个网络中的子群，对不同的社区展开特征分析，进行更节约且更有效的个性化子群推荐或营销。子群识别也可以帮助我们理解整个网络各元素间的交互关系。例如，子群直接通常会存在“结构洞”。如同前面所介绍的，对于一个商务组织来说，占据结构洞位置将有利于各子群之间非冗余、多元化信息的流动，促进它们基于这些信息的创新，当然也可以限制信息流。除了商务领域，在其他领域中基于子群也有广泛应用。例如，可通过感染人群的联系识别子群，找出传染病的关键社区、关键人群，根据子群在整个网络中的位置，预测传播路径，从而及时切断传播路径。

2. 病毒营销

根据用户之间的联系构建出社会网络后，可以根据前面介绍的衡量指标来衡量一个点的重要性以及整个网络的特征。基于重要的节点，利用公众的积极性和人际网络进行营销，产品营销信息将会被快速广泛传播。这种营销信息像病毒一样被快速复制，并传向数以万计、数以百万计的观众的过程被描述为病毒营销（viral marketing）。在病毒营销模式下，营销信息的传播和扩散像病毒一样，短时间内被传向大量受众。从本质上来讲，病毒营销的基本原理可以用前面介绍的节点中心性度量和新产品级联解释。通常有重要的中心性的节点可以帮助商家实现信息的快速传递，但有时为了更有效地实现新产品的扩散，起到关键作用的并不是在网络指标中表现为重要的节点，有些处于网络边缘的节点并不需要很高的营销费用，但却能够打破高密度的聚簇。

3. 基于商品网络的推荐

用户在电子商务网站浏览某一商品（目标商品）时，会显示类似于“浏览过这个商品的用户还浏览过”“购买过这个商品的用户还购买过”这样的页面。很多时候用户会接受这些推荐，进入另一个产品的界面。我们可以基于这样的关系，围绕某一个（类）产品构建关于产品的推荐网络。在这类网络中，节点为与目标商品有关联的商品，边表示推荐关系。另外，根据目标产品被推荐还是目标产品网页中推荐其他产品，可以构建输入网络和输出网络。目标商品的输入网络指的是在浏览其他商品时，推荐指向了目标商品，而输出网络指的是在浏览目标商品时，推荐指向了其他商品。如图 8－15 所示。

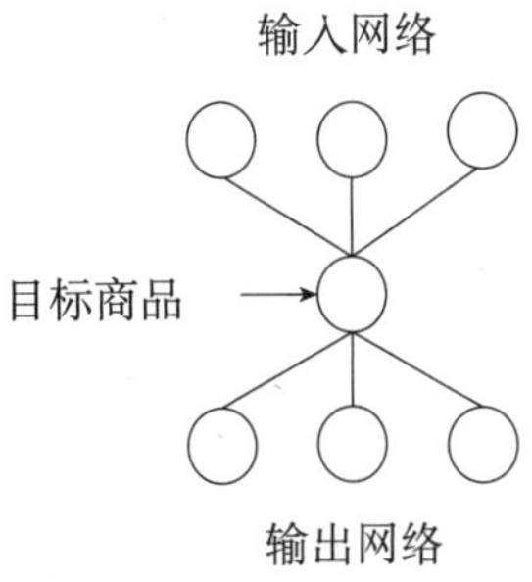

图 8－15　输入输出网络（箭头）

基于对这两种网络特性的分析，可以判断目标商品的需求变化。如果目标产品的输入网络中有多种商品，即多个产品网页中都推荐此产品，则顾客会增强对目标产品的好感，促进了目标产品的消费。而同样是多样性，如果目标产品的输出网络的多样性强，即目标产品推荐了多个其他产品，就会让消费者分散注意力，减少对目标商品的购买。另外，用户在购买某商品的时候会多次浏览商品页面，如果每次浏览时目标商品都出现在推荐页面，用户很容易在搜索想要购买的商品时看到目标商品，增加目标商品被购买的概率。从输出网络的角度来看，如果推荐网络过于稳定的话，那么用户很有可能会认为推荐的商品确实是其他消费者广泛或一致的首选，因此很有可能倾向于推荐商品而不是目标商品，降低目标商品被购买的可能。

习题

8.1　请简述几种中心性之间的区别和联系。

8.2　对于图 8-14，若起始节点为节点 6 和节点 7，其他条件不变，哪些节点不会使用新产品？起始节点至少增加哪个节点，才能实现整个网络的级联？

8.3　对于以下网络，同样使用 pagerank 算法分析，最终会收敛吗？其原因是什么？

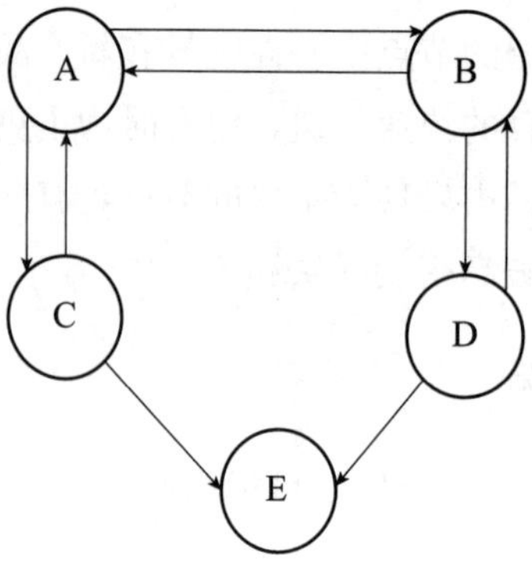

第九章　复杂数据分析方法

随着互联网的发展、数据的不断积累和技术的不断成熟，商务数据分析除了可以处理结构化数据，也可以从文本、图片、音频、视频等非结构化数据中挖掘有用的信息。相对而言，文本和图片信息在电子商务领域中较为常见，本章将主要围绕两个方面展开介绍。

第一节　文本处理

在数据分析领域，文本是最先被认知和处理的非结构化数据。文本数据在我们生活中很常见，如社交媒体中的聊天数据以及电子商务平台中的产品描述、评论等都是非结构化的文本数据。对于文本数据的处理，常见的是对文本中词的处理、文本的分类、文本数据的情感分析提取等。

1. 文本预处理

为了将文本处理为模型可用的数据，需要先对文本进行预处理。一般预处理步骤为分词、清洗、标准化、特征提取，然后将提取出来的特征应用于下游任务，如分类、情感分析等。文本处理流程见图 9－1。

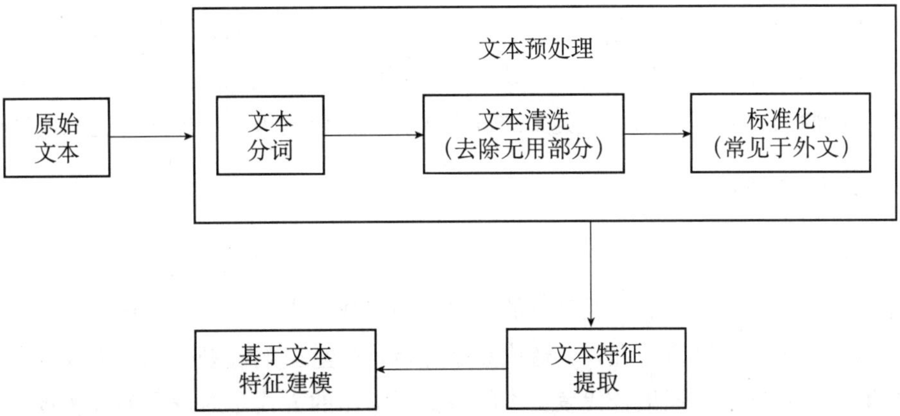

图 9－1　文本处理流程

（1）文本分词

拿到原始文本之后，并不是直接对整个文档进行分析，通常是依据文本的特征进行分析，而组成文本的词被认为是重要特征。因此，文本分析首先要做的是对文本进行分词。对于英文来说，文本本来就是根据空格分开的，可以直接以空格为依据进行分词。但是对于中文来说，分词将一个句子分为多个词组。举例来说，对于一部电影的评论“这部电影真的很差劲”，我们希望能够将其分为“这/部/电影/真的/很/差劲”。由于中文存在词组、歧义、命名实体等问题，这使得中文分词存在一定的困难，例如句子“这事的确定不下来”可以分为“这事/的确/定不下来”也可以分为“这事/的/确定/不/下来”。对于中文分词目前已经有很多分词工具，如 jieba、SnowNLP、THULAC、NLPIR、NLTK、LTP 等，通过分词工具，可以实现对文本的分词，而且有的工具还可以同时获得该词在短句中的词性。

（2）文本清洗

在大多数情况下，经过分词的文本中还有很多无用的部分，比如爬取网页时得到的 html 代码，或者没有实际意义的标点符号、停用词，甚至是文本出现频率较小的词语等。例如，在商品的评论中，这些无意义的文本内容对消费者的消费偏好不会造成影响，但是却增加了文本处理的难度。为了提高后续处理的效率，需要将这些内容清洗掉。

除此之外，根据第一步分词时得到的每个词的词性，在文本清洗时可以同时去除人称代词、语气词等对分析目标没有帮助的词类，只留下有实际意义的与研究问题相关的词，通常包括名词、形容词、副词三种词类（有时也会保留动词等）。至此，经过文本清洗，文本（例如每条评论）被拆分成了由若干个名词、形容词和副词构成的词语集合（通常被称为词袋）。

（3）文本标准化

这一步常应用于英文的文本处理中，一个词在文本的表达中存在多种形式，比如“play”“player”“played”“plays”和“playing”，虽然它们表达了不同对象或时态，但是在文本处理时，根据上下文，它们的意思相似。为了降低处理的复杂性，在文本分析时将它们视为一个词。标准化就是处理一个单词的不同形式，完成词形还原，将一个任何形式的语言词汇还原为一般形式，即将英文的过去式、现在分词等各种形式都还原成词根。

2. 文本特征提取

文本分词后的结果也会存在两个问题：第一，并不是所有词都是有用的；第二，一个语料库中词的数量是非常大的，但是有的词语出现次数很少，甚至只出现一次，如果直接将分词的结果作为特征进行处理，会造成数据稀疏，严重影响模型效率。因此，需要对特征进行提取，即只用部分词集合代表文本的特征，常用的方式是通过词频分析提取重要的词汇。词频分析（word frequency analysis）是对文本中词汇出现的次数进行统计与分析，是文本挖掘中方便且重要的手段，是一种常见的文本分析角度。常见的分析方法主要为：

词袋模型和词向量模型。

（1）词袋模型之 TF－IDF 算法

词袋模型是最基础的文本表示模型，它将每一篇文章看成一袋子词语，忽略词在句子中的作用，以及与其他词的关系，只是关注词在文本中是否出现以及出现的频率。它默认文档中的每个词都是独立的，不依赖于其他词是否出现。常见的词袋模型的算法有 TF－IDF 算法和主题模型。

TF－IDF 算法认为对区别文本最有意义的特征关键词应该是那些在某个文本中出现频率高而在整个语料库的其他文档中出现频率少的词或短语。对 TF－IDF（term frequency-inverse document frequency，TF－IDF）算法的介绍，我们围绕它的名字展开。首先用 d 表示待处理的文档，用 t 表示文档分词后的词语，用 D 表示语料库。TF 的意思是词频（term frequency），即 TF(t，d) 是词语 t 在文档 d 中出现的次数，如式（9.1）所示。显然 TF 可以代表词在文章中的重要性，出现频率高的词应该是重要的能够代表文章特征的词，比如文章的主题词会在文章中多次出现。不过，有一些词可能在所有文章中都频繁出现，显然这类词不能代表文字特征，这就用到了 IDF。IDF 的意思是逆文本频率（inverse document frequency），表示词在各个文章中的区分度，如式（9.2）所示。简单来说，包含高频词语 t 的文档越少，词语 t 对本文档的区分代表能力越好。归纳而言，在 TF－IDF 算法中，词语的重要性会随着它在目标文档中出现的次数正比例增加，但同时会随着它在语料库所有文档中出现的频率反比例下降。由此，针对目标文档，得到了一组词，这些词或短语具有很好的代表能力以及区分能力，适合用于文本的分类。

$$\text{词频（TF）}=\frac{\text{某个词在文章中出现的次数}}{\text{文章的总词数}} \tag{9.1}$$

$$\text{逆文本频率（IDF）}=\lg\left(\frac{\text{语料库的文档总数}}{\text{包含该词的文档数}+1}\right) \tag{9.2}$$

$$\text{TF－IDF}=\text{TF}\times\text{IDF} \tag{9.3}$$

TF－IDF 是一种基于统计的关键词抽取算法，避免了词频信息出现局部最优的现象，具有非常好的区分度。原理简单明了，能快速实现，非常适合用于关键词提取和文本分类等应用中。但是 TF－IDF 在处理时，没有考虑词语在句子中的作用，也没有考虑词语之间的关系。

（2）词袋模型之基础的 LDA 主题模型

通过 TF－IDF 方法可以查看两个文档共同出现的词语，根据共同出现词语的多少，可以判断两个文档的相似性，然而现实生活中有时会存在两个文档共同出现的词语不同但两个文档主题相似的情况。TF－IDF 方法只考虑词频，没有考虑到词语背后的语义之间的关联，无法处理上述情况，主题模型由此产生。主题模型是用来在大量文档中发现潜在主题的一种统计模型。一个文档通常包含多个主题且每个主题所占比例各不相同，举例来说，对于一篇影评来说，它会涉及电影的剧情、布景、音乐、演员等各个主题。而主题模型能够统计文档中的词语，根据文档中词的信息判断文档包含的主题以及各个主题所占的比重。

下面简单介绍最基础的 LDA 主题模型。LDA 是一种常用的无监督的贝叶斯模型，也是一种典型的词袋模型。它的基本设想为一篇文档是由一组词组成的集合，词与词之间没有顺序和先后关系。同时，基于词集合，文档的特征由若干主题代表，每个主题“以一定的概率选择了某个词”，而文档的每个词“以一定的概率属于某个主题”。在 LDA 主题模型中，文档是由主题组成的，每篇文档根据词集合，按照概率分布的形式给出主题。在训练时虽然通常需要指定主题的个数，但不需要对训练集进行事先标注，因此属于无监督算法。

通过 LDA 可以获得文本的主题分布和每个主题下的关键词。具体主题和关键词的生成过程分为如下几步：

第一步，设置主题的数量以及每个主题下输出的关键词个数，例如在对 10 篇与外卖评论有关的文档进行处理前，先设置主题数量为 2；

第二步，生成每个主题下的词分布，根据词分布确定该主题的含义，例如根据每个主题下的关键词，确定外卖评论的主题为“配送”和“商品”；

第三步，生成文本-主题分布，确定每个文档属于每个主题的概率。例如第一篇文档属于“配送”的概率为 70%，属于“商品”的概率为 30%。

求解 LDA 参数的常用方法包括 EM 方法和吉布斯采样方法，感兴趣的同学可以参考相关书籍。

LDA 的一个不足之处在于，生成的主题没有显式的有意义的语义。即使可以通过人工观察每个主题下的关键词，人为猜想每个主题的含义，但这一人工方法也有不足之处。一方面，因为针对同一个文本对象，LDA 模型在初始状态不同的情况下，获得的文本-主题分布和主题-词分布都有可能不同，人工分析主题含义的时候难以确定具体以哪一次的模型输出结果为准来确定每个主题下的关键词。另一方面，则由于不同主题下也有可能出现相同或相似的关键词，人为明确每个主题的含义也存在难以判断的情况。

而在很多时候，文本不只有一个主题。例如，我们需要明确地判断每条用户评论中消费者究竟是仅仅评论物流，还是仅仅评论商品，还是两方面均有评论，所以仅使用基础的 LDA 方法不能达到目的，有很多拓展的主题模型不断发展出来。

（3）词袋模型之 Labeled LDA 主题模型

Labeled LDA 是一种有监督的学习方法，与基础 LDA 主题模型最明显的区别在于，这个方法需要一部分已知标签的文本数据。举例来说，对于外卖评论的例子，需要人工地先为一部分评论打上“仅评论货物”“仅评论配送”“对货物和配送均有评论”的标签。Labeled LDA 模型在训练时采用了不断扩充训练集的方法。首先将这些人为打上标签的数据作为初始种子训练集，然后使用 Labeled LDA 方法计算出没有标签的评论属于每一个标签的概率分布，取概率分布差异最明显（即对所打标签的可信任度较高）的评论加入训练集。之后不断重复这一步步的过程，直至所有评论数据均被打上标签。通过上述过程，即可获得每条评论的标签。

与原始 LDA 模型可以计算出每个主题下的关键词类似，Labeled LDA 也可给出每个标签下的关键词。如表 9-1 所示的示例，文本中分析出了两个文本标签以及相应的关键词。“不错”同时出现在了评价商品和评价物流两个标签下的关键词内，是因为这个形容词同时适合描述商品和物流两个方面。而评价商品标签下的其他形容词，如“好吃”“新鲜”，只适用于描述商品而不适用于描述物流，评价物流标签下的词汇也具有相当大的代表性。与基础 LDA 相比，Labled LDA 不仅可以获得明确的主题，还能够得到各个主题下关键词的内容。

表 9-1　Labeled LDA 标签示例

文本标签	关键词						
商品	不错	好吃	新鲜	味道	实惠	喜欢	便宜
物流	送货	服务	方便	不错	态度	速度	很快

对比 TF-IDF 算法，上述 LDA 模型由于在词和文档之间加入了主题的概念，可以较好地解决一词多义和多词一义的问题，另外主题模型也有进一步的发展，例如考虑情感的衍生模型，在此我们不再讨论。

(4) 词嵌入（词向量）模型

对于词袋模型来说，在表示文本时容易受到维数灾难的困扰，通常一个文本会分析出大量关键词，而每个关键词可能只对应少数甚至一个标签。另外，词袋模型不能很好地刻画词与词之间的关系，即在词袋模型中任何两个词之间都是孤立的，由此发展出了词嵌入模型。词嵌入模型也称为词向量模型，它主要的思想是将文档中每个词语映射到低维空间上的一个向量，构建基于向量分析的模型。通过词向量可以表达比词袋模型更丰富的内容，例如词与词之间的关系、上下文的逻辑等，从而用于下一步的文本深入分析。在此我们简单介绍其中的代表——Word2Vec 词向量模型。

Word2Vec 模型简单来说就是一个小型神经网络，目前较为流行的有两种模型：(1) CBOW 模型：用上下文单词作为输入来预测目标词语，对于小型数据比较合适；(2) skip-gram 模型：用一个词语作为输入来预测它的上下文，在大型语料中的表现更好。两个模型均是一个三层神经网络，分别包含输入层、隐藏层和输出层，输入层以词的独热编码表示。如同前面所介绍的，独热编码是将每个词表示为一个很长的向量，这个向量的维度是语料中包含的单词的数量，即词表的大小，对于一个单词除了它本身对应的维度值为 1 外，其余单词对应的维度值为 0。例如，句子“I like eating apple”中共有 4 个词出现（I，like，eating，apple），那么 apple 对应的独热编码为（0，0，0，1）。

对于 CBOW 模型来说，模型输入的是目标单词上下文单词的独热编码，通过训练，输出预测的目标单词的独热编码，再与真正的单词的独热编码进行比较，根据误差更新权重矩阵，通过多轮训练可以得到最终权重矩阵的参数。CBOW 模型包含输入层、隐藏层和输出层三层，中间隐藏层的权重矩阵称为词向量矩阵，也就是说，任何一个单词基于输入词的独热编码乘以这个矩阵都将得到自己的词向量，因为每个单词的独热编码只有一个维度为 1，剩下的都是 0，与矩阵相乘相当于只是提取了矩阵中某一行的数据，所以网络的权重矩阵参数就相当于每个单词词向量的查找表一样。

而 Skip-gram 模型是给定一个词语来预测它的上下文。输入仍然为特定单词的独热编码，通过隐含层，最终输出层得到的向量经过激活函数激活后，得到一个概率值，代表其他上下文单词与输入单词共同出现的概率，通过最大化真实共同出现单词的概率来减小误差，不断调整参数，得到最终的权重矩阵，即词向量。

对于自然语言处理来说，技术在不断进步，从 Word2Vec 开始，很多更复杂、考虑因素更多的模型得以提出，如 glove、ELMo、Bert，它们考虑了更多语义方面的因素以获得更加准确的词向量。

综上所述，常见的 TF－IDF 算法和主题模型都可以应用于文本的分类，主题模型还可以提取文本的不同主题。两种词嵌入模型 CBOW、Skip-gram 可以进行词或文本的特征提取，将机器无法理解的人类语言转换为机器可以理解且计算的数值向量。提取出的特征可以用于下游任务，如计算文本的相似度、文本的分类、文本的提取、文本提取摘要、文本情感的计算等。下面我们简单介绍一下在文本分析中非常常见的情感计算。

3. 文本情感分析

互联网上有很多内容（如商品的介绍与评论、电影的评论等），这些内容一般都表达了用户对事件、产品特性等各方面的喜好。通过分析文本所流露出的特定主体的情感偏好，可以更好地剖析文本对决策者的作用和价值，进而应用于各类情景：例如股票涨跌预测、网络舆情分析、服务和产品评价、销量预测等。文本情感分析又称为意见挖掘或倾向性分析，指的是通过对文本进行分析、处理、归纳和推理，分析出带有感情色彩的文本中所包含的发布者的情感态度，例如喜、怒、哀、乐或批评、赞扬等。常见的文本情感分析主要有两种：基于情感词典的方法与基于深度学习或者机器学习的方法。

（1）基于情感词典的方法

基于情感词典的方法，顾名思义，需要先指定情感词典和对应规则，以此为基础，对文本进行段落拆分、句法分析，分别计算情感值，最后以情感值作为判定文本的情感倾向依据。

①情感词典介绍

对于英语文本来说，sentiwordnet 是很著名的情感词典，对于中文文本来说，常见的有知网、台湾大学简体中文情感极性词典等。另外，还要用到程度副词和否定词词典，比如“特别”“极其”等词表达了更高程度的情感。各个词典有不同特点，有的词典将词进行单纯的正、负两性区分，有的词典设定了每个词的情感值。

现成的词典不一定能满足每个实际需要，因此除了使用现成的词典，有时也要利用打标签的样本和制定的规则自己构建或扩充词典，PMI（点互信息）算法是其中一种方法。

它通过统计两个词语在文本中同时出现的概率判定相关性，同时出现的概率越大，表明两个词语的相关性越紧密，表达的情感越近似。两个单词的 PMI 的计算如下：

$$PMI(word1, word2) = \log_2\left(\frac{P(word1 \& word2)}{P(word1)P(word2)}\right) \tag{9.4}$$

其中 $P(word1\&word2)$ 表示两个词语同时出现的概率，在数值上即为两个词语同时出现的文档数；$P(word1)$ 表示词语 1 出现的概率，即词语 1 出现的文档数；$P(word2)$ 表示词语 2 出现的概率，即词语 2 出现的文档数。如何依据两个词语的点互信息，确定未知词语 *word* 的情感极性呢？它的基本思想是：选择一组正向词（*Pwords*）（可以是自己打标签的词，也可以是已知词典中的词）和一组负向词（*Nwords*）作为基准词，查看未知词语 *word* 与这两组基准词的相关性的差异，与哪组基准词相关性越高，则判定未知词语属于哪一类。具体如式（9.5）所示，未知词 *word* 与正向词 *Pwords* 的点互信息减去其与负向词 *Nwords* 的点互信息，得到 *SO-PMI*（*word*）。若 *SO-PMI*（*word*）大于 0，则表示 *word* 与正向词关系更紧密，判定为正向词；若 *SO-PMI*（*word*）等于 0，则表示 *word* 为中性词；若 *SO-PMI*（*word*）小于 0，则表示 *word* 为负向词。

$$SO-PMI(word) = \sum_{Pword \in Pwords} PMI(word, Pword) - \sum_{Nword \in Nwords} PMI(word, Nword) \tag{9.5}$$

②基于词典的情感计算

为特定的情景应用文本建立了情感词典之后，便可以基于词典进行词语的情感计算了。首先依次搜索各个词语是否出现在情感词典中及其情感值（如果词典提供的话），若出现在正向情感中，则正向情感词计数加一，若出现在负向情感词典中，则负向情感词计数加一，最后统计句子中分别出现的正负向词语的数量，或者计算各个情感词的情感分值就可以得到句子的情感值了。当然有时还需要考虑情感词前后是否出现否定词和程度副词。例如，正向词前面出现了否定词，如果出现“不/喜欢”，此时应将“喜欢”处理为负向词；如果出现“特别/喜欢”，应该将“喜欢”对应的情感值乘以“特别”对应的程度值作为“喜欢”的情感值。除此之外，有时需要借助前面提到的主题模型，确定句子到底是对什么表达情感。例如，在表 9-2 中列出了一些评论实例，其中斜体标注的为参与情感计算的情感关键词，下划线标注的为某个主题下的关键词，粗体标注的为否定副词。从表 9-2 的数据可以发现，有一些形容词不仅是情感关键词，而且是区分该文本所属标签的关键词。

表 9-2　情感计算示例

类别	实例
评价商品-正面	用起来很*舒服*
评价商品-负面	其实是 150g，这样算一点儿**不***优惠*。
评价配送-正面	很*方便*，谢谢快递师傅，辛苦了！
评价配送-负面	送到的杏仁露怎么**没**包装箱，全是散放在塑料袋里的，*差评*。
评价商品与配送-正负面	*物有所值*，派送*慢点*

总的来说，基于词典的技术可以分析文本中出现的情感词，同时关联该词附近的副词否定词来计算最终句子的情感倾向。但是这种方法只适用于句子结构节点而且情感倾向明显的情况。在分析复杂句子结构、复杂情感时，比如随着网络用语不断出现，互联网上的评论不再正规，没有恰当的规范的词典，这时利用情感词典的分析效果将会变差。因此可以从句子结构、词语的顺序等多方面构建特征，使用机器学习或者深度学习的方法解决这一问题。

(2) 基于深度学习或者机器学习的方法

前面介绍的基于词典的方法只需要情感词典，而不需要各个句子的情感标签，是无监督的方法，但是如果采用深度学习或者机器学习的方法，就需要利用有标签的文本进行训练，建立模型后对未知的实例进行情感分析。利用深度学习或者机器学习进行情感分析时会将问题抽象为分类问题，例如，将一条语句分为正向和负向两类，也可以转换为回归问题。

当然基于深度学习或者机器学习的情感分析也有一些难点，比如，语句太长会出现梯度消失和梯度爆炸，虽然 LSTM 模型可以解决这一问题，但对于 LSTM 模型来说，序列过长会导致计算复杂、精度降低等问题，一般的解决办法是对文本进行摘要或者抽离语句主要成分。

第二节　图像处理

图像处理一直以来都是模式识别机器学习中热门的应用领域，随着互联网的发展，无论是电子商务平台（如买家秀、卖家秀）还是社交媒体平台（如表情包、微博上传图片），图片数量都庞大且意义丰富。

常见的图像处理包括图像分割、图像分类、目标检测、图像的情感识别等。图像分割是指根据空间纹理等图像特征把图像划分成若干个互不相交的区域，例如在不同颜色的花中分辨出红花。图像分类是判断图像中物体的类别，如猫狗分类是判断图像是猫的图像还是狗的图像。目标检测也叫作目标提取，这意味着不仅要用算法判断图像是不是猫的图像，还要在图片中定位出猫的位置。对于上述图像处理，最重要的就是找到合适的特征，然后利用这些特征结合合适的算法对图像进行处理。下面我们简单从几个方面介绍图片特征。提取特征后的下游任务这里不展开介绍。

1. 颜色特征

颜色特征描述了图像或图像区域对应的表面性质。一般来说，颜色特征是基于像素点的特征，即所有属于图像的像素点都被计算在内，得到整个图形的颜色特征。

对于颜色特征的提取，我们首先需要了解颜色的表示方法——颜色空间。常见的颜色空间是 RGB 颜色空间和 HSV 颜色空间。RGB 颜色空间是根据人眼对不同波长的红、绿、蓝光做出锥状体细胞的敏感度描述的基础彩色模式，所以其他颜色模式都可以根据RGB颜色空间进行转换计算得到。其中R、G、B分别是图像中红、绿、蓝的亮度值，大小限定在0～1或者在0～255。例如，设值为1，那么黑色在R、G、B上的大小为（0，0，0），白色为（1，1，1），红色为（1，0，0）。HSV颜色空间是依据人类对于色泽、明暗和色调的直观感觉定义颜色，其中H（hue）代表色相，S（saturation）代表饱和度，V（value）代表亮度，相对于RGB模式，它更接近于人们的经验和对彩色的感知，因而被广泛应用于计算机视觉分析。

在颜色特征的表达中，常见的方法是颜色直方图。颜色直方图能够简单描述一幅图像中颜色的全局分布，即不同色彩在整幅图像中所占的比例，特别适用于描述那些难以自动分割的图像和不需要考虑物体空间位置的图像。所以其优点是不受图像旋转和平移等变化的影响，同时进一步借助归一化还可以不受图像尺度变化的影响。

由于颜色对图像的方向、大小等变化不敏感，所以颜色特征不能很好地捕捉到图像中对象的局部特征。另外，当将颜色特征应用于图像的相似度匹配时，如果数据库很大，常常会将很多不需要的图像也检索出来。

2. 纹理特征

纹理特征是所有物体表面共有的内在特性，是一种不依赖于颜色或亮度的反映图像同质现象的视觉特征。纹理特征包含了物体表面结构组织排列的重要信息，其表现为图像上灰度或颜色分布的规律性。与颜色特征不同，一个像素点的纹理是没有意义的，需要对包含多个像素点的区域进行统计计算，反映的是关于图像区域的一个属性。

一般是设定一定大小的图像区域，然后从中提取纹理特征，常见的提取方法是统计方法、几何方法、模型法和信号处理法。

统计方法是基于像素及其邻域的灰度属性来研究纹理区域的统计特征，代表算法为灰度共生矩阵（GLCM）法。其基本原理为：首先将RGB图像转变为灰度图像，计算出灰度共生矩阵，用该共生矩阵的统计量来代表图像的纹理特征，包括能量、对比度、熵值、均匀值等。GLCM纹理特征的提取方法具有较强的稳健性和适应性，已越来越多地被用于图像的检测和分类，但是其计算成本较高，并且忽略了像素之间的依赖关系。

几何方法是建立在纹理基元理论基础上的一种纹理特征分析方法。所谓纹理基元，即为基本的纹理元素。该理论认为，若干简单的基本纹理元素按照一定的规律重复排列后，可以构成复杂的纹理，其代表算法有Voronio棋盘特征法和结构法。但是几何方法的应用和发展受限，后续的研究很少。

模型法以图像的构造模型为基础，以模型的参数作为纹理特征，模型参数的估计是模型法的核心问题。典型的方法有马尔可夫随机场（MRF）模型法、Gibbs随机场模型法、分形模型和自回归模型等。模型法可以研究像素之间的依赖关系以取得纹理特征，同时兼顾纹理整体的规律性及局部的随机性；但是参数调节不方便，且模型收敛速度较慢。

信号处理法主要是利用滤波器等对纹理图像某个区域进行变换，再提取出能够保持相对平稳的特征值来表示该区域的纹理特征，因此也被称为滤波方法，其经典算法有Tamura纹理特征、自回归纹理模型、小波变换等。信号处理法能在更精细的尺度上分析纹理，更符合人类视觉特征，但是其计算量较大，对于背景更复杂的自然图像处理能力有限。

3. 形状特征

形状特征主要是对图像中形状的表示，常见的表示方法有两种：一种是轮廓特征，一种是区域特征。图像的轮廓特征主要是聚焦于物体的外边界，而图像的区域特征关系到整个形状区域。图像中的形状识别是模式识别的重要研究方向，广泛应用于图像分析、机器视觉和目标识别。常见的形状特征的提取和表示有以下几种方法。

边界特征法是通过对边界特征的描述来获取图像的形状参数，比如边界曲线上点的坐标序列、边界上的点到物体中心的距离以及边界上的点随着弧长变化的切线方向等。

另一种方法是傅立叶形状描述法，该方法的基本思想是以图像边界坐标的傅立叶变换作为基础，定量地描述图像中目标边界的形状。类似于一维信号的傅立叶变换，二维傅立叶变换的坐标轴意义是频率。越靠近原点，频率越低，对应于图像中像素值变化速度比较慢的部分，一般是物体的主体、背景等；越远离原点，频率越高，对应于图像中像素值变化速度快的部分，例如物体的边界，可以通过边界确定物体的形状。在傅立叶变换后，低阶系数变换可以反映边界的大致形状，随着系数阶数的不断增高，边界的细节特征逐渐变得明显。这一方法具有对旋转、平移、尺度变化不敏感的特点。

几何参数法是指采用有关形状的定量测度参数（如面积、周长、矩等）对图像进行描述。比如在QBIC（query by image content）系统中，利用圆度、偏心率等几何参数进行基于形状特征的图像检索。但是形状参数的提取要以图像处理及图像分割为前提，参数的准确性必然受到分割效果的影响，甚至对于分割效果很差的图像，形状参数无法提取。

4. 空间关系特征

上述提到的颜色、纹理和形状等特征反映的都是图像的整体特征，而没有体现图像所包含内容的空间关系。空间关系主要描述的是图像中多目标之间的空间位置或者相对方向。通常来说，空间位置信息包含两种：一种是绝对空间位置信息，强调目标的具体位置，比如目标之间的距离远近；另一种是相对空间位置信息，强调目标之间的相对位置，比如左右、上下、前后等关系。

空间关系特征的使用可以加强对图像内容的描述区分能力，比如对于一幅含有蓝色天空和蔚蓝色海洋的图像，我们在颜色等方面无法辨别，但是我们可以指明处于图像上半部分的蓝色区域是天空，下半部分是海洋，这样就可以进行区分了。我们也可以从这个例子中看出，空间关系特征常对图像或者目标的旋转、平移、尺度变化等变换比较敏感，所以仅仅利用空间信息往往不够，使用时还需要结合前面提到的其他特征。

常见的提取图像空间关系特征的方法有两种：一种是运用图像分割算法对图像进行处理，自动将图像划分成各个区域，使各区域内图像的特征尽可能相似，通过对各区域内的特征进行提取，得到图像的空间关系特征；一种是将图像均匀划分为各个部分，对各部分进行特征提取，进而得到空间关系特征。

5. 关键特征

上面提到的特征都是基于当前所研究的图片的特征提取，但是当对所研究的图片进行翻转、缩放时，这张图片的上述特征（例如空间关系特征）会发生变化。换句话说，同一个图片仅仅因为做了旋转，特征值就发生了变化，很可能会被判定为另一张图片。因此，学者们希望能够提取出图片最关键的特征，即不会因为图片位置平移旋转、大小缩放而发生变化的特征，SIFT（scale-invariant feature transform）特征是其中的代表，其本质是在不同的尺度空间上查找关键点（特征点）并计算关键点的方向。尺度空间一般用于在图像领域中模拟人眼观察物体，例如对一棵树的观察取决于我们想要观察的是叶子还是整棵树，对叶子的观察即为小尺度情况，应该观察局部细节特征；对整棵树的观察即为大尺度情况，应该抓住概貌特征，去除图像的细节部分。SIFT 所查找到的关键点是一些不会因光照、旋转等因素而消失的、十分突出的点。

SIFT 特征提取主要有以下三个步骤：（1）提取关键点：搜索所有尺度空间上的图像位置，通过高斯微分函数来识别潜在的具有尺度和旋转不变性质的关键点。（2）定位关键点并确定特征方向：步骤（1）所得到的点不一定都是可用的，需要对关键点进行选择，选择的依据为关键点的稳定程度，这样做可以增强抗噪能力和稳定性。比如将正方形旋转后变为菱形，如果用边作为识别依据，变换后的四条边不一样就会导致图像识别的错误，但如果使用角点作为识别依据，结果则稳定一些。在对关键点进行定位后，为了实现旋转不变性，基于图像局部的梯度方向分配给关键点一个或多个方向，其中多个方向可以增强图像匹配的鲁棒性。（3）生成关键点描述子：为了使关键点具有更多不变性、提高图像匹配的效率，还需要生成关键点描述子。关键点描述子除了包括关键点之外，还包括关键点周围对其有贡献的像素点；同时为了保证旋转不变性，需要将坐标轴旋转到关键点方向，生成 SIFT 特征向量。

6. 视觉词袋特征

文本处理部分提到过词袋模型，这个模型忽略文本的语法和语序，用一组无序的单词来表达一段文字或者一个文档。词袋模型也被应用于图像处理，与文本中的词袋模型类比，将图像的特征都当作单词，即把图像“文字化”，简写为 bag-of-visual-word (BOVM) model。

视觉词袋特征的基本思想如下：(1) 图像局部特征提取：首先利用前文介绍的特征提取方法，根据具体应用场景，综合考虑特征的独特性、提取算法的复杂性等因素，从图像中提取局部特征，生成一定维度的特征向量；(2) 视觉词典构造：利用步骤 (1) 处理好的特征数据通过适当的去冗余处理得到一些有代表性的特征向量，再用聚类方法将特征词分为若干类，其类别的数据由自己设定，将聚类中心定义为视觉单词，所有视觉单词组成视觉词典；(3) 量化图像特征：与前面的文本类似，一个句子由多个词语表示，一个图像由很多视觉词汇组成，通过每个图像的视觉词汇来量化表示图像，将图像表示为视觉单词的统计直方图，得到最后的视觉词袋特征。通过这个特征也可以表示图像属于哪一类，完成分类。

7. SentiBank 语义特征

上述特征描述了图像的颜色、纹理、形状、内容等，但无法反映图像中可能表达的情感。例如，我们看到某些电影海报会感到开心，而看到某些图像会感觉到悲凉。为了解决这一问题，学者们构建了视觉情感语义特征表示方法 SentiBank，在图像情感特征获取方面取得了不错的效果。

该方法认为图像包含两层语义：一层是客观存在的事物，如图像中所包含的车辆、动物、人等视觉对象；另外一层是主观存在的情感语义，比如图像所表现的漂亮的、开心的、悲伤的等情感。因此，该方法首先基于心理学模型，将模型中的每一种情感作为搜索词，在 Flickr 和 YouTube 上进行检索（包括标签、图片、视频等），进而找到和每一种情感经常共同出现的标签（例如 joy 和 happy、beautiful 经常共同出现）。再运用文本挖掘以及基于词汇的情感分析工具来寻找极性化（积极或消极）的形容词，把这些形容词与检索结果中经常出现的名词短语进行配对，形成超过 3 000 个形容词和名词对（adjective noun pairs，ANP)。每个 ANP 都有对应的极性值，即情感在正向和负向的数值。然后，利用 Flickr 中获取的训练图像集，为每个 ANP 构建一个分类器，选取准确率在一定阈值上的 ANP 构成情感检测库。

通过上述情感检测库的建立，当输入新的图像时，利用底层特征提取和 SentiBank 检测子检测，就可以得到输入图像的 ANP 特征表示，根据 ANP 的情感极性，就可以得到图像的情感分析结果。

8. 其他特征

以上特征都是图像提取中的传统特征。传统特征的提取方法一般是人为设计好的，是经过大量的先验知识总结得到的。而随着深度学习技术的发展，通过 CNN、RNN 等神经网络也能够自主学习到图像的特征，不过与前面提到的方法相比，这些特征并不能完全表达出明确的含义。无论是传统特征还是深度学习得到的特征，都是后续进行图像分析处理的基础。比如，结合相应的算法可以对图像进行分类、相似度计算、检索、目标识别与检测、情感分析等。

习题

9.1　简述 TF-IDF 和 LDA 模型的优缺点。

9.2　简述 SIFT 如何实现平移、缩放、旋转等不变性。

第十章　数据可视化

第一节　可视化的作用

随着社会发展，各方面的数据无论是从数量上还是维度上都越来越庞杂，面对大量原始数据，企业很难很快识别到有价值的信息，同时数据分析的结果有时也很难直观理解。因此需要借助合适的方式将数据进行展示，帮助决策者发现数据特点及分析结论。如何更直观地描述数据对于重大决策和数据分析有重要作用。

数据可视化为上述问题提供了解决方案。数据可视化是指通过图形的方式展示数据，让人们能够直观地看到数据的整体和细节特征。大量研究表明，人们通过图形获得的信息要比通过文字获得的信息多且快速。数据可视化的目的是能够将大量的、关系错综复杂的数据清晰和直观地表达出来，方便人们发现其中的规律模式，进而实现更进一步的分析。具体而言，数据可视化有以下作用：

第一，相较于文字描述的方式，人们能够从数据可视化中接收到更多信息，从数据可视化的结果获得信息的速度要更快一些。因为人脑对视觉信息的处理要比对文字信息的处理容易得多，数据可视化可以更加清晰地展示各个数据的分布或者数据的变化情况，使业务负责人能够更快地理解和处理信息。举例来说，我们可以通过一张饼图展示企业在不同地区的产品销量或者通过折线图看某个地区销量的变化情况，对销量占比较低或者销量下降的地区深入探究其可能发生的问题，并制订计划来采取行动。

第二，数据可视化更便于人们发现数据之间的规律和联系，并引导人们进行数据的深层次的挖掘。例如，可以通过折线图观察销量随时间的变化情况，判断其中是否有趋势性和季节性因素的影响，进而做深入分析。

第三，对于数据分析来说，数据可视化也是后续模型展示的重要方面。比如使用预测模型时，需要数据可视化能够将预测结果与实际结果的差异直观明了地展示。

第二节　数据可视化的常用图表

数据可视化将数据和数据分析的结果更直观、清晰地进行展示，便于理解，这离不开不同种类的图表。在本节中，我们将介绍进行数据可视化的一些常用图表，并了解如何使用特定类型的图形来描述特定类型的数据，能够在突出重要信息的同时直观清晰地展示数据分析结果。

1. 适合单特征展示的图形

在进行数据分析时，很多时候需要对每个特征单独进行理解。例如，对顾客进行分类之前，先了解每个类别的顾客数量占比，以及顾客在购买频率上随时间如何变化。这时就用到以下这些适合单特征展示的图形。

（1）饼图

当需要对顾客、产品群体中不同类别的分布进行直观对比时，饼图（pie chart）是一个有用的工具。它通过圆形以及圆内各个扇形的圆心角的角度来表示数据占比。饼图主要用于显示数据的组成部分以及各部分对应的比例，对于研究数据的结构性问题非常有帮助。需要注意的是，饼图的显示空间有限，如果数据中存在的种类过多时（一般大于5种），饼图难以清楚地显示出每个种类及其占比。

图10－1所示的为某代理机票订购的商家某一时间段内成交的订单中机票目的地的结构情况，饼图清晰地展示了主营业务及其占比优势。

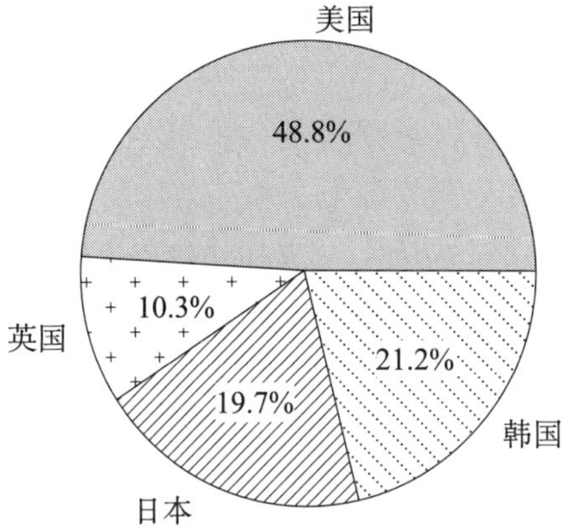

图10－1　饼图示意图

（2）折线图

折线图（line chart）将各个数据点绘制到图形中并将各个点连接成线。折线图通过坐标的大小来对应数据的大小，主要用于反映时间序列上数据的趋势和变化特征，例如产品价格、销量的变化趋势等。利用折线图可以很容易地发现变化剧烈的点，产生进一步分析的焦点。

绘制折线图时，时间一般绘制在横轴，观测的变量值绘制在纵轴。一般来说，纵轴数据的端点应该从“0”开始，但是在数据量级较大的情况下，可以采取折断的符号将纵轴折断。图10－2以时间序列展示了某电商卖家2018年上半年每天的净利润情况，可以看到销量呈现稳步上升趋势。

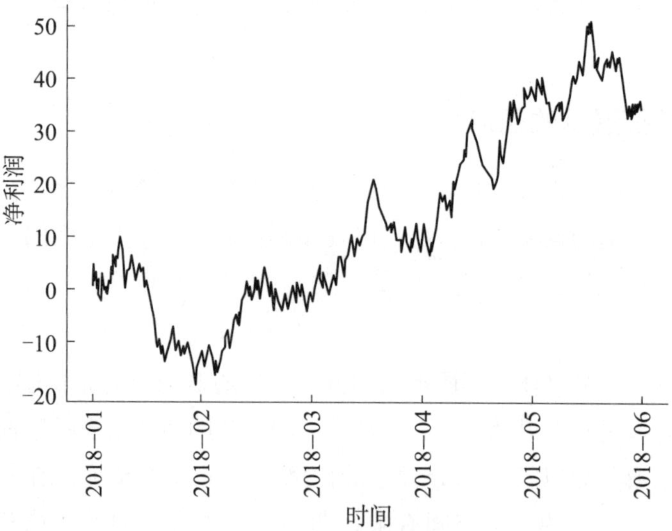

图 10－2 折线图示意图

(3) 条形图

条形图（bar chart）是用宽度相同、高度不同的条形来表示数据量大小的图形。条形图可以用于显示不同分类的数据比较，也可以用于显示一段时间的数据。例如，前面提到过饼图可以用于显示各类别分布，但当类别数量较多时，条形图是更好的选择。

条形图可以是水平的，也可以是垂直的，垂直的条形图也被称为柱状图（column chart）。尽管柱状图经常被使用，但实际上，水平条形图可以给出更多的空间用于放置文本标签，在使用上更为灵活一些，例如，针对用户使用目的进行的展示中，对使用目的进行描述，通常需要较多文字。而垂直条形图往往在文本标签比较少的时候表现得更好，例如显示不同年份的数据比较。

(4) 直方图

直方图（histogram）也叫作频率直方图（frequency histogram），是一种用矩形面积来表示频数分布的图形。只有数值型数据才能用直方图来展示。利用直方图可以将数值型数据分组，转变为标称型数据，例如将用户的收入属性进行分组，转变为低、中、高等收入类别。另外，如前面第三章第二节所提到的，利用直方图实际上是将多个数值根据其所在区间进行汇总，实现了数据规约。

在绘制直方图时，用横轴来表示数据分组，用纵轴表示组别的频数或者频率。横轴被划分为不相交的等宽连续子域，每个子域是一个组，被称为一个箱（bin）。每一个子域对应一个矩形，其高度代表属于该子域的样本数（频数），这就形成了一个直方图。直方图可以很清晰地显示各组别中频数的大小，例如，图 10－3 的左侧示意图展示了某商品顾客的年龄分布，从图中可以看到顾客的主体年龄分布区间为 32～37 岁。

选用直方图时，要注意子域宽度的选择。合适的宽度才能够使直方图展示出数据的分布情况，过大或过小都会影响到数据的表示。尤其是在数据量较小的时候，数据、组距等的微小改变都可能使直方图发生巨大变化，因此在数据量较小时使用直方图应该更为谨慎地选择参数。例如，在图 10-3 中，改变每组的宽度，得到的直方图为右侧示意图，可以看出直方图分布的形状随之改变。

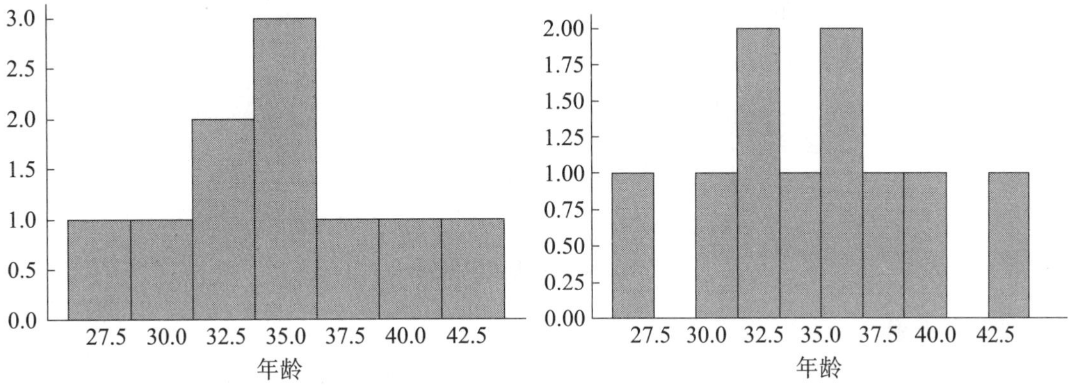

图 10-3　直方图示例

虽然在图形表现上，直方图和条形图都是由多个矩形组成的图形，但两者有本质不同。首先，直方图用高度表示各个组别的频数，宽度是每个组的范围；而条形图则是用矩形的长度来表示频数，其宽度没有实际的意义。其次，直方图的组与组之间的数据是连续的，因此在绘制时，直方图的各个矩形是连续的；而条形图的各个矩形代表了不同的类别或其他划分，因而在绘制上不需要连续。使用时应注意区别两种图形，在合适的场景下选择合适的图。

（5）箱线图

箱线图（box plot）又称为盒图，如第三章第二节所述，它用于揭示数据分布的情况。它是由数据的最小值、下四分位数、中位数、上四分位数和最大值共 5 个特征点绘制而成的，是一种显示数据分散情况的图形。在绘制箱线图时，首先找出以上 5 个特征点，然后连接上四分位数和下四分位数绘制出一个矩形箱子，中位数在箱子的内部，最后将最大值和最小值与箱子连接。

由于箱线图包含了位置特征点，所以，通过箱线图的形状，我们能够看出数据分布形状的一些特征，发现某些异常点。图 10-4 展示的是前例中顾客年龄分布的箱线图，有一位顾客的年龄明显高于其他顾客，属于异常点。对比前面的直方图，箱线图不需要设定组距，但不如直方图直观。

2. 适合多个特征展示的图形

在数据分析过程中，更多时候需要对两个或两个以上变量之间的关系进行探索，这时，可以通过多个变量的可视化图形观察数据特点。常用的图形有散点图、气泡图和雷达图等。

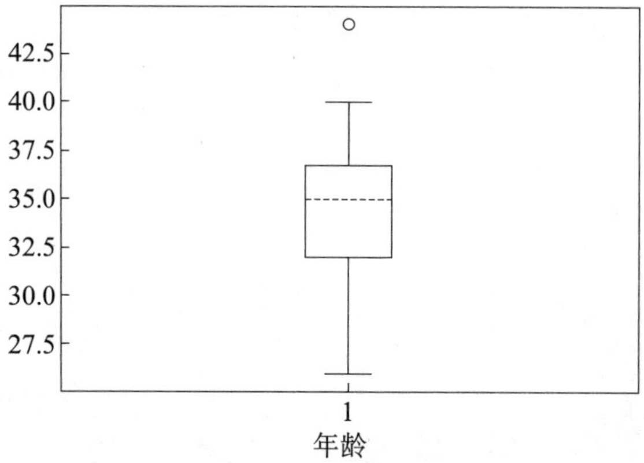

图 10-4 箱线图示意图

(1) 散点图

散点图（scatter diagram）是将两个数值变量的值绘制在同一个坐标系下，以此来判断两个变量之间关系的一种图形。它的横轴和纵轴分别代表两个变量，每个坐标点都代表一个数据点，也就是一个散点，形成的二维图形叫作散点图。

散点图可以表示一个变量随另一个变量变化的趋势，因此，散点图是判断两个数值变量之间是否有联系的最有效的图形之一，它在回归分析中经常被用于判断变量之间是否存在相关性。散点图还可以用于观察点簇和离群点，但画散点图的数据点不能太多，数据点过于密集时无法辨别出数据的真实情况。

(2) 气泡图

气泡图（bubble chart），顾名思义，是由一组像气泡的图标组成的图形，主要用于展示三个变量之间的关系。绘制气泡图时，选择三个变量中的其中一个变量作为横轴，再选择一个变量作为纵轴，最后利用坐标系下气泡的大小来表示第三个变量。

(3) 雷达图

雷达图（radar chart）也叫作蜘蛛图（spider chart），是用于展示多个变量的常用图示方法。雷达图在对比各个变量的数值以及多个样本之间的相似度方面是非常有效的。在绘制 n 个变量的雷达图时，首先画一个圆并将这个圆 n 等分，可以得到 n 条辐射状的半径，每条半径对应一个变量。将这 n 条半径分别作为 n 个变量的坐标轴，每个变量的值用半径上的点到圆心的距离表示。最后将同一样本下 P 个坐标上的点连接成线，得到的多边形即为雷达图。

设某公司生产 7 种产品，每种产品的产量、销售额和销售占比如表 10-1 所示。

表 10-1 产品产量、销售额、销售占比

产品	产量	销售额	销售占比
1	502	152	30%
2	458	354	77%
3	155	102	66%

续表

产品	产量	销售额	销售占比
4	246	155	63%
5	537	325	61%
6	426	358	84%
7	789	548	69%

那么对应的散点图、气泡图、雷达图如图 10－5 所示：

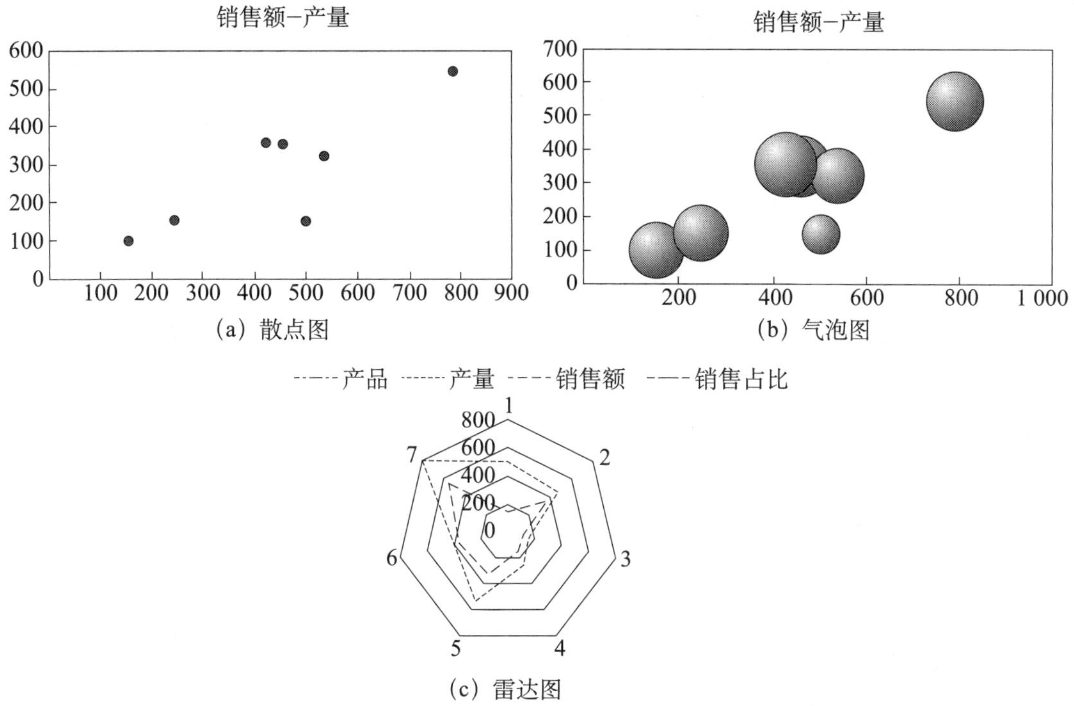

图 10－5　散点图、气泡图、雷达图举例

第三节　用图形展示模型结果

可视化除了能为探索数据提供有效的方法外，对于展示模型最后的结果也大有帮助。本节将介绍在展示模型结果时可能用到数据可视化的各种场景及方法。

在建模完成数据分析之后，我们通常会通过一些评价指标来评价模型，并以此展示模型的性能。因为某些影响因素的变化会直接影响模型的表现，所以展示某个评价指标随某个影响因素变化而变化的趋势对于展示模型的效果是有帮助的。同时，在实验过程中，我们常常使用多种模型，或者一种模型使用不同参数来验证模型的可靠性或寻找当前最优模型。此时通过可视化比较一些模型的评价标准能够更直观地得出结论。

1. 模型结果展示

在商务数据分析中，预测分类模型十分常见，例如预测消费者是否会购买某一商品、分类消费者等级。展示模型效果时除了用数据制表展示结果外，也可以使用可视化的方式直观地展示。例如，在分类问题中，我们可以用 ROC 曲线展示模型分类效果；在预测问题中，可以用折线图表示应用模型进行预测时，预测值和真实值之间的差异。

此外，在社交网络分析中，图片处理和文本处理也常用可视化展示模型结果。例如，在进行复杂数据挖掘的时候，有时需要对词频进行统计，如果想要展示不同词语的频次高低，就可以用词云呈现。图 10-6 是对一段文本进行的词云展示。

图 10-6 词云示例

2. 模型与变量间关系展示

利用可视化工具展示模型随着一些重要变量的变化趋势，可以帮助我们了解变量或找到变量的最优解。

折线图或者柱状图能够清晰地表示出变化的趋势与对比，因此最常被选择用于展示同一个模型因为变量选择不同而产生的不同表现。图 10-7 展示的是某预测模型结果的可视化，横轴是模型的训练次数，纵轴是模型的准确率，1、5、10、20、30 对应的是某一参数的不同设定所产生的模型表现。因此，该模型可视化既展示了随着训练次数的增加，模型表现趋于稳定，也展示了参数对于模型的影响。

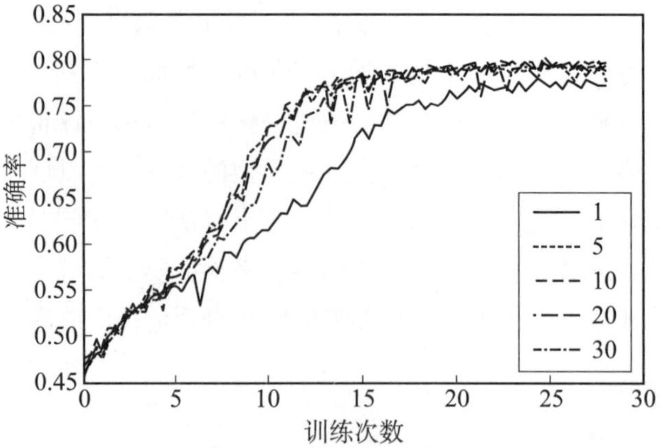

图 10-7 模型-变量间关系可视化举例

3. 模型间对比展示

有时我们需要对多个模型进行对比，选择当前情景下最合适的模型，这时也可以用柱状图来表示它们之间的对比关系。如图 10－8 所示，有三个模型针对三个数据集合进行了训练，将三个模型在运行时间上的表现用柱状图表示，结果表明模型 m1 的运行时间在三个模型中是最优的。

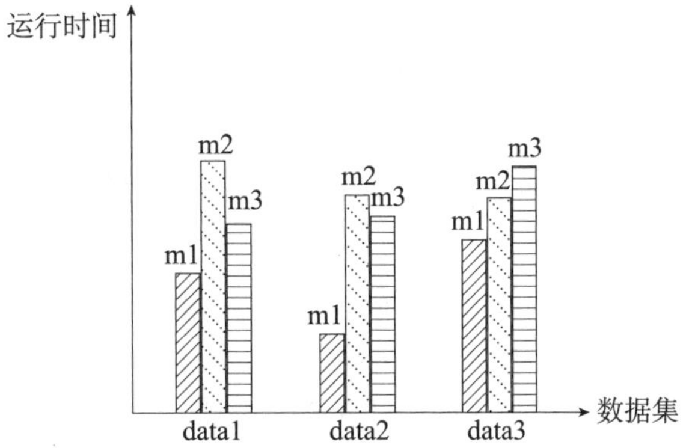

图 10－8 模型间对比可视化举例

如果想要展示最后得到的变量间的关系，在维数较低的情况下也可以选用散点图来表示，比如聚类分析的结果就可以用散点图展示出来。如果是进行低维度的回归拟合，那么也可以用线图和散点图结合的方式表示。

第四节 常用的可视化工具

下面我们介绍一些常用的可视化工具，这些工具可以辅助我们更好地了解数据、展示结果。

1. Excel

Excel 是很常见的可视化工具，是可视化工作者必须掌握的工具。虽然它常用，但是难度不小，门槛也不低。相反地，对于可视化高级工作者来说，它依旧起到"四两拨千斤"的作用。它可以创建基本的统计图表和专业的数据透视表。

2. 语言代码内作图工具

有许多开放的源码可视化工具，如常见的 R 语言、Python、D3. js 等都可以实现可视化，但是这些工具的使用在一定程度上需要编程基础。下面我们介绍几种常见的工具。

(1) R 语言和 ggplot2

严格来说，R 语言是一种数据分析语言，与 Matlab、GNU Octave 并列。然而 ggplot2 的出现使 R 成功跻身于可视化工具的行列。作为 R 语言中强大的作图软件包，gg-plot2 有着自成一派的数据可视化理念。它将数据、绘图以及与数据无关的其他元素分离，同时绘制图形时采用图层叠加的方式，将一个个图层添加上去。例如，分析身高和体重的关系，可以先画一幅散点图，若进而需要区分性别的影响，则图中的点可以用不同色彩对应于不同性别；若又要加入回归线来分析关系，则可以在上图的基础上添加回归线。这些图层式的操作通过符号“+”就可以完成层层推进的结构过程，并且不断地加入额外信息。在上述过程中，每一步就是一个图层，并且可以叠加到上一步可视化的结果中展示出来。

（2）Python

Python 同 R 语言一样，有着很强大的作图软件包。常见的 Python 作图包主要有 matplib、pandas、datetime、pylab 等。Python 除了在二维空间中绘图外，还能够在三维空间中绘图。与 R 语言一样，通过安装指定的绘图包，使用绘图包中提供的函数和参数等就可以绘图。但是 Python 做出的可视化图形界面是静态页面，没有动态的界面数据交互，同时界面没有筛选器，无法过滤部分数据、呈现部分数据。

（3）D3. js

D3（data driven documents）是一个可以基于数据来操作文档的 JavaScript 库，可以帮助用户使用 HTML、CSS 等来展示数据。D3 能够提供大量线性图和条形图之外的复杂图表样式，例如 Voronoi 图、树形图、圆形集群和单词云等。D3 在 HTML 和 CSS 文件中编写代码，在浏览器中显示结果。

本部分所介绍的作图工具都需要一定的编程基础，上手难度比较大。随着数据可视化越来越重要，很多界面化可视化工具发展得也很好，接下来我们介绍几种界面化可视化工具。

3. 界面化可视化工具

Tableau、FineBI 都是数据可视化工具和交互式商业智能（business intelligence，BI）工具。随着数据的大幅度增长，企业更加重视和强调 BI 的易用性和可视化。这些工具使可视化变得容易，并且界面更干净、更友好、更易于导航。

（1）Tableau

Tableau 是用于可视化分析数据的商业智能工具。用户可以创建和分发交互式和可共享的仪表板，以图形和图表的形式描绘数据的趋势、变化和密度。它被企业、学术研究人员和许多政府机构用来进行视觉数据分析。在数据方面，Tableau 可以连接到基本的文件，如 Excel、文本文件等，也可以连接数据库对数据进行读写。在分析方面，Tableau 提供了许多分析技术，无须编写任何自定义代码即可进行数据分析。它可以根据数据画出各种图形，如条形图、折线图、饼图、箱线图、直方图等。

（2）FineBI

FineBI 是帆软软件有限公司推出的一款商业智能产品，目前已经发展成为国内最大的 BI 分析平台提供商。在数据方面，对于常规的文件数据和数据库都可以直接对接分析，如 Excel、sqlserver、mysql、Oracle 等，除此之外，也可以对接国内企业的大数据平台。FineBI 的数据可以进行多种编码类型转换，数据存储量也很大。在可视化方面，FineBI 可以对分析的数据进行拖拽，可以根据分析情况自动推荐可视化图表。

4. 社会网络可视化工具

为了更好、更直观地理解一个社会网络，可以将网络图可视化，目前可视化的工具有很多，功能也很强大，例如 NodeXL、Gephi、Graphviz、NeworkX、Social Networks Visualiser、Pajek 等。其中 Gephi 是基于 Java 语言的工具，NeworkX 是基于 Python 语言的工具，均需要一定的编程基础，而 NodeXL 是一个基于 Excel 的免费的开源插件，支持各种社交媒体实际数据输入格式，可以动态筛选、分组节点和边，设置节点属性等，没有编程门槛要求。

习题

10.1　利用 Excel 绘制表 10－1 中数据的散点图。

10.2　简述直方图和条形图的区别。

第三部分

商业应用

在本部分，将基于前两部分中商务数据分析的流程、分析角度和分析方法等内容，对商务领域常见的数据分析应用案例进行介绍。

第十一章　预测模型应用

预测问题是商务领域决策中最常见的问题种类之一，例如，根据顾客已有的浏览和购买记录，可以对顾客的购买行为、流失可能进行预测，还可以对产品未来的销售状况进行预测等。接下来将按照数据分析的整体流程，对预测问题领域的应用案例进行介绍。

第一节　购买预测

1. 问题描述

近年来，我国私家车市场出现了爆发式增长，汽车销售量逐渐成为经济发展和人民生活水平的衡量标准。预测顾客的购买决策不仅可以降低汽车销售商的营销成本，还可以指导汽车销售商制定长期市场战略。因此，如何精准地匹配目标顾客和车型是汽车销售商迫切想要且需要解决的问题。现阶段，大部分汽车企业都积累了大量顾客信息，建立了客户关系营销系统，可以对拥有的数据做整合分析和深层挖掘。汽车企业可通过对顾客的自然属性、社交习惯、网络搜索内容等多维度的数据，利用大数据技术进行建模分析，挖掘顾客的消费规律，预测客户的购买行为，进而实现精准营销。

本案例主要考虑了顾客的人口属性特征和家庭特征（性别、年龄、婚姻状况、是否有子女等）以及顾客的 App 使用数据，通过机器学习的方法来预测具有不同特征的顾客的购买意愿。购买意愿预测为销售商通过深度挖掘客户行为特征进而预测顾客的购物决定提供了新的思路和方法。

2. 数据理解

（1）数据来源

本案例中使用的数据集来自某公司。主要包括顾客的个人信息数据、家庭属性数据、App 使用偏好数据和汽车偏好数据。

（2）数据描述

本案例的数据集可以分成四个部分：消费者的个人数据、消费者的家庭数据、App 使用偏好数据和消费者的汽车偏好数据。消费者的个人数据包括性别、年龄、职业、居住城市、信息获取渠道、兴趣爱好；消费者的家庭数据包括婚姻状况和是否有子女；App 使用偏好数据记录了消费者对各类 App 的使用行为；消费者的汽车偏好数据指的是客户对特定车型的偏好，直接反映了消费者是否会购买某款车型。在数据集中，将手机号码作为数据样本中每个消费者的唯一标识。对数据集中包含的每个特征的详细描述和解释如表 11-1 所示。

表 11-1　数据集包含特征的详细描述

序号	属性	描述
1	性别	指消费者的性别，分别为：男士和女士
2	年龄	指消费者的年龄区间，分别为：0～15 岁、16～25 岁、26～35 岁、36～45 岁、46 岁及以上
3	职业	指消费者的职业，分别为：IT 从业者、销售人员、建筑人员、医生、老师等 17 类
4	居住城市	指消费者所属的城市，分别为：上海、南京、平顶山、安阳、郑州、盐城、芜湖等 32 个城市
5	信息获取渠道	指消费者获得汽车信息的主要渠道
6	兴趣爱好	指消费者的兴趣爱好，分别为：美食、美妆、健身、理财、听音乐等
7	手机 App 使用行为	本案例选择了消费者的 134 个手机 App 的使用行为作为分析和研究的对象，手机 App 的使用行为具体包括租车类、支付类、酒店类、视频直播类、新闻资讯类、运动类、购物类、社交类等
8	婚姻状况	指消费者的婚姻状况，分别为：已婚和未婚
9	是否有子女	指消费者是否已经生子，分别为：有和无

本案例使用的数据集中的“手机 App 使用行为”数据具体包括两方面的含义：第一是指顾客使用哪些类别的手机 App，例如上文所述的运动类、支付类、租车类等；第二是指顾客使用某类手机 App 的次数。将这两方面的含义相结合，得到本案例中所使用的顾客手机 App 使用行为这一特征，即消费者的每种类别的手机 App 的使用次数。在本案例中，预测目标就是消费者是否会购买某一个特定厂商的特定车型，因此，本案例涉及的消费者购买意图预测将会被转换为二元分类问题。

3. 数据预处理

(1) 数据清洗和筛选

在对数据特征进行分析前，首先要对数据进行清洗过滤。针对原始获得的数据集，本案例通过以下处理流程，对数据集进行清洗和筛选，考虑到数据原始样本规模较大，删除了存在问题的数据记录：

①删除存在异常值的记录：比如，若本人年龄－孩子年龄＜男方 22 周岁（女方 20 周岁），则判定当前样本为异常值，应当删除。

②删除空缺值较为严重的属性：比如，某种 App 使用的顾客人数过少，顾客在这个属性上的取值绝大部分都是空，说明此属性的存在影响了建模的效率，而且对于模型建立

并不能提供充分的信息，应该被删除。

③删除使用次数过少的顾客记录：例如，有的顾客手机 App 使用次数只有个位数，这些顾客的使用行为没有代表性，同样不能对建模提供充分的信息，应该删除。

通过以上方案和步骤，本案例筛选出符合条件的样本集，继续进行下一步的分析。

(2) 数据转换

本案例所用数据集中大部分顾客特征均为分类特征，如第四章所讲的，对上述所有分类特征需要进行独热编码转换处理。基于这种编码方式，可以通过预测模型处理所有顾客特征。

经过上述数据预处理，本案例得到最后的数据集。每一条记录代表一个顾客的购车数据，每一条记录包含 143 个特征属性和 1 个是否购买特定车型的标记。其中 55.5%的顾客购买了此车型的汽车，44.5%的顾客未购买此车型的汽车，所使用的数据集的平衡性得到了保证。

4. 模型建立

本案例将 80%的数据样本用作训练集，将剩下的 20%的数据集用作测试集，并使用 10 折交叉验证（10-fold cross-validation）法来确保算法的有效性。为了达到更好的预测效果，采用支持向量机模型、随机森林模型和深度学习模型三种算法进行建模。本案例使用的数据集随机分成 10 份，以减少预测模型过度拟合的可能性。

5. 模型评价

为了评估本案例提出的顾客汽车购买预测模型的性能，利用正确率（accuracy）、精确度（precision）和 F1 得分指标衡量模型的性能。通过对三种模型的参数调整，分别得到三种模型的最好的表现结果。结果见表 11－2。本案例在所有的评价标准上支持向量机（SVM）模型都优于随机森林（RF）模型。这说明相比于支持向量机模型，随机森林模型具有更强的识别顾客汽车购买意向的能力。

表 11－2　预测结果对比

分类器	正确率	精确度	F1 得分
SVM	83.95%	83.70%	89.68%
RF	85.80%	84.06%	90.98%

6. 案例小结

本案例从汽车行业出发，主要对顾客购车的决策和行为进行研究，旨在提出一种创新的算法和框架，能较为精准地预测顾客购车的决策，为汽车销售商制定长期战略、降低营销成本提供一定的指导和借鉴作用。

本案例主要搭建了一个“基于机器学习和深度学习的汽车购买意向预测模型”，通过在真实数据集上的试验，利用顾客的个人特征、家庭特征和App使用特征，通过机器学习的方法来预测顾客是否做出购买决策，并挑选出表现最优的模型。实验显示随机森林模型相对于支持向量机模型有更好的表现。

第二节　流失预测

1. 问题描述

随着互联网和电子商务的快速发展，不同行业的市场竞争日益激烈。对于消费者来说，信息的获取越来越容易，新的产品和销售方式层出不穷，人们倾向于选择更优质的商品。但是对于企业来说，留住顾客变得越来越难，客户流失已经成为它们面临的一个重要问题和挑战。为了在竞争日益激烈的市场中生存，许多公司采用数据挖掘技术对客户流失行为进行分析。它们应用了各种算法，期望在海量用户数据中挖掘和预测客户流失。

因此，针对客户流失预测这一问题，本案例聚焦于银行业客户流失现象，建立了三类模型进行预测，包括决策树（DT）、神经网络（NN）、支持向量机（SVM），并对模型的表现进行了对比。

2. 数据理解

（1）数据来源

本案例使用的数据集来自一家大型中资银行的真实客户数据。本案例的数据集包括由27个特征描述的超过20 000个客户的记录。

（2）数据描述

在本案例中，从银行的数据仓库中提取的数据集主要分为三类：客户基本信息、账户级别信息和客户行为信息，每类中的具体特征将在下面介绍。

3. 数据预处理

本案例通过以下处理流程，对数据集进行清洗和筛选，考虑到原始数据样本规模较大，删除了存在问题的数据记录：

（1）删除与流失预测无关的特征，例如身份证号码。

（2）删除缺失值超过30%的特征。

经过上述预处理，最后剩下15个特征。客户基本信息包括年龄、教育程度、可支配收入的多少、就业类型、婚姻状况、家庭人数和服务等级；账户级别类别包括账户类型、担保类型、贷款期限、贷款数据和贷款金额；客户行为类别包括账户状态、信用状态以及协议条款被破坏的次数。本案例以账户状态判断客户是否流失。

4. 模型建立

经过预处理后共有 1 524 个样本，其中 50%用作训练集，50%用作测试集，数据集分布见表 11－3。在此基础上，使用决策树模型、SVM 模型和神经网络模型来预测用户是否会流失。与前面的购买决策预测类似，这也是一个二分类问题。

表 11－3　数据集分布

训练集	普通样本数量	724
	流失样本数量	38
测试集	普通样本数量	727
	流失样本数量	35

5. 模型评价

本案例中用准确率来评估不同算法的表现，支持向量机（SVM）模型、BP 神经网络（BPNN）、决策树（DT）模型这三种算法预测客户流失的试验结果见表 11－4。结果表明，SVM 的准确率最高，其次是 BPNN，而 DT 最低。

表 11－4　本案例使用的三种分类器的预测结果对比

算法	准确率
BPNN	78.1%
DT	62.0%
SVM	87.2%

6. 案例小结

本案例从金融行业出发，主要针对银行客户流失现象，基于客户基本信息、客户行为信息以及账户级别信息，应用机器学习算法进行预测。结果显示在三种算法中，SVM 取得的效果最好。本研究不仅限于金融行业，流失问题也是其他行业非常关注的问题。

第三节　销量预测

1. 问题描述

电商近年来的发展势如破竹：截至 2021 年 6 月，在我国高达 10.11 亿的网民规模中，有高达 80.3%的网民有网络购物行为，86.3%的网民有网上支付行为，网络购物保持上升态势。在线上商品种类、线上消费者数量均逐年攀升的形势下，电商积累了海量数据，消费者在线上商店的一举一动，包括浏览了哪些商品、点击了哪些按钮、停留了多长时间、购买后的感受如何，都可以被庞大的数据库系统记录下来。随之而来的一个问题是：商家如何从线上销售系统的海量数据中挖掘出有价值的信息，并利用这些数据有效地提升运营效率，降低运营成本，提高公司利润率？事实上，这些海量数据正是电商相对于传统零售商的一个优势所在。例如，消费者的购买体验对于商家来说则是至关重要的，但是传统的实体店当消费者离店后，难以获得他们的感受信息，然而通过消费者的评论信息，电商不仅能够分析出当前商品管理和配送服务等经营互动中需要改进的方向，同时能够借此来预测商品在最近一段时间的销量。

销量预测是商家经营中的一个重要决策依据。若商家能够获知每个商品在最近一段时间的销售量可能的范围，便可据此来制定合理的采购计划，配置对应的存储空间；通过对某个地区未来一段时间的总销售量的预测，可以帮助经营人员确认在未来一段时间内该地区应当配置的配送资源；通过对线上商店全站的销售量预测，尤其是对于销售高峰的预测，能够让工程师提前做好准备，防止某一时段的新增订单量过大导致服务器崩溃等问题。

为了更准确地预测出每个商品的销售量，我们需要尽可能考虑到影响商品销售的重要因素，例如，季节等周期性因素以及极端天气这种不确定因素。除了这些用数值描绘的变量以外，上文中提到的商品评论也是一个重要因素。商品评论反映的是商品在消费者中的口碑，显然，某个商品在某段时间的好口碑是促进其销售额增长的有利因素，因为评论能够起到降低潜在消费者对商品的感知风险，鼓励其购买的作用。但商品的评论中除了评分数据外，还有大量评论文本数据，如何才能从文本数据中挖掘出有效信息？如何将这些信息融入商品销量的预测？这是本案例需要解决的重要问题。

2. 数据理解

（1）数据来源

本案例的实验数据是某电商平台的图书数据。

（2）数据描述

本案例实验选取的是商城中图书频道的商品及其评论，从商城最畅销的图书中随机抽取了 4 本，数据跨度是从 2013 年 2 月到 2013 年 5 月。其中 2013 年 2 月到 2013 年 4 月的日度数据是训练集，2013 年 5 月的日度数据是测试集。

数据集主要包括两部分，一部分是传统的数值型指标，包括：

①历史销售量：历史销售量是销售量预测的重要指标。

②价格变动：价格是影响人们购买的重要因素。

③促销活动：分析研究期间商家有没有举办促销活动。

另一部分是评论的文本数据。

3. 数据预处理：数据清洗

（1）数据过滤

在构建模型前，本案例先对数据进行了过滤、删除。

①确认数据中是否存在数据错误、缺失等问题，例如，销售额不能为负值。

②对销售数据中出现的异常销售额进行识别。例如，通过观察上四分位点和最大值等，分析是否出现销售额异常高于日均销售数据等不合常理的情况。需要说明的是，销售数据中的异常值并不意味着数据错误，有可能是某个促销活动下的正常表现，例如，“双十一”期间的销售量与日常销售量相比会被视为异常值。

(2) 文本数据预处理

对文本提取特征前，需要对文本进行预处理。

①用户的评论中存在广告等与商品无关的信息，需要删除。

②对句子进行分词，删除停用词，标注词性，只保留名词、形容词、副词和动词等处理。

4. 数据预处理：特征工程

(1) 销量特征构建

基于已有的数据，我们可以获得每本图书每天的日销售数据，为了预测每本图书在第 x 天的销售数据，使用从 $x-7$ 到 $x-1$ 天的日销售数据构成一个长度为 7 的向量，作为近期销售数据。

对于商品价格变动特征，用下面的公式计算：

$$pc_i = \frac{tp_i - tp_{i-1}}{tp_{i-1}} \tag{11.1}$$

其中 pc_i 表示第 i 天的价格变动，tp_i 表示第 i 天的商品价格。

促销活动（*Promotion*）是通过对比商品展示价格（*priceofwebsite*）和购买价格（*priceofpurchase*）之间的大小关系决定的，如果展示价格与购买价格相等或小于购买价格，则表明没有促销活动，相反地，如果展示价格大于购买价格，则认为有促销活动，即：

$$Promotion = priceofwebsite - priceofpurchase \tag{11.2}$$

(2) 文本特征构建

这一步骤的主要目的是得到每个评论的主题分布，即每篇评论的内容倾向。为了获得这一数据，这里使用的是 LDA 模型，本书的第九章介绍了该模型的原理。模型假设每篇文章的主题服从某一个概率分布，每个主题下的词也服从一个概率分布。如同模型所要求的，为了获取文章-主题分布，需要人工指定主题的数目。这里设定主题个数为 2：一种是书本的内容，另一种是平台本身的服务。例如，对于“书的质量很好，读完后很有启发”这一评论而言，我们可以获得一个（0.8，0.2）的概率分布，表示该评论有 80%的概率是在描述质量相关的主题。表 11 - 5 列举了以 2013 年 2 月到 2013 年 4 月为训练集得到的两个主题下概率分布前 10 中的 5 个单词。

表 11-5　主题分布单词

主题 1	主题 2
内容	安妮
作者	平台名称
小说	质量
问题	文字
人生	赠品

经过上述预处理，得到了可以参与最终预测模型的输入特征和输出变量。如表 11-6 所示：

表 11-6　模型的输入和输出

输出		输入	
待预测日期的销量	$Sale_i$	近期销售数据	$Sale_j(j=i-1,\cdots,i-7)$
		待预测日期的价格变动	pc_i
		待预测日期是否有促销活动	$Promotion_i$
		待预测日期评论的主题分布	$LDA\_of\_Review_i$

5. 模型建立

(1) 训练集与测试集

案例使用的数据跨度是 2013 年 2 月到 2013 年 5 月。训练 LDA 模型所使用的文本数据是 3 个月前开始的产品评论，即如果预测 5 月 1 日的销量，使用的评论的发布日期是 2013 年 2 月 1 日到 4 月 30 日，而当预测 2013 年 5 月 2 日时，需要重新训练 LDA 获得主题分布数据。

(2) 使用神经网络进行拟合

案例利用神经网络进行预测，为了验证提出的预测方法的有效性与准确性，仅使用以前一周的销售量、价格变动和是否有促销活动作为输入的 BPNN 拟合结果作为基准模型，通过对比说明文本数据在销量预测中发挥的作用。

6. 模型评价

(1) 评估标准

本案例使用平均绝对百分比误差（MAPE）作为评估模型效果的依据。

(2) 模型表现

使用 LDA 模型获取文本主题数据时，在得到训练集和测试集中的主题及其分布之后，输入 BPNN 进行训练和测试。图 11-1 展示了预测结果（纵轴为销量），MAPE 为 0.026 6。

如同前面介绍的，LDA 模型训练时主题数量是人为设定的。事实上，本案例中两个主题也可以被细化为更多内容，如平台的服务，可以包括商品是否为正品、快递是

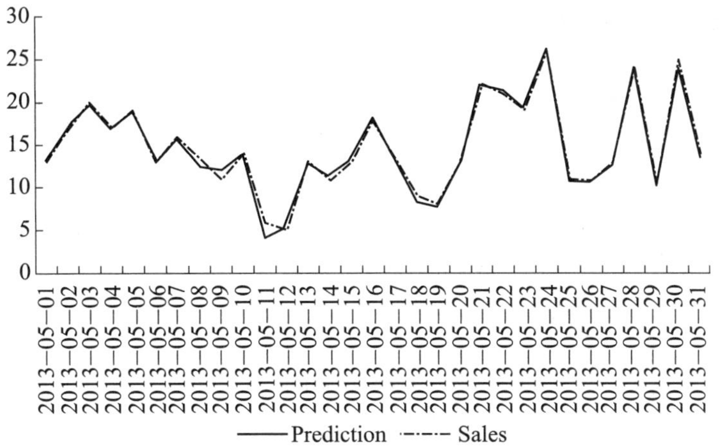

图 11-1　图书销量预测模型效果

否迅速且完整等。我们将主题个数逐渐从 2 增加到 5，图 11-2 显示了不同主题个数下预测结果的 MAPE 值。我们可以看到，有两个主题分布的输入可以得到更准确的预测结果。

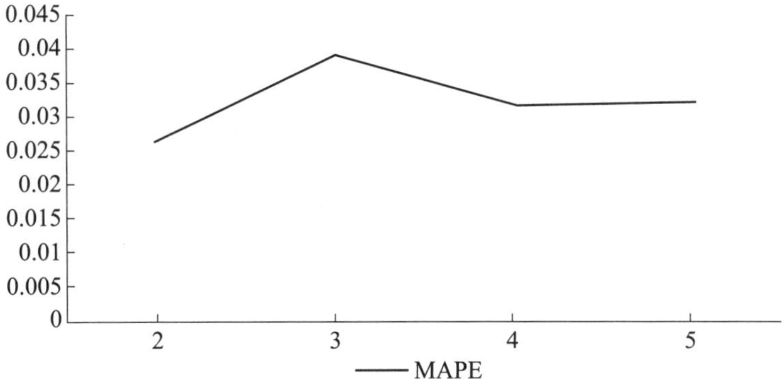

图 11-2　MAPE 随主题数量的变化

为了进一步比较不同主题数量下，加入文本因素后带来的预测效果的变化，使用 2、3、4 和 5 个主题分布结合相应的前一天的销售量进行预测，与基本的 BPNN 比较，结果如图 11-3 所示。可以看出，有两个主题分布输入的模型具有更低的 MAPE，这表明，所提出的结合评论进行销售量预测的方法可以带来更准确的预测效果。

7. 案例小结

在电子商务飞速发展的背景下，商品下的评论能够帮助我们更准确地预测销售量。通过该案例的数据建模过程和建模结果，可以分析出两条对企业运营有价值的信息：第一，评论数据对销售量有影响，说明商家在运营过程中要注重消费者的购买体验，不能为了追求利润空间而牺牲消费者对商家的信任，同时在保证商品质量的前提下，也可以鼓励消费者写有质量、有内容的评论来营造好的评论氛围，提升商家口碑；第二，为了提高预测销

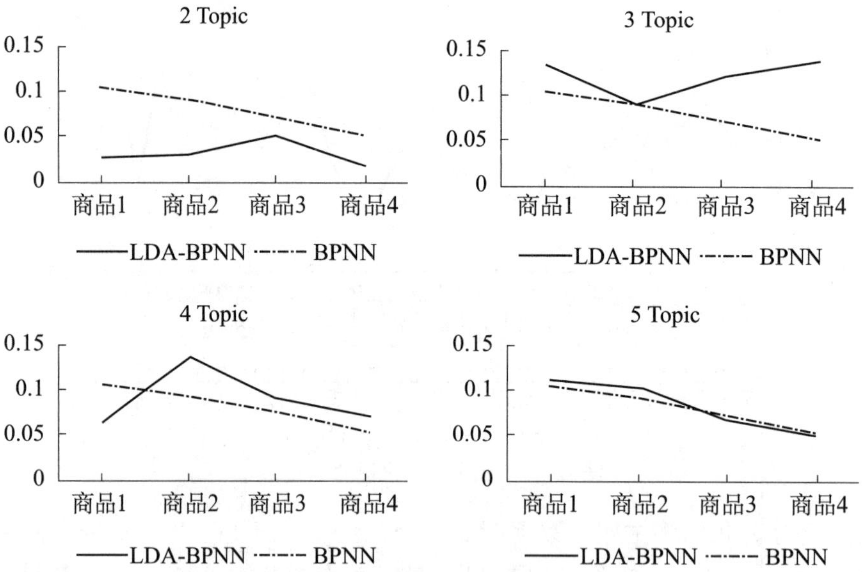

图 11－3　不同主题数量下的方法对比

售量的准确程度，可以引入除销售量以外的其他一切对销售可能产生影响的因素，尝试在模型中增加变量，使用神经网络来拟合输入和输出之间复杂的非线性关系，提高预测的效率。

第十二章　分类模型应用

除了预测问题，分类问题也是商务数据分析领域常见的问题之一。对客户和产品进行合理分类，既能通过精准营销实现收入增加，又能避免过度个性化带来的成本上升。本章将以客户细分为例进行分类模型应用的介绍。

第一节　客户细分

1. 问题描述

在当今市场竞争激烈的背景下，保险公司要想获得利润的提升比以前更为困难。客户成为保险公司的重要资产，保险公司的经营模式纷纷从之前的产品导向转变为客户导向，运用一切手段与客户建立良好的长期关系，发现并满足客户的需求，从而实现利润的提升。

开发一个新客户比维护旧客户的成本要高得多。因此，保险公司需要对客户进行深入研究，提高和客户关系的紧密性，提高客户的忠诚度。为了完成这项任务，需要对客户信息进行统计挖掘分析，更深入地认识和评判客户，通过对客户的分析实现公司和客户之间的双赢。对于保险公司来说，保单数量增加，利润提升；对于客户来说，能够从保险公司获得更多满足自己需求的服务。

如第一部分所讲，客户细分指的是根据客户的特征信息将客户划分成不同的群体，从而公司可以对不同类别的客户做出不同的决策来促进购买和提高忠诚度。本案例在客户价值理论的基础上，首先利用客户的基本特征（性别、出生日期、地区等）、车辆特征（使用年限、座位数、行驶区域、行驶里程等）、客户行为特征和保险信息特征，通过聚类将客户分为四个类别，再利用分类模型来验证客户细分模型，分析客户个人信息和车辆信息等因素对分类结果的影响程度。

2. 数据理解

（1）数据来源

本案例数据来自一家车辆保险公司，数据主要是客户购买车险的相关记录。

（2）数据描述

保险公司的数据记录了详细的日常交易，选择合适的变量和属性作为数据挖掘对象是我们首先考虑的问题。从研究目的出发，本案例选择客户的个人信息、车辆信息和行为特征。根据以上分析和数据库的实际情况，本案例从企业数据库中提取了以下属性，用于数据挖掘分析：

①客户的个人信息：客户编码，客户中文名称，性别，出生日期，地区，健康状况，客户类型。

②客户的车辆信息：保单号码，行驶区域，行驶里程，使用年限，车型代码，厂牌型号名称，国别性质，使用性质代码，座位数，吨位数，排量，车身颜色代码，固定停放地点，新车重置价格，实际价值，是否二手车，二手车交易价格。

③客户购买车险行为信息（行为特征）：保单号码，险类代码，险种代码，投保单号码，投保人代码，投保人名称，被保险人名称，总保险金额，总保险费，理赔次数。

④保险信息特征：保单号码，险种代码，序号，险别代码，险别名称，标的序号，标的项目类别代码，标的项目明细名称，起保日期，终保日期。

根据车辆保险产品的特点，我们选择了该公司一年内（2010 年 1 月 1 日至 2010 年 12 月 31 日）的全部记录，每条记录以一个保单号码为标识。本案例研究的是个人客户的客户细分，因此将数据中的公司客户信息删除。根据数据库的特点，每一个客户编码可以确定一个单独的客户，由此确定本次的研究对象为 25 368 个客户、181 450 条投保记录。

3. 数据预处理

（1）数据集成

首先，需要将分属于不同数据表的数据集成，将所需的信息汇总到一个表上。客户的个人信息以客户编码为唯一标识，每一条记录代表一个客户的基本信息。客户的车辆信息以保单号码为标识，每一条记录代表每一个被保车辆的基本信息。客户的行为特征以保单号为标识，每一条记录表示投保人的一次购买保险行为和理赔信息。保险信息特征以保单号码为唯一标识，每一条记录代表该保单的信息，如保险的类别和时期。

客户的行为特征、客户的车辆信息、保险信息特征可以根据保单号码集成，再利用投保人代码和客户编码将客户的个人信息集成进来，删减多余的重复的属性，得到最后的数据。

（2）数据清洗

对集成后的数据中的缺失值、异常值进行处理。具体操作如下：

①删除严重缺失信息的特征：有相当大的比例的数据样本的一些特征没有取值，例如健康状况、吨位数，需要删除这些特征。

②删除严重缺失的记录：有些样本数据缺失严重，需要删除。

③删除存在异常值属性的记录：例如，年龄信息小于 18 岁和大于 90 岁，车辆价格为 0，座位数为 0，排量为 15、1 280 等异常值记录。

④填充空白未知类属性：车辆颜色属性缺失的达到 60%，用“00”补充为特殊的

一类。

经过以上的数据处理过程，共得到了 25 317 条客户信息。

(3) 数据转换、离散化和标准化处理

结合样本集的特点，采用以下方式对数据进行处理。

①数据转换

理赔次数从 0 到 9 次不等，按照客户价值矩阵的要求，我们根据式（12.1）将属性理赔次数转换为理赔得分，理赔得分越高，理赔次数越少，客户的潜在价值越高。

$$s=9-c \tag{12.1}$$

其中 s 为理赔得分，c 为理赔次数。

新车的购置价格和实际价值两个属性之间存在密切的关系（见式（12.2）），添加新的属性（折旧率），将属性实际价值删除，用新车的购置价格和折旧率两个属性来表示车辆的价值。

$$r=1-v\div b \tag{12.2}$$

其中 r 表示折旧率，v 表示实际价值，b 表示新车的购置价格。

②离散化

属性，如车辆使用年限、座位数和排量，有现实含义，可以根据车辆管理部门的规定对连续型数据进行划分。属性，如年龄、使用年限，可以通过前面介绍的等宽或等频方式实现离散化。

③标准化

保费一般集中在 5 000 元以下，为避免量度不同对聚类结果产生影响，需要对保费进行标准化。利用标准化操作，将保费映射到［0，9］区间上。

经过上述数据预处理，本案例得到了 25 317 个客户的数据，一共得到了 11 个可以用来分类的描述客户性质的指标：性别（Gender）、年龄（Age）、地区（Location）、车辆价格（Price）、折旧率（Depreciation）、行驶区域（Area）、使用年限（Use of Years）、座位数（Seats）、排量（Tons）、国别（Country）和车身颜色（Color）。其特征属性如表 12-1 所示。

表 12-1　特征属性描述

属性名称	英文名	类型	取值范围
性别	Gender	离散型	2 类
地区	Location	离散型	30 类
行驶区域	Area	离散型	2 类
使用年限	Use of Years	离散型	4 类
座位数	Seats	离散型	4 类
排量	Tons	离散型	5 类

续表

属性名称	英文名	类型	取值范围
国别	Country	离散型	2类
车身颜色	Color	离散型	13类
年龄	Age	连续型	[19，80]
车辆价格	Price	连续型	[7 000，300 000]
折旧率	Depreciation	连续型	[0，1]

4. 模型建立

根据第一章介绍的客户价值分类，本案例选取了客户的总保费和理赔得分两个变量代表客户的当前价值和潜在价值，以此聚类得到客户的分类特征。总保费代表了客户提供给保险公司的营业收入，缴纳的保费越多，保险公司的收入越高，因此保费高的客户具有较高的当前价值。理赔得分越高代表理赔次数越低，表明可以继续发展该客户，即该客户的潜在价值越高。

因此，本案例先利用理赔得分和总保费两个属性来聚类，将客户分为客户价值理论中的四种类别，再建立分类模型，通过客户和车辆的基本信息来判断客户的类别。

（1）聚类模型

首先基于 K－Means 聚类方法将客户分为四类。结果见表 12－2。

表 12－2　聚类结果

Cluster	K－Means		
	客户数量	占比	客户价值
cluster0	18 553	73%	Ⅱ类
cluster1	600	2%	Ⅰ类
cluster2	5 798	23%	Ⅲ类
cluster3	366	1%	Ⅳ类

根据客户价值理论，四类客户具备如下特点：Ⅰ类客户当前价值（SumAmount）和增值潜力（Claim Score）都很低；Ⅱ类客户当前价值不高，但具有很大的增值潜力；Ⅲ类客户具有很高的当前价值和低的增值潜力；Ⅳ类客户既有很高的当前价值，也有很大的增值潜力。由客户的散点示意图图 12－1 可以看出，K-Means 聚类能够有效地将四类客户区分出来。从结果看出，Ⅱ类客户的数量是最多的，说明当前保险公司的客户出险的概率较小，同时保费也比较少，即目前该保险公司的客户更多是比较小心谨慎、少出险的客户。

（2）分类模型

本案例以 K-Means 聚类的结果作为客户分类结果，进一步研究影响分类的因素。分类是有监督的学习方法，需要知道事先预定的类别标志。上文中已经由聚类得到了每个客户的类别标志，下面将使用典型的分类方法确定影响客户分类的因素。试验使用神经网络

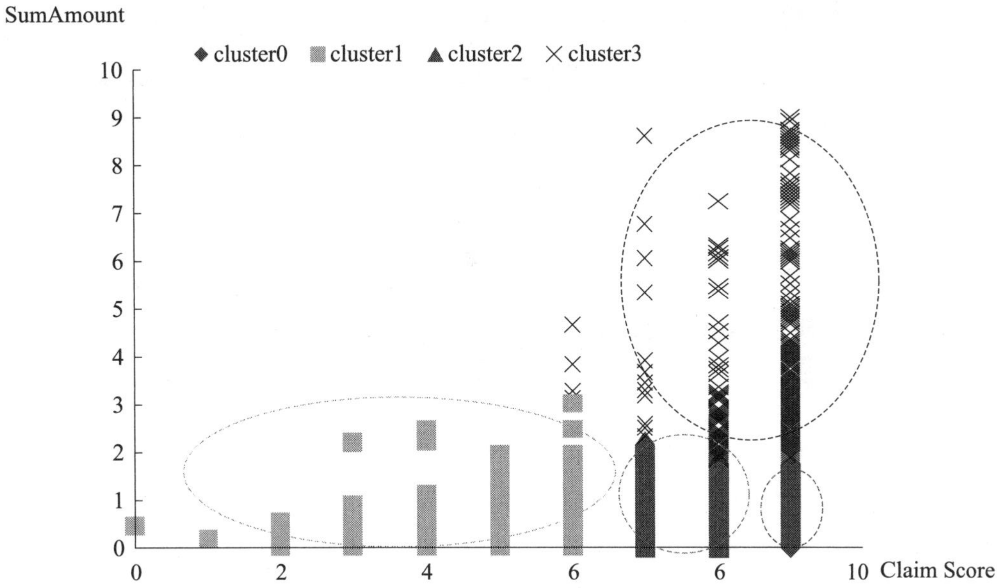

图 12-1　K-Means 聚类结果示意图

作为主要分类方法，并用逻辑回归、决策树和支持向量机作为参照。由于数据是不平衡数据，因此还采用一些算法对不平衡数据进行了处理，具体采用了代价敏感函数、过采样、欠采样、Bagging 集成和 Boosting 集成五种方法。

5. 模型评价

本案例通过精确度（Accuracy）、F 值（F-value）、召回率（Recall）、准确率（Precision）和 AUC 来评估模型性能。每种分类算法的试验结果如表 12-3 和图 12-2 所示：

表 12-3　分类试验结果

	Accuracy	Recall	Precision	F-value	AUC
Multilayer Perceptron（前馈神经网络）	0.733	0.537	0.733	0.620	0.503
Logistic（逻辑回归）	0.601	0.588	0.601	0.594	0.501
J48（决策树）	0.601	0.588	0.601	0.594	0.501
SMO（支持向量机）	0.733	0.537	0.733	0.620	0.503
代价敏感函数	0.801	0.888	0.801	0.842	0.742
过采样	0.503	0.594	0.503	0.545	0.695
欠采样	0.542	0.544	0.542	0.543	0.712
Bagging 集成	0.882	0.882	0.882	0.882	0.749
Boosting 集成	0.803	0.894	0.803	0.846	0.795

从分类的整体准确度来看，神经网络的分类准确率达到 70%以上，并且优于其他算法；对不平衡数据进行处理后，代价敏感函数和集成方法取得了较好的提升，而过采样和

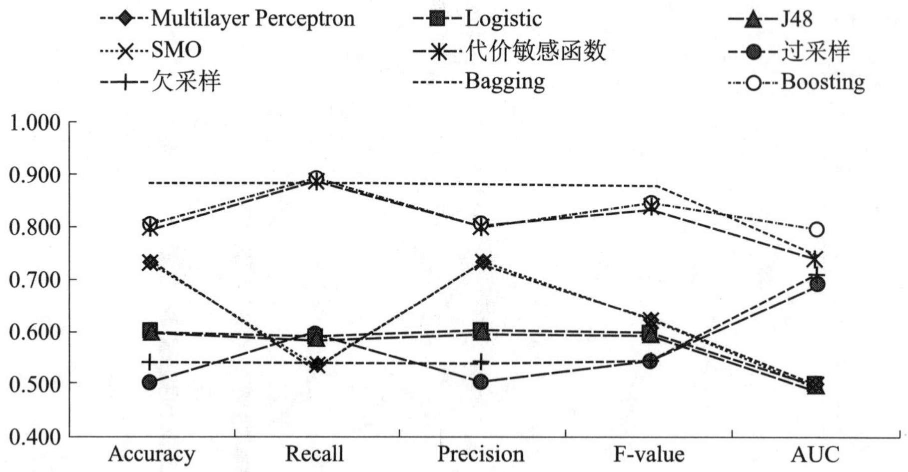

图 12-2　分类结果对比

欠采样的处理对分类结果并无正面影响。

6. 案例小结

本案例将某保险公司的客户按照客户价值理论进行细分，用客户的总保费和理赔得分两个变量分别代表客户的当前价值和潜在价值，以此聚类得到客户的分类特征，最后利用分类算法构建新客户的分类模型。由试验过程及结果对比分析可以得出以下结论：

首先，保险客户根据总保费和理赔次数可以明显地分为四类，符合客户价值矩阵理论，最有价值的一类客户，即保费高、理赔少的客户只占到所有客户的约 1%，70%以上的客户都是保费较少的普通客户。

其次，使用客户信息和车辆信息对客户进行分类预测，得到了较好的结果。神经网络算法在各类基本算法中表现较好，同时，不平衡处理方法中的代价敏感函数和集成方法能够明显提升分类的准确性。

第十三章　推荐系统应用

针对顾客进行商品推荐是提升销量的重要方式，也是商务数据分析领域研究的重要问题。本章将重点介绍商品推荐案例，并介绍推荐算法的原理。

1. 问题描述

推荐系统在如今的数据爆炸时代为消费者提供了更加快速地找到自己需求的渠道。围绕用户的个性化推荐的算法、机制和应用也在不断发展。推荐系统已经在电子商务平台和社交网络平台取得了很大的成功。面对海量的数据，用户需要这种更加智能的、更加了解他们需求、口味和喜好的信息发现机制。

电影推荐是推荐系统的一种常见应用，它根据用户的喜好、用户看过的电影为用户提供关于电影的有用建议。这些建议旨在帮助用户处理信息过载，帮助他们快速、方便地找到喜欢的电影。简单来说，推荐的原理是为用户找到兴趣相投、拥有共同经验的群体，然后依据这个群体的喜好来推荐用户感兴趣的电影。通常观影后用户会给予电影一定程度的回应，例如评分，显然评分代表了用户对某类型电影、某部电影的喜好程度。本案例通过用户对已看过的电影的评分来衡量用户之间和电影之间的相似性，进而实现对用户的个性化推荐。

2. 数据理解

(1) 数据来源

本次案例所需的数据来自一个关于电影评分的数据集，里面包含了用户对电影的评分信息。

(2) 数据描述

数据集中有 943 名用户对 1 682 部电影的 100 000 条评分记录，平均每名用户约有 106 条评分记录，每部电影约有 59 条评分记录。每条记录表示一个用户对一部电影的评分。

数据共包括 4 个字段，分别是：user. id，movie. id，rating 和 timestamp。其中，user. id 是用户 id；movie. id 是电影 id；rating 是某个用户对某部电影的评分，是 1～5 之间

的整数，其中 5 分是满分，代表非常喜欢，分数越低表示用户对电影的喜欢程度越低；timestamp 表示自 1970 年 1 月 1 日零点到用户提交评价的时间之间的秒数。表 13－1 给出了数据集的示例，如第一条记录，表示用户 196 给电影 242 的打分为 3。

表 13－1　数据集示例

user _ id	movie _ id	rating	timestamp
196	242	3	88 125.949
186	302	3	891 717 742
22	377	1	878 887 116
244	51	2	880 606 923
166	346	1	886 397 596

3. 模型建立

（1）训练集与测试集

本案例将数据集拆分，选择 80%的数据作为训练集，剩余 20%的数据作为测试集。

（2）协同过滤模型

协同过滤推荐（collaborative filtering recommendation）方法的基本思想是基于已有用户群体的历史行为预测当前用户最可能感兴趣的产品。协同过滤方法需要构建用户兴趣模型，在已有的用户群体中寻找与当前用户兴趣偏好相似的用户，根据他们的评价来预测当前用户的兴趣偏好。

①基于用户的最邻近推荐

基于用户的最邻近推荐方法的具体步骤是：首先根据已知的用户-产品评分数据，找出与目标用户具有相似历史偏好的其他用户（即最邻近用户），然后计算最邻近用户对产品的评分，即目标用户对产品的评分预测值。

如果用 n 表示推荐系统中用户的数目，用户集合记为 $U=\{u_1,u_2,\cdots,u_n\}$，m 表示产品的数目，产品集合记为 $P=\{p_1,p_2,\cdots,p_m\}$，$R_{n\times m}$ 表示用户对产品的评分矩阵，那么，

$$R_{n\times m}=\begin{pmatrix} r_{11} & \cdots & r_{1m} \\ \vdots & & \vdots \\ r_{n1} & \cdots & r_{nm} \end{pmatrix} \tag{13.1}$$

其中 r_{ij} 表示用户 u_i 对产品 p_j 的评分，$i\in[1, n]$，$j\in[1, m]$。缺少用户评分的矩阵项记为零。

接下来使用皮尔逊相关系数计算用户之间的相似性，对于给定的评分矩阵$R_{n\times m}$，用户 u_l 与用户 u_k 之间的相似度可以表示为：

$$\text{sim}(u_l,u_k)=\frac{\sum_{j=1}^{m}(r_{lj}-\overline{r_l})(r_{kj}-\overline{r_k})}{\sqrt{\sum_{j=1}^{m}(r_{lj}-\overline{r_l})^2}\sqrt{\sum_{j=1}^{m}(r_{kj}-\overline{r_k})^2}} \tag{13.2}$$

其中，$\overline{r_l}$ 和 $\overline{r_k}$ 分别表示用户 u_l 与用户 u_k 对所有产品的评分均值。

根据式（13.2）的计算结果，可以得到各个用户与目标用户 u_k 的相似程度，排名前 N 的最邻近的用户，记为 $N(U)=\{u_1,u_2,\cdots,u_N\}$。现在要获得目标用户 u_k 对某个没有使用过的产品（没有看过的电影）p_j 的评分，就可以依据这 N 个用户的评分，对目标用户的评分进行预测，具体公式为：

$$\text{pred}(u_k,p_j)=\overline{r_k}+\frac{\sum_{u_i\in N(U)}\text{sim}(u_k,u_i)\times(r_{ij}-\overline{r_i})}{\sum_{u_i\in N(U)}\text{sim}(u_k,u_i)} \tag{13.3}$$

根据式（13.3），可以计算出目标用户 u_k 对所有未评价过的产品的预测评分，将这些评分从高到低排序，选出前 Z 个产品，即为最终向目标用户 u_k 推荐的 Z 个产品。

②基于产品的最邻近推荐

当网站用户数量非常多时，上述方法中巨大的用户-产品评分矩阵容易增加计算复杂度，此时可以选择基于产品的最邻近推荐算法，为目标用户推荐相似产品。

产品 p_a 在用户获得的评分向量为 $\overrightarrow{p_a}=(r_{1a},r_{2a},\cdots,r_{ma})^{\mathrm{T}}$，产品 p_b 的评分向量为 $\overrightarrow{p_b}=(r_{1b},r_{2b},\cdots,r_{mb})^{\mathrm{T}}$，产品 p_a 与产品 p_b 之间的相似度可以表示为：

$$\text{sim}(p_a,p_b)=\frac{\overrightarrow{p_a}\cdot\overrightarrow{p_b}}{|\overrightarrow{p_a}|\times|\overrightarrow{p_b}|} \tag{13.4}$$

基于相似度选出 N 个与产品最相似的产品，记为 $N(P)=\{p_1,p_2,\cdots,p_N\}$，计算目标用户 u_k 对这 N 个最邻近产品的加权评分和来预测目标用户对推荐对象 p_j 的评分：

$$\text{pred}(u_k,p_j)=\frac{\sum_{p_h\in N(P)}\text{sim}(p_h,p_j)\times r_{kh}}{\sum_{p_h\in N(P)}\text{sim}(p_h,p_j)} \tag{13.5}$$

对于每一个目标用户 u_k 没有评价过的产品p_j，根据上述步骤计算出目标用户 u_k 对产品 p_j 的预测评分，同样将这些预测评分按照从高到低的顺序排列，选出前 Z 个产品，即为最终向目标用户 u_k 推荐的 Z 个产品。

4. 模型评价

本案例中选用 RMSE 作为模型的评价指标，通过用剩余的 20%的数据去测试模型，得到基于用户的推荐模型的 RMSE 为 3.087，基于产品的推荐模型的 RMSE 为 3.436。基于用户的推荐模型的效果略优于基于产品的推荐模型，说明当用户数量小于产品数量时，基于用户的推荐模型略优于基于产品的推荐模型，反之，基于产品的推荐模型更适合。

5. 案例小结

本案例通过分析数据集中用户对电影的评分，构建评分矩阵，计算用户或电影之间的相似度，实现推荐模型的构建，以帮助用户找到其可能感兴趣的其他电影。选择的协同过滤模型包括基于用户的最邻近推荐和基于产品的最邻近推荐。在该案例中，分别使用上述两种模型对电影评分进行预测，结果显示在本案例的场景下，基于用户的推荐模型略优于基于产品的推荐模型。

参考文献

[1] CRISP-DM 1.0 数据挖掘方法论指南，Pete Chapman（NCR），Julian Clinton（SPSS），Randy Kerber（NCR），Thomas Khabaza（SPSS），Thomas Reinartz（DaimlerChrysler），Colin Shearer（SPSS）and R ü diger Wirth（DaimlerChrysler），2000

[2] Dash M，Liu H. Feature Selection for Classification. Intelligent Data Analysis，1997，1（1－4）：131－156.

[3] David Esley. 网络、群体与市场．北京：清华大学出版社，2011.

[4] D. D. Palmer. Text Preprocessing. Handbook of Natural Language Processing，2010，2：9－30.

[5] D. E. Farar，R. R. Glauber. Multicollinearity in regression analysis：the problem revisited. Review of Economics and Statistics，1967，49（1）：92－107.

[6] F. Tang，R. Crabb，H. Tao. Representing images using nonorthogonal haar-like bases. IEEE Transactions on Pattern Analysis and Machine Intelligence，2007，29（12）：2120－2134.

[7] Gemmill G. Modelling financial time series. International Journal of Forecasting，1988，4（3）：496－497.

[8] H. A. Qazi，U. Jahangir，B. M. Yousuf，et al. Human action recognition using SIFT and HOG method//2017 International Conference on Information and Communication Technologies（ICICT）. IEEE，2017：6－10.

[9] https：//baike. baidu. com/item/社交网络分析/3131736.

[10] J. Chen，T. Ma，C. Xiao. Fastgcn：fast learning with graph convolutional networks via importance sampling. arXiv preprint arXiv：1801. 10247，2018.

[11] J. Han，J. Pei，Y. Yin. Mining frequent patterns without candidate generation. Proceedings of the 2000 ACM SIGMOD International Conference on Management of Data，May 16－18，2000，Dallas，Texas，USA.

[12] Jiawei Han，Micheline Kamber. 数据挖掘：概念与技术．北京：机械工业出版社，2012.

[13] J. Lilleberg，Y. Zhu，Y. Zhang. Support vector machines and word2vec for text

classification with semantic features//2015 IEEE 14th International Conference on Cognitive Informatics & Cognitive Computing (ICCI * CC). IEEE，2015：136－140.

［14］Linton C. Freeman. Centrality in social networks conceptual clarification. Social networks，1979.

［15］Peter Harrington. 机器学习实战．北京：人民邮电出版社，2013.

［16］Ping Tian D. A review on image feature extraction and representation techniques. International Journal of Multimedia and Ubiquitous Engineering，2013，8（4）：385－396.

［17］R. Agrawal，T. Imielienski，and A. Swami. Mining Association Rules between Sets of Items in Large Databases. Acm Sigmod International Conference on Management of Data. ACM，1993.

［18］Ronald Burt. 结构洞：竞争的社会结构．上海：格致出版社，2008.

［19］S. Brin and L. Page. Anatomy of a large-scale hypertextual web search engine. Proc. 7th Intl. World-Wide-Web Conference，pp. 107－117，1998.

［20］T. Mikolov，K. Chen，G. Corrado，et al. Efficient Estimation of Word Representations in Vector Space.［2013－9－17］https：//arxiv. org/pdf/1301. 3781. pdf.

［21］T. Mikolov，Q. V. Le，I. Sutskever. Exploiting similarities among languages for machine translation.［2013－9－17］https：//arxiv. org/pdf/1309. 4168. pdf.

［22］X. Wei，W. B. Croft. LDA-based document models for ad-hoc retrieval//Proceedings of the 29th annual international ACM SIGIR conference on research and development in information retrieval，2006：178－185.

［23］Z. Lin，K. Y. Goh，C. S. Heng. The demand effects of product recommendation networks：an empirical analysis of network diversity and stability. MIS Quarterly 2017，41（2）：397－426.

［24］Z. Lin，M. Feng，C. N. Santos，et al. A structured self-attentive sentence embedding. arXiv preprint arXiv：1703. 03130，2017.

［25］陈强．高级计量经济学及 Stata 应用．2 版．北京：高等教育出版社，2014.

［26］杜海霞．统计学课程项目教学法的实践与思考．经济研究导刊，2013（1）：299－301.

［27］恩德斯．应用计量经济学：时间序列分析．（第二版）. 北京：高等教育出版社，2006.

［28］贾俊平．统计学．北京：中国人民大学出版社，2018.

［29］贾俊平．统计学（第六版）. 北京：中国石化出版社，2015.

［30］李航．统计学习方法．北京：清华大学出版社，2012.

［31］李子奈．计量经济学模型方法论．北京：清华大学出版社，2011.

［32］梁鲁晋．结构洞理论综述及应用研究探析．管理学家（学术版），2011（4）：

52 - 62.

[33] 齐伟 . 数据准备和特征工程 . 北京：电子工业出版社，2020.

[34] 汪小帆，李翔，陈关荣 . 网络科学导论 . 北京：高等教育出版社，2012.

[35] 王敏 . 面向微博的跨媒体情感分类技术研究 . 厦门：厦门大学，2015.

[36] 王树禾 . 图论 . 2 版 . 北京：科学出版社，2009.

[37] 吴正英，杨笑 . 分布形状在数据分析中的应用 . 上海统计，1999 (7)：30 - 31.

[38] 约翰·斯科特 . 社会网络分析法 . 重庆：重庆大学出版社，2007.

[39] 赵蓉英，王静 . 社会网络分析（SNA）研究热点与前沿的可视化分析 . 情报、信息与共享，2011 (1)：88 - 91.

[40] 周志华 . 机器学习 . 北京：清华大学出版社，2016.

图书在版编目（CIP）数据

商务数据分析 / 李倩，许伟，张文平编 . -- 北京：中国人民大学出版社，2022.3
（大数据与人工智能系列）
ISBN 978-7-300-30066-5

Ⅰ.①商… Ⅱ.①李… ②许… ③张… Ⅲ.①商业统计—统计数据—统计分析 Ⅳ.①F712.3

中国版本图书馆 CIP 数据核字（2021）第 250163 号

大数据与人工智能系列
商务数据分析
李 倩 许 伟 张文平 编
Shangwu Shuju Fenxi

出版发行	中国人民大学出版社		
社　　址	北京中关村大街 31 号	**邮政编码**	100080
电　　话	010－62511242（总编室）		010－62511770（质管部）
	010－82501766（邮购部）		010－62514148（门市部）
	010－62515195（发行公司）		010－62515275（盗版举报）
网　　址	http://www.crup.com.cn		
经　　销	新华书店		
印　　刷	北京昌联印刷有限公司		
规　　格	185mm×260mm 16 开本	**版　　次**	2022 年 3 月第 1 版
印　　张	13.5 插页 1	**印　　次**	2022 年 3 月第 1 次印刷
字　　数	280 000	**定　　价**	36.00 元